大树下闲坐很舒心。20 岁的时候，会忍不住心里焦急，总想利用时间多做些事情。等到了解了四季更替、阴阳转换的道理之后，便不再觉得闲坐是浪费时间了。

我们在法国同行的好友是一位针灸师，她常住中国，难得回法国休假。她很熟悉这里，一有空就带我们沿着村庄附近的田野步行，这是她儿时的爱好。

2013 年 1 月，李辛和克劳迪那在古堡的客厅里讨论中医。

克劳迪那大学学的专业是西医，又在英国伦敦学了 3 年中医药，在新加坡学了针灸，20 年前，还在上海的龙华医院实习过。

她对中医的热爱和令人赞叹的行动力，推动了李辛和她合著了《回到本源：古典中医启蒙对话录》(*Traditional Chinese Medicine: Back to thesources for a Modern Approach*)。

克劳迪那的厨房里永远会有一盘像油画静物一样美的水果。

九点半准时开课，李辛给法国、瑞士的中医师们讲课。英语不是大家的母语，好在这些临床多年的中医师们都有长期打坐的习惯，对讲课内容吸收程度很好。

3 天的课程已经结束，老师没事可干了，躺在庄园的草坪上晒太阳，一面烤热了，翻一面再烤，真是让人心情大好。

这里，有所有自然美好的元素：土地、大树、空气，还有温暖、清澈的人心……

身为瑞士针灸无国界组织的前任主席、欧洲知名作家、古代文明研究者，雅克爷爷（中文名：仁表）正在完成他的梦想：把所学到的来自古老中国的针灸精髓带回中国。

他编著的《古典针灸入门》和《心灵治疗与宇宙传统》已经出版，另外两本和中医、易经、针灸有关的《光钻》和《玉龙》正在翻译中。

雅克爷爷位于瑞士山区的闭关小木屋，屋内的色调浓厚、丰富，灶台穿着粉红的围裙，绿的搪瓷烧水壶已经有一把年纪了。

才到法国南部的海滨小城蒙通，我们就爱上了这里的菜市场，每天都拉着菜篮车去逛，顺便扛一根新鲜出炉的法式长棍面包。

巴黎郊外的农场。上一回是冬天来，土地在休耕，裸露的泥土黑油油的，看起来养分很足。这次是夏天来，土地还是在休耕。法国的土地和法国人一样，拥有的假期挺长。充分休息的土地滋养万物，你看，蒲公英的绒毛长得茂密无比。

法国南部的松树林是在整片光滑的原野上人工规划和栽培的，对于野生动物来说，这是它们天然的庇护所，借此可以较为安全地旅行。

我们在山坡上找到了野生蓝莓，很甜。当地人用一种小型的钉耙去搂这些小浆果，做成的蓝莓果酱是早餐面包的好搭档。

半山腰有一个适合打坐的平台 ，很开阔。

法国中部山区的小镇，当地最古老的教堂，有 1600 多年的历史，顶上保留着老式的撞钟。

2013 年 1 月，是我们第二次拜访瑞士哥伦比亚预防医学中心。李辛应邀在四年一度的“欧洲自然医学年会”上做了一场讲座，主题是“传统中医临证的几个关键词”。年会结束后，李辛在哥伦比亚预防医学中心给医生们讲了一场题为“三焦气血与药势”的讲座。

教堂内气氛庄重静谧，仿佛是接通另一个空间的入口。

瑞士的纳萨泰拉湖，静极了……

三位穿戴羽毛的“生灵”，排成了一溜。

儿童健康讲记

一个中医眼中的儿童健康、心理与教育

李辛　著

四川科学技术出版社

图书在版编目（CIP）数据

儿童健康讲记：一个中医眼中的儿童健康、心理与教育 / 李辛著 . —成都：四川科学技术出版社，2015.11

ISBN 978-7-5364-8224-1

Ⅰ. ①儿… Ⅱ. ①李… Ⅲ. ①儿童—身心健康—健康教育 Ⅳ. ① G479

中国版本图书馆 CIP 数据核字（2015）第 253765 号

儿童健康讲记：一个中医眼中的儿童健康、心理与教育

ERTONG JIANKANG JIANGJI:YIGE ZHONGYI YANZHONG DE ERTONG JIANKANG、XINLI YU JIAOYU

李辛 **著**

出 品 人 钱丹凝
责任编辑 程蓉伟
封面设计 肖晋兴
版式设计 九章文化
责任印制 欧晓春
出版发行 四川科学技术出版社
（成都市槐树街 2 号）
成品尺寸 167mm × 230mm
印　　张 19.25
字　　数 300 千
制　　作 九章文化
印　　刷 三河市华晨印务有限公司
版　　次 2016 年 1 月第 1 版
印　　次 2016 年 1 月第 1 次印刷
书　　号 ISBN 978-7-5364-8224-1
定　　价 48.00 元

本书如有质量问题，请与我社发行部联系
电话:（028）87734035

本书缘起

2010年前后，李辛希望把当时的诊疗和教学工作的状态做个适当的改变，也希望自己能有所提高，能以“更有效率的方法，帮助到自己和他人”。心念动了以后，行动自然跟进。他逐渐放下原来的工作，随缘游学。

本书的内容，是李辛在游学期间，由各地友人安排的六次公益讲座的汇总和重编。当时听众多为年轻的父母，关切孩子和自身的身心健康，也希望了解中医和心理等相关的内容，讲座内容由此确定范围。

本书讲解的内容有关“人体的三焦、气血理论”“人的神、气、形”“如何判断人体的体质”“常用治疗方法和OTC药物的正确使用”“如何打坐和安心”等等。

为了使本书的内容表达得更准确、更流畅、更完整，以方便读者阅读和理解，编者在原讲座内容的基础上做了较多的调整和删改。

感谢“慧从卢溪”的录音听打志愿团队，使得讲座的内容能够成文。

感谢“立品图书”的支持，以及两位编辑提供的好建议和极为认真细致的工作。

感谢和本书有关的一切因缘。

汇编　孙皓

2014/10/19

目 录

第一篇
治病要看体质

生病是正常的

关于儿童健康，大家需要理清一个思路：人永远都会生病，从婴儿长成幼儿、少年、青年，然后变成中年、老年，这一路上都有可能生病。我们无法找到一揽子的解决方案，但我们可以找到一个思路。

首先，我们需要了解，生病是正常的。我在大学学西医的时候，免疫学说小孩子刚生下来头几个月，他的第一次咳嗽、肺炎、拉肚子……便确立了他最初免疫系统的反应模式。就像孩子第一次离开爸爸、妈妈，当他见到一个新东西，就会形成一套反应模式，有了这个模式之后，第二次再碰到，还会采用这个模式。模式各不相同，对的话一切很顺利，不对的话就会不舒服，然后再调整，再往前走一步。我们每个人就是这样一步步走到现在。不光是免疫系统，我们整个的生理系统，包括我们的人格，所有的一切都是这样一点点成形的。

一个人生病，还有小孩子的生长、发育、修复……是一个身体自然变化调适的过程，尤其是那些常见的症状。

什么是常见的症状？我们都有过发烧。比如，我在讲课，现在还不错，两个小时后会觉得有点热。大家也许有这样的感觉，有时候连续努力工作几个小时后，会觉得脸有点发烧，浑身有点热，要是量体温，没准就是低烧。

大家这时会不会马上去医院，或者吃药，或者按摩穴位？好像休息一下就可以了吧，因为身体会自动调整。同样，感冒、发烧、拉肚子……这些都是正常的生理表达，和打嗝、放屁一样，都是身体的调整反应，只是反应的方式和程度不同而已。

第二，要从每一次生病中学习。至少做爸爸、妈妈的要学。通常，不太忙乱的妈妈心会比较静一点，心细一点。细心的妈妈发现小朋友从小到现在每年发两三次烧，似乎能找到一些规律，问题不大。如果平均每个月发一次烧，就有点问题了。

作为一个正常的人体，如果某件事情定期发生，应该能找到规律。为什么会这样？有什么原因？是吃多了？受寒了？吃了不该吃的东西？跟季节有关？跟情绪有关？还是其他的因素？

还有，孩子每次生病以后，他的反应模式都有哪些？程度是加重了，还是减轻了？这些都可以观察到。每次你用中药或西药、刮痧或按摩、泡脚或者敷冰袋，有没有效果？好的效果是哪些？不好的效果有哪些？大家要注意观察、学习，不要每次生病都白生了。

第三，安心、静心的状态很重要。心不静的话不可能学习到什么东西。每次急急忙忙应付症状，没有安心观察整个过程。或者因为你的生活太忙、太满，节奏太过紧张，这时再加上小孩子突然生病，你根本不能静下心来观察、处理，连你自己病了也没办法，都扔给医生。

经常是小孩病了，可家长还要上班，心急火燎，见啥都烦，急匆匆送到医院看病，医生开什么药就吃什么药，医生说怎么办就怎么办，孩子整个的生病和治疗过程完全没弄明白，这有点像我们玩过的电子游戏——“弹球”。一个球弹出去，不知会遇到什么，也不知会弹到哪里去，完全是随机的。

这样的家长一多，做中医的就会很辛苦。为什么？中医治的小孩子一般都是经过这样 3 天、5 天、10 天，被各种方法都治了一通，没效果，甚至更糟糕之后才来看中医。心急的妈妈还不停地问："李大夫，今晚要是退不了烧怎么办？"我想说："拜托，你折腾这么多遍，孩子的气机都乱了，你让今晚退烧，恐怕不那么容易。"

很多妈妈都有一个单纯的、没有考虑全盘条件的期待，那就是"今晚一定要退烧"。如果是因为受了风寒，身体正在往外排寒气，你说有没有可能，或者说有没有必要一定要马上退烧呢？某些事情的发生也许是经过较长时间积累的结果，那它回归到正常的状态当然也需要一定的时间。退烧太快，并不是最明智的做法，可能还会导致更多的问题。

所以，以上三点作为前提，给大家提供一个思路。了解这些后，**你不仅能从小孩子的每一次生病中找到线索，也能帮助你在生活中的其他方面理清思路。**

静下心来找规律、辨标本

俗话说，"好记性不如烂笔头"。如果你还处在摸不到门路的阶段，那就把孩子每次生病和治疗的过程记录下来，这样会帮助你建立一个逻辑思考的过程，多记几次，就知道怎么回事了。我发现仔细记录这些东西并且发邮件过来问我的人，刚开始平均一周或半个月就找我面诊一次，我跟他说不用老来，歇一歇，省点精力省点钱，但他还是要来，后来几个月来一次，再后来半年一年都看不到了，他学会了，不来了。

他学到了什么？他也不是对中医全懂了，他只是学会了观察，对日常的问题就有了观察、分辨和妥善处理的能力，不慌张了。西医也认为，感冒或者某些常见病，即使不看病、不吃药，注意喝水、休息、饮食，过个六七天，自己也会好。我们的健康曲线和股市一样高高低低、起起伏伏，安下心来一边学习一边往前走，这样就很好。

我们什么时候能够静下心来找到这个规律呢？当它在中间值的时候，我们不用考虑它；当它发展的时候，就要小心一些，别再乱吃东西，比如冰淇淋、炸鸡腿、麻辣烫等，让身体好好休息，别看太多电脑、电视，健康曲线自己会调整；当它的发展已经不在你的认知和调节范围内的时候，你就要寻求医生的帮助了。

我们大都学过辩证唯物主义，知道有主要矛盾和次要矛盾，在中医学上，这就叫“本”和“标”。我们日常生活中遇到的一些事情，虽然知道不是太好，但我们不理它，不动它，它自己会过去的，而有些事情则一定要出手，我们处理小孩子的健康问题也是一样。

病有两个部分，一个是病的标签。那就是病有诊断、有病名，比如喘息性支气管炎、肺炎、慢性食物过敏、鼻甲肥大、白细胞减少等，这些都是现象、症状、暂时的结果，我们称之为“标”。**另一个是病背后的原因，即病人的体质，我们称之为“本”。**在中医来看，能量不够、渠道堵塞、气机紊乱等等，往往是这些病背后的原因，因为发生的位置不同、程度不同、组合不同而产生千变万化的“病”。在这“本”之后呢，还有更深层的“本”，长期的饮食不当、不合理的作息、紧张、焦虑、压力过大、情绪累积等等，就像洋葱，剥了一层，还有一层。

所有的病都不是孤立存在的，各种不舒服的症状，都是人体的正常生理反应，但我们首先要知道，能够感到不舒服，至少说明我们的身体还有反应的能力，并且身体能正常接收到这个讯息，这一点对恢复健康是一种非常重要的能力。

比如，我们在生活中会碰到这种情况，如果某人受到别人的欺负，第一种反应是麻木，不敢出声，一直退缩、忍让；第二种则会说："你别太过分了！"哪种反应正常一点？应该是第二种比较正常吧。但有时候是稍微碰到了一下就大怒："你干吗踩我的脚？"这个就过了。有反应，是正常的；反应过大的时候，需要克制一下；反应不及的时候，让它起来一点，帮助身体把不需要的东西化掉。这是中医的作用。

但我们现在的很多治疗方法，不管是中药还是西药，采取的其实是压制——不让它反应，表面上的"太平无事"。妈妈们还挺高兴，孩子吃了药马上不咳、不烧、不拉肚子了，马上就可以上课、上公园玩去了。这其实是一种虚假的正常，把原本可以清出房间的垃圾都藏到了地毯下。

生病时出现的症状，其实只是冰山一角，冰山下面的部分很大很大。但我们一般人的做法，只是看到和处理了表面的东西——症状。冰山下面的部分是什么呢？我们可以把它称之为体质，中医称之为"本"。

一个人体质很好，即使碰到感冒病毒，一屋子人都病了，他也不一定会生病，即使感冒了也会很快痊愈。如果孩子体质强健，哪怕病后反应还挺激烈，只要适当控制就好，问题不会太大。

一个人体质不好，可分两种情况：一种是有反应；一种是没反应。体质不好，但还有反应，说明还有生命力，身体还有自己改善、修复、排毒的动力。没反应往往意味着康复的希望渺茫。比如，小孩子刚开始两三个月发一次烧，妈妈给他治得太厉害了，最后变得半年、一年都不发烧，妈妈说："幸好被我用药控制住了，连着三个礼拜一直输液，还喝了三个月的苦汤药，现在总算不发了。"好吗？不好！为什么？虽然症状

（“标”）没有了，但是体质（“本”）呢？小孩的脸黄黄的、瘦瘦的，精神不好，胃口也不好，过度的治疗把孩子的“本”给伤害了。

治病要看体质

不管什么病，症状只是现象，而且会不断变化，或变好或变坏。人总是要生病的，不会生病的是木偶，人活着就会生病。我们要关注的不是这个病叫什么名字，属于身体的哪一部分。名字会吓到人和限制人的思想，让人牢牢记住这个暂时的现象，以为再也没机会改变，一旦被这个无形的框框套上，就很难拆掉。

大家可以想象，当一个原本正常的人，突然被指认为精神病，从此就麻烦了，他即使不是精神病也会成为精神病。这个叫什么呢？标签化。这是我们成人世界的特点，喜欢贴一个标签，喘息性气管炎、非典型肺炎……当我们给它贴了某个标签之后，就会设计出一套固定的方式去处理它，于是，原本可以变化流动的河流就被限制、冻结在这里了。

曾经有人写了封邮件给我，说自己的小孩被某三甲医院诊断为血红蛋白和红细胞减少。家长问我：“李医生，你有什么中药可以升红细胞吗？”**我告诉他要看孩子是什么样的体质。这是中医治疗的前提。**

假设10个人都是红细胞减少，那么，脾胃不好的调脾胃，脾胃好了，人体机能运转正常，红细胞就上升了；另一个女士可能因为经期过长过多，把月经调整好了，红细胞数量就正常了；也可能是感冒一直没好透，把感冒治好，人体运转正常了，不光红细胞上升，原来偏高的白细胞也会下降；还有可能是因为长期过敏，身体有湿毒，只要湿毒体质得以改善，身体状况运转顺畅，红细胞数量自然会慢慢趋于正常，而且不光红细胞数量会升高，所有的组织器官、代谢功能，都会自动往好的方向发展。

中医不是只考虑处理“标”，而是把视野扩大，找到一个点和整体的关系，在控制“标”的同时把体质调整好，通过改善体质来永久性地消除问题的症结，是以人为本。

把握体质。这是中医比较简单的整体观，不需要去分析细节。孩子到底缺不缺钙、锌，有没有对某种过敏源过敏，全分析完了也没用。比如缺钙，并不是每天补钙、吃牦牛骨髓粉就有钙了，人体不是石膏模型，灌什么就能得到什么。虽然吃的是钙，吸不吸收得了不好说。把体质调整好了，才能达到目的。直接去抓这个目的可能得不到你想要的结果，即使暂时得到了，以后还要付出新的代价。

中医所说的“标”和“本”，“标”是现象，属于物质层面；“本”是能量和信息层面。身体没有能量的时候，容易出现各种症状，一旦能量运转正常了，这些问题自然就解决了。如果一个人老是出现很多问题，而且不是单一的问题，同时伴有鼻子过敏、眼睛红肿、皮肤发炎、瘙痒、大便不成形、咳嗽有痰，西医检查又有血液和免疫系统的问题，还伴有细菌感染……当出现这种涉及多层次、多部位问题的时候，是什么状态？其实是整个人体系统出了问题，这时候更需要整体的调治，如果分开一个个地治，那会导致整体失衡，陷入更大的混乱。

辨清体质的九字真言

如何辨清我们的体质？给大家一个简单好记的九字真言：**有没有？通不通？定不定？**

有没有，就是资源有没有？

通不通，就是渠道通不通？

定不定，就是精神定不定？

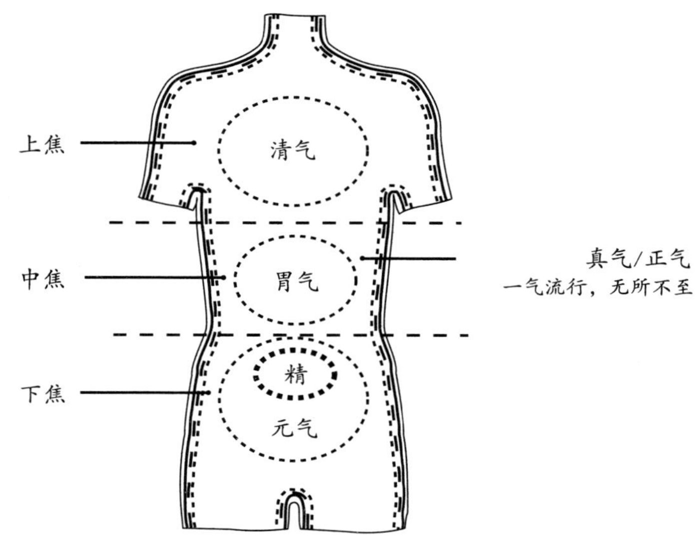

请看上面这张图。

在中医看来，人体根据层次可以分成三个能量中心：最下面那圈我们称之为下焦，是人体的深层部分，用以储存精气；中间的圈是中焦，就是要吃东西产生能量的部分；还有上焦，呼吸外来清气，接受中焦输布的水谷精微之气，再输送到全身。三焦不光是上、中、下位置的划分，更应该看作外、中、内的划分。

这么划分是为了帮助大家理解，人体实际没有这些划分。你可以把人体看作一个笼统没有区隔的能量空间。三焦其实是一焦，即古人所谓"一气流行，无所不至"。

所以，在中医看来，当人体的能量出现问题的时候，所有的部分都会出现问题，不同的只是最明显的问题和部位容易被我们看到、感受到。

当你丢一颗石子到池塘里的时候，首先让你注意到的是中心那个动荡最大的涟漪，但其实，整池水都会有不同程度的波动。

我们比较熟悉西医划分疾病的名称，比如感冒、喉咙痛、咳嗽、发烧、吐痰，同时会有白细胞升高、呼吸加快、体温升高，或者免疫系统出现问题，甚至血糖、血压有问题……这些都是不同部位、不同脏器的细微变化，看得出，查得到。在中医看来，这些全部都是因为人体失调以后容易依次出现、甚至同步出现的问题，这些不是原因，也不是互为因果，而是结果。

但是，现在有一个普遍的问题，由于这些结果被发现有相关性，或者伴生，或者依次发生，我们就误认为它们是因果关系，会认为白细胞高，所以引起发烧，其实，它们只是同步显现。

当人体能量失衡的时候，会呈现出各种各样的问题。我们首先需要做的，不是去纠正一个个细节的偏差，而是要帮助人体的能量回归到正常的状态。

让能量恢复正常，对中医来说非常简单。

第一，要有资源

什么是有资源？比如供热厂有煤、有水，而且能达到一定的温度和压力，能输送到小区楼房的每一根暖气管上，这个叫“有资源”。对应在身体上，就是能量是否充足，尤其是下焦和中焦的能量。

第二，渠道通畅

什么是渠道通畅？从供热厂出来的每一根管道和每栋大楼、每个房间的暖气片是通畅的。对应在身体上，就是三焦、经络、脏腑等等是否通畅。

只要有这两点，就不会出现大问题。从人体来说，下焦、肚脐以下的部分，相当于锅炉点火的部分，中焦相当于加水、加煤的部分，人体的经络就是这些能量的管道。

那么，当一个人喉咙很痛、鼻子很堵的时候，如果他的体质很好，在中医看来就非常简单，资源有但渠道不够通，局部管道堵住了，喉咙和鼻子跟什么管道有关？这是肺经跟大肠经或者是胃经跟三焦经有关系，这些大部分属于阳经，跟人体表面的管道有关系。这样的简单问题有很多方法可以解决，只要是能够帮助疏通的方法都能管用。

平时体质很好的人，如果得了单纯的感冒，吃西药美林有效，吃扑热息痛也有效；吃中药感冒清热冲剂有效，吃姜糖茶也有效；拔火罐有效，泡脚发一下汗也有效。为什么？因为体质好（“本”），只是因为人体表面的渠道出现了堵塞症状（“标”），把这些渠道疏通以后，里面不堵了，循环通畅，当然就有效了。

当我们上焦的管道堵住的时候，会出现上部或体表的各种不舒服，当我们中焦或下焦堵住的时候也一样。有的病是表面的问题，有的病是深层的问题。但是，要找到对的治疗方向，不能先考虑发病的部位，或者一开始就用五行相生相克的判断方法把自己绕进去，也需要暂时忘掉中医、西医对病症的各种命名。

你最好首先牢牢记住九字真言的前两条：第一，下焦和中焦有没有能量？第二，渠道通不通？这是把握治疗大方向的重要前提。

自我评估三焦虚实

怎么判断自身有没有能量？下面列出的这些内容可供大家作个参考：

三焦虚实自我评估表

三焦	三气	所属系统	表现位置或方式	症　状
下焦	属精，为元气	泌尿生殖系统	腰、小腹、小便、下肢等	精力不足，注意力差，记忆下降，情绪不稳，恐惧，怕黑，身体冷虚，足寒，大小便频，大便软或泄，腰酸，性功能下降，多次流产，自幼哮喘，尿床，早产儿……
中焦	中气	消化系统	胃、肠道、肌肉、大便、体力……	大便异常，口气重，口腔溃疡，牙龈问题，青春痘，慢性皮肤病，体弱无力，消瘦或肥胖，肌肉不足；脂肪过多，血脂高……
上焦	卫气	呼吸系统	肺、鼻、体表、皮肤、出汗状况……	出汗异常，反复感冒，恶风，怕寒，经常打喷嚏，皮肤、鼻子过敏……

现代人饮食不节，精神散佚，所以，三焦中的下焦和中焦比较容易出问题。三焦有很多不同的分法，就位置来说，胸膈到肚脐之间的是中焦，肚脐以下的是下焦；从功能看，中焦和消化系统有很大关系，下焦则和肝肾、骨髓、深层的气血循环有很大关系。

有个西班牙小女孩，2007 年 4 月 5 日出生。我以前给她看过几次病。2010 年 4 月 8 日又来看诊，刚从西班牙飞了很久过来，主要是咳嗽，晚上加重，这样快有一个月了，而且情绪不稳定，容易发脾气；人瘦瘦的，外表比较清秀，脸有点黑；大便不畅。

这种咳嗽从“标”和“本”来说，到底是一个表面的、简单的咳嗽，还是说相对复杂一点，体质有问题，“标”、“本”都影响到了？我的基本判断是体质不好，即“本”虚。这些主诉里面有一个关键语，最重要的是“咳嗽已经一个月了”，这代表体质出现了问题，身体没有资源或渠道不通畅，无法快速解决问题，自行恢复正常。

病可以分两种：一种是单纯的病，第二种是不单纯的病。单纯的病，体质没有问题，身体有资源，平时渠道也通畅，偶尔外邪入侵，不管是感冒、发烧、拉肚子、打喷嚏，只要好好休息，注意饮食，不治也会好。当然，如果治的方向不对，反而会推波助澜。第二种是老也好不了，或者是好几个方面都有问题的病，就是不单纯的病。**不单纯的病一定要考虑人的“本”，即人的体质。**

这位西班牙小女孩咳嗽已经一个月了，所以不会是一个单纯的病，而是体质出了问题。从西医的角度来说也很好理解，感冒、发烧、咳嗽，还有吐痰等等。《现代医学百科辞典》说：发热是人体的正常防御反应。咳嗽也是人体的肺、呼吸道、支气管对外来异物、气道不通、痰阻等异常情况的正常反应。所以，单纯的感冒、发烧、咳嗽，如果人的体质没问题，这些身体的反应，是在自动清除问题，是人体在用自身的方式往外扔垃圾、焚烧垃圾。

但如果有人每天都往外扔很多垃圾，每天都打扫，持续一个月，而且晚上打扫得比较厉害，这可能就不是一个单纯的问题了。一种可能是力气不够，三五天不能打扫干净，所以一直在打扫；一种可能是身体里出了一些问题，每天打扫掉的比不上每天增加的。

再深入分析一下，小女孩脸比较黑而且消瘦。消瘦或肥胖通常直接和中焦有关系，而且她还有大便不畅的问题，证实了这一点。可以初步判断她不是单纯的咳嗽，因为中焦或者说消化系统出了问题，也就是持续“提供能量”的“锅炉”出了问题。

其实，她是属于喂养不当。妈妈是中国人，爸爸是西班牙人，两位是音乐家，一直在全世界飞来飞去巡回演出，孩子除了精神不定之外，平时常吃果汁等凉的、冰的东西，导致中焦受损，所以咳嗽就好不了。

弄清问题，治疗就很简单了，用柔和的调理脾胃、增加中焦能量的“参苓白术丸”的思路，加上小剂量的轻开上焦的荷叶、苏叶、薄荷、芦根之类的中药，熬得淡淡的，吃了几天就好了。

“参苓白术丸”可柔和地调理脾胃、增加中焦能量，适合脾胃比较虚弱的体质。

某小女孩，7 岁，便秘 5 年，有时腹痛，脚冷，饮食一般，睡眠一般，脸色有点白，没有光彩。

这个小女孩的便秘是属于单纯性的大便不通，吃泻药就能好呢，还是中焦或者下焦不足？当中焦或者下焦不足的时候，身体就没有能量。因为排便是需要有能量推动的！

7 岁的小孩便秘 5 年，到底属于什么问题？这里要增加两个概念——“虚”和“实”。当能量不够的时候，是“虚”。当渠道不通的时候，是“实”。她至少有局部“实”的问题，比如大便不通好像是实，对吧？那么这个实，是单纯的实，还是不单纯的实？

什么是单纯的实？有的小孩子体质一向很好，最近吃多了或者吃了不合适的东西，大便不通两三天，注意，不是 5 周或 5 个月，更不是 5 年。脸色相对正常，不是白白没有光彩的，还有她的脚不该是冷的。她看病的时候是 3 月 26 日，已经是春天了，但她妈妈说，任何时候她的脚都是冷的。脚冷说明锅炉的热气不够用，通不到四肢末梢，所以手脚是冷的。即使是一个表现为实的病人，还是可以分析出来是单纯的实，还是表实里虚。这个例子是本虚导致的假实。

像这种体质的小孩子，解决便秘最简单的办法是用“乌梅干姜汤”，乌梅和干姜都是药食两用的食物。乌梅一个，干姜 5 克，熬水喝就可以。

还有一种中药是“附子理中丸”（非处方药），说明书上面写的是治疗腹泻的一种药，为什么它也能调理便秘呢？因为它能增加中焦的能量。

乌梅干姜汤：乌梅一个，干姜5克，熬水饮用，用于调理脾胃虚寒，本虚假实的便秘。

附子理中丸：增加中焦的能量，可以调理虚性的便秘。容易上火的虚寒体质，必须在服药的同时增加运动，比如每天慢跑20分钟，或者每天散步1小时，帮助身体疏通消化补充进来的能量。

所以，从能量的角度看问题，假设有10个人，只要是属于中焦虚，不管他们具体是哪种感冒、咳嗽、痛经，不要根据病名、诊断结果，只需要调整他们的能量中心，如果只是中焦不足，而且没有其他渠道的堵塞就可以用这个药。

往后退一步，从能量的角度来学习中医和选择药食，比从症状和功能的角度来学习中医和选择药食灵活很多，而且不会弄错方向。如果你能读懂一个人的能量分布是在哪里失偏，你还知道某些药食的能量可以纠偏，那么，药物、食物、调料（油、盐、酱、醋），甚至热水、电吹风，还有不同部位的按摩、敲打等方法，都能够在你手中灵活使用。

现在我们复习一下，中焦出问题往往会有哪些症状，前面那个《三焦虚实自我评估表》大家需要看熟。中焦的问题主要表现之一是大便不正常。什么是大便不正常？就是拉稀或便秘，正常人几分钟就结束，但有问题的人需要很长时间，或者拉不干净，或者拉完了黏在马桶上冲不掉，或者特别恶臭，存在这些状况，说明主管消化的中焦有问题。还有不正常的消瘦、肥胖也表明中焦有问题。舌苔很厚、很脏、腻，嘴巴有口气，或者胃口不好，或者吃了就胀气等，都可考虑中焦出了问题。

不管中医、西医诊断是什么病，《化验报告单》怎么写，如果中焦有问题，所有这些病的根源就在这里，这里就是调治的入手点。

某女孩，14岁，2009年8月看诊，两天连续发烧38.6℃，咽痛，说不出话，打喷嚏，流鼻涕，看起来是一种比较强烈的身体反应。她还有别的症状——腹泻。发烧的时候出冷汗，还晕倒过一次。人特别白，肉不多，非常乏力，肌肉和皮肤松松的，即使不生病的时候也没什么精神，怯怯的，容易害怕，很敏感，不敢一个人睡觉。

这个女孩的发烧是单纯的，还是不单纯的呢？

我们先整理一下思路，发烧、打喷嚏、流鼻涕，这都是她呼吸道的问题。从功能来分，皮肤、呼吸道可以归在上焦，肌肉、消化道归在中焦，更深的部分，心、肝、肾、骨髓归到下焦。

她上焦在反应，这是“标”，同时伴有冷汗、乏力、晕厥、腹泻症状，还有面色苍白，这些都说明她虚。**虚的小孩子一般发不了太高的烧。小孩子身体越好越结实，发起烧来就越高。**平时体质比较虚弱的小孩发烧能到38.6℃，说明她这次的正气还起得来，这是第一；第二，体质弱的小孩子发烧不会持续很久，烧一段时间，身体没能量了，会自己退下来，然后，当身体积攒了一段时间的能量，又会发烧，反反复复。

在中医看来，能够持续发烧不断的人，烧得还挺高，一般来说他的体质较强，或者称之为实，身体里可能有堆积的东西，或者是暂时性的消化不良，消化道或者皮肤、肌肉当中有多余的能量被堵住了，发不出来，所以才持续发烧，并坚持很久。而烧烧停停的，比如我以前碰到断断续续烧了一个月的孩子，每天定时发烧，然后又退下来，这种是本身的力量不够，不能很快把问题处理掉。

这个女孩就是虚性的发烧，我们再看她之前的看诊记录，2008年2

月 29 日，也是发烧，三天，咽痛，发烧的时候汗出不来，手心、脚心都热。发烧前吃过冰淇淋，这也是中焦不良很重要的一条提示。

小孩子感冒发烧之前或者在这个过程中，有没有吃过不适当的东西，必须引起足够的重视。冰淇淋容易伤害本来就不强壮的中焦阳气，伤了阳气之后，会出现什么情况呢？锅炉需要加煤块帮助燃烧的，你反而加了一桶冰水进去，那整个身体的运转就停下来了，这是第一种情况。第二种情况会觉得肚子很痛。这表明身体里的阳气还有一些，准备聚起来反抗，把那个冷东西、脏东西推出去。第三种情况是拉肚子。拉肚子也分两种：正面的拉肚子，是身体里面的阳气已经聚起来了，而且正在把冷东西、脏东西推出来；负面的拉肚子是整个身体托不住了，好东西、坏东西都在往下掉。正面的拉肚子，人还有精神，气色和各方面都还可以，负面的拉肚子是整个人没有能量了，这个会有危险。

有人吃冰淇淋以后会发烧，或鼻子不舒服。为什么呢？很简单，当一个人体质很好、阳气很足的时候，吃什么都能消化掉，不会有问题；当人的体质不是很强壮的时候，吃合适的食物，身体的能量尚能维持正常运转，基本不会有问题，但吃了黏黏冷冷的冰淇淋，或者一块冰箱里拿出来的月饼，一坨下到胃里面，身体的能量供应就不够了，管道有点阻滞，能量的流通就会慢下来。鼻子和人体的足阳明胃经是直接连着的，所以，鼻子容易不舒服的人，最好不要吃冷饮。有些虚体质的人吃了冰淇淋以后会发烧，有些虚体质的人吃了会拉肚子。这两种情况，拉肚子的人虽然相对更虚一些，但是也相对通畅一些。发烧的那种，除了虚，还有淤热。

发烧是需要耗能的，是人体在调动能量把垃圾燃烧掉。如果你吃了脏东西，或者受了寒而发烧的话其实是良性反应，说明体质还可以，还有启动反抗程序的能量。如果受了寒，或吃了凉东西没发烧、拉肚子，说明你既没有十分的能量立刻化掉它，也没有五分的能量在一开始就跟外来入侵者对抗。发烧表明还有力气打架，拉肚子则更糟，说明身体只有三分的能量可勉强追一追、赶一赶。

有人一喝白酒就拉肚子，还有吃了葱、姜、蒜、韭黄拉肚子的，我们容易贴个标签：韭黄过敏，肠道过敏。为什么肠道过敏？从中医的能量角度怎么来理解？韭黄和酒是温性的，是给予能量的，得到能量以后出现这个反应，说明原来胃肠道的运转没有达到正常水平，如果喝白酒拉肚子，说明肠道可能偏虚、偏寒。有人喝啤酒拉肚子，这又是什么情况呢？也是一种虚寒的状态，喝了寒凉的啤酒之后，人体没有能量把它气化利用，直接泻掉了。

如果你平时不是体质很好的人，但吃了凉东西、脏东西却没反应，这不一定是好消息，有可能你的能量只有一分，连把东西赶出去的力气也没有，这些凉东西可能停在肚子里了。这种体质的人肚子会越来越大，停在身体里结住的寒气叫陈寒痼冷，是藏了很久的冷。其实就是没有能量通到那里，就像一间终年晒不到阳光的地下室，阴阴、冷冷、湿湿的，排水循环也不好，一下雨还会积水。

现在很多人有过敏性结肠炎，里面至少有30%~50%是陈寒痼冷，一部分停留在肠道里。有的女孩子严重痛经，有的被西医诊断为巧克力囊肿，说是由于子宫内膜异位引起的，其实这也是属于下焦的陈寒痼冷。有些在宾馆、饭店工作的女孩子，常年穿着短裙，每天都在20℃不到的环境里工作，几乎每个都有痛经的问题，消化系统都不会太好，寒气直接侵入下焦和中焦，其实三焦都被影响到。寒气停滞在下焦，下焦的运转就会受到阻碍，就容易得妇科病、泌尿系统疾病，或者是肠道病，还有痔疮。

很多人都以为痔疮是上火引起的，其实不是，痔疮是一种阴寒下坠，阴寒中又困有淤火的表现。局部上可以说有火，但更大的原因是身体能量不足或管道不通，阳气不能在全身完整地周流输布。西医认为，痔疮是由于盆腔毛细血管回流不好；在中医看来，其实就是能量不够的状态。很多人在太累以后会发作痔疮，其原因就在于耗了气之后下焦没能量了。不只是痔疮，其他的下焦问题也要了解这个原理。

陈寒痼冷在中焦，就会出现消化道的问题，陈寒痼冷在上焦和中焦，就会出现比较常见的过敏性鼻炎、久治不愈的皮肤病，每个月发作一次的感冒，或者免疫力低下……，这个“陈寒”是“标”，是现象。为什么寒气凝在这里出不去呢？这是因为你的身体没有能量维持正常的水平和通畅度。

当人的下焦、中焦没有能量的时候，就会出现别人吹空调没事儿，你吹空调就受不了，连吹自然风都不行。我认识一位长辈，她逛超市买菜，走到冷柜附近就得赶紧跑开，她说：“还好我跑得快，但还是不行，得先上一次厕所”。为什么呢？她中焦、下焦没有能量了，寒气直中肾经，就容易导致尿频。

听众：我有个朋友，大概五六十岁，吃凉的东西就拉肚子，但他年轻时一次可以翻五六十个单杠，身体感觉很结实，现在为何会这样？

李辛：人的体质会改变，会变好，也会变坏，要看他现在的体质。吃凉东西就拉肚子，很明显是中焦虚寒。如果一个人很容易拉肚子，不管诊断结果是什么，首先要让他的消化系统好起来，这个部分好了，他后半辈子的健康问题就解决一多半了。

我有一个朋友，年轻时身体特别好，有一段时间为了婚房很辛苦地赚钱，买了房自己装修，单位里又提拔他当领导，连续几年，几件“好事”加在一起，房子、位子、老婆、孩子都有了，自己的能量却没有了，他把一个很好的身体变成了过敏性体质，常感冒、腹泻。

某女孩，10 岁，2010 年 3 月 13 日过来看诊，她的问题是风疹反复发作，五六年了。

看她的体型和气色，是虚性的、体质不太好的状态。她遇寒容易发作，气候变化后容易头晕，这个说明什么呀？很多大人和小孩一到节气会头晕、拉肚子、感冒，说明什么？虚，中焦、下焦能量不够。这个小孩中焦、下焦肯定不足，所以这个病拖了五六年也好不了。西医说是免疫力低下或者免疫力失调，其实就是没有足够的能量。

2010 年 4 月 13 日，她又来看诊。老是生病，肯定不是单纯的问题，而且每次生的病都不一样，4 月 13 日前感冒三日，发烧 39℃，三天了仍然有低热、咽痛、咳嗽，偶有头晕、腹泻，舌面湿滑。如果舌苔湿湿滑滑的，说明她的胃和肠道里边也是湿湿滑滑的；如果舌苔很厚、黏黏糊糊的，说明胃和肠道也是这样。**家长们要常留意小孩子的舌苔。**

现在这位女孩发低烧、咽痛、咳嗽，伴有腹泻、头晕，舌面湿滑，这有点像敌人从多处发动攻击她的弱处。有腹泻的感冒就不是单纯的感冒，表明身上同时有两个不同层面的战场。

在中医看来，单纯的感冒不会腹泻。喉咙肿痛、咳嗽、吐痰、发高烧、怕冷、怕热、打喷嚏、流鼻涕都还属于上焦，或者说是呼吸道的范围，是单纯感冒，这种感冒你看中医看西医，或者待在家里休息，病自己就会好。如果同时腹泻，则说明这种感冒伴有中焦不足的问题。

这个女孩体质不太好，感冒伴有腹泻，属于中焦不足，所以经常感冒、发烧，还会过敏，我们要做的是保护好她的中焦。我给家长开了一张处方。

增强体质的第一张处方

第一张处方

序号	注意事项	目　　的
1	不食生冷之物（冰淇淋、冰啤酒、冰酸奶），不空腹喝大量果汁、吃水果	保护中焦脾胃，增强抵抗力，改善肤质
2	饮食清淡，少食辛辣、油腻、烧烤、烟酒，晚餐适量，慎食牛奶	减少体内湿热淤积，减少中焦和身体内部的或者说深层的淤滞。保护肝脾，醒脑清心，舒畅情绪，轻身美容
3	每天泡脚 10~15 分钟（虚人泡到身体温暖即可，以不出汗为佳），每天散步 40~60 分钟，或慢跑 15~20 分钟	运通三焦气血，温养疏通经络，减轻淤滞
4	22 点以前睡觉，睡前 1 小时不看电视、电脑，不打电话，不打游戏	收敛神气、助眠；养心，保元气
5	练太极、五禽戏、传统武术、瑜伽、站桩等	在不消耗过多能量的情况下，疏通经脉，改善循环，聚精养神，提高机体免疫力
6	静坐	从志意过用，即“耗”的精神状态，调整到精神的“收、聚”状态，达到安神定志，调柔身心
7	多接触自然、土地、植物、新鲜空气，尽量减少看电脑、电视、玩游戏的时间	帮助经络打开，清心明神，和自然能量交流，保养精、气、神，改善情绪
8	不看恐怖片和类似的讯息	保持精神的稳定性，避免神气干扰，变生杂病

不管小孩子生什么病，第 1 条和第 2 条对保护中焦特别重要。

第 1 条是保护能源供给，别把军队的粮仓给掏空了，让敌人抄了后路。现在有一种观点认为，发烧是缺乏维生素C引起的，然后拼命喝果汁。果汁对于中焦脾胃强壮和有运动习惯的人来说，不会有什么问题，但对于中焦已经虚弱的人来说，这些寒、凉、湿的水果、果汁、酸奶、冰淇淋，容易伤及脾胃的阳气，在运转不良的身体内产生湿浊。当然，也没有必要因此完全拒绝，很想吃的时候，可以每次吃一点点，比如脾胃非常虚弱的老人、小孩子，每次喝一小勺常温的，过几分钟再喝一小勺，这样就不会有问题。度的把握很重要。

单纯性的发烧，是人体上焦正在打仗驱邪，需要中焦、下焦的能量支援，你把中焦的能量一撤，上焦必被敌人占领。撤了中焦能量的感冒会怎样呢？容易诱敌深入。当人体正气不足时，病就会持续很久。

一开始我就提醒大家，要把每次生病当作学习。大家都有这样的体会：吃很多冰淇淋或者喝一大罐冷酸奶后，胃里凉凉的、黏黏糊糊的，或者吃完烧烤后感觉燥热，第二天大便容易黏，这些是细节问题，留意了就能察觉到。

第2条是饮食清淡。有的小孩子病了，感冒、发烧，或皮肤过敏，家里人说要增加营养，买鸽子吃吧。孩子本来正在发烧，很单纯的上焦感冒，这时候吃得太好，身体本来要用来打仗的阳气，还要分一部分去消化这些高营养食物。高营养食物固然好，但在它变成身体所需要的能量之前，是需要身体提供很多能量去消化它，在孩子能量不足的时候吃，是在添乱。

所以，当人体生病、正在修复的时候，别添乱。吃的要尽量简单、容易消化。粗茶淡饭，青菜萝卜就好，等身体能量足了，可以消化了，再吃新奇特、高营养、高蛋白的食物。可以做一些药食给孩子调理，比如八珍糕对调理脾胃效果就很好。

八珍糕：调理脾胃。八珍糕的配方有很多种，这是其中的一种，茯苓 50 克、莲子肉 50 克、薏苡仁 50 克、山药 20 克、芡实 20 克、炒白扁豆 20 克、白术 10 克、陈皮 3 克、砂仁 1 克，气虚可加人参或太子参适量。以上这些打粉，掺入大米粉等蒸制成米糕食用，或直接煮着喝，取一平匙药粉（大约 10 克），用冷水调匀，煮沸即可关火，待温服用，每天 1~2 次。也可以加在米里一起煮饭或粥。

第一张处方是给各位家长的，也适用于所有的人参考。如果你的小孩中焦不太好，第 1 条要做到，至少在最近几天或几个星期，等他中焦能量足了，再给他吃一点，不行就停掉。

如果小孩子很结实，脸红扑扑的，但吃多了会流鼻涕，或者还流口水，大便也很臭，屁也很臭，汗也很臭，那你肯定要给他吃清淡一点，大人也一样。

第 3 条不要走极端，这也是大家要注意的。有的家长看了中医书很恐惧，觉得不合适的就全部停掉，永远不碰。学了中医后可选择的东西就越来越窄了，这不是中医的作用。中医是让人们了解自己身体运作的原理，让我们更健康，在生活中更没有挂碍。如果今天早上孩子应该喝豆浆的，但是奶奶不知道给他喝了一杯牛奶，以为天就塌下来了，其实没有那么可怕。

第 4 条全家都可以互相提醒一下，至少要在 23 点以前睡觉，最好是 21 点或者 22 点，尤其是小孩子，21 点前一定要睡觉。这些年，我发现容易使身体变差的有几个行业：软件工程师、炒股票的，尤其是在中国炒美国股票，还有广告设计师。不是行业本身不好，而是在其中工作的习惯和节奏没有安排好。这些行业因为耗神厉害，所以，要身处其中还能保持健康的话，工作的时间要减少，休息和运动的时间要增加。

我们需要生存，需要赚钱养家，但是要留意，如果你的身体和精神状态已经不能支持在这个行业长期发展，且又没有办法调整作息的话，不如尽早换职业。

小孩子尽量不要养成看电视的习惯，这在教育学上也非常重要，尤其1~6岁的小孩子，他们需要不受干扰地接触活生生的真实世界，这是他们学习的一种方式，不是像我们大人想象的那样，早一点会背唐诗或学电脑，早一点学会某些成人的概念或技能，孩子的明天就会发展得更好，肯定不是这样的。孩子需要以他们自己的方式，全身心地投入到真实的世界，建立他们与这个世界独有的感受和觉知。

小孩用他们的小手玩泥巴，玩3个小时，这就是和他们全身心都有关的学习。所以尽量给孩子提供真实的东西，而且要让孩子以他们自己的方式来玩。我们大人会说："这个是积木，积木是不能扔来扔去的，小的应该放在大的上面，应该这么摆才对。这个是火车，应该在这里走，不应该让它像飞机飞来飞去的"。成人的这种说教，其实是不对的。

这段时期其实是孩子在培养不受概念制约前的创造力，他们在自由组合，这种行为方式被称之为"自发性行为"。而我们大人以自己的有限认知帮他们格式化了，最后看起来很规矩，很符合成人的世界，比如见到你就会说"Hi，nice to meet you. May I help you？"一个三岁的小孩如果以这种口吻说话，我觉得这是非常悲哀的事情，过早地成人化，无异于揠苗助长。当然也许有天才，三岁能做到所有这一切，但他们还是可以旁若无人地以自己的方式玩泥巴。所以我们大人不要着急让孩子学会成人世界的这一套东西。要注意大人的干预哪些是必要的，哪些是不必要的。

我推荐大家看看《儿童健康指南》这本书。第一篇是很实用的西医内容，关于儿童疾患的症状辨别。最好的是第二篇和第三篇，关于孩子如何学习，如何适应社会，如何完成他们的人格，什么样的教育适合他们……

读研究生时，我发现一个很有趣的现象，《临床心理学》大部分内容也是着眼在“病”上，就是给人一个诊断：你有抑郁症，有焦虑症，然后给你吃药，回家观察，让人觉得自己很不正常。但是心理学真正重要的部分是人的发展、健康的心灵和社会适应，不是光给你吃药，说你这个不正常，那个不正常。

我们每个人在一生中都可能会有一个阶段经历抑郁、焦虑、人际障碍、敏感、强迫症，如果你不紧紧抓住它，这条河自己会流过去。现在的问题是，我们往往会停在这里，把这条河给冻结住，不让它自然流动，然后专心致志地去治疗这个焦虑症，如果这样做，你就会很长久地卡在那里动弹不了。

真正的心理学是讲儿童心理学、发展心理学、健康心理学。大家有兴趣可以看看这方面的书。它会讲一个人最完美或者可能走到的更好的部分在哪里，它和真正的中医一样，关注在正面的培养上。这个更重要。

为什么我推荐传统的锻炼呢？因为现代的锻炼，如打网球、羽毛球等，它的基础是建立在人有相对丰富的中焦和下焦资源之上的，只是需要好好地再开通一下。但我们现代大部分人的中焦、下焦不够，所以光做这种以“开”为主的现代运动是不够的。最适合现代人运动的是既能让身体流通，又能把能量带回来，还能让心静下来。传统运动的好处就在这里，其在运动过程当中还有类似静坐的作用。

人生在世，有些事情是必须做的，比如周游世界，或者去看看雪山；有些书是一定要读的；有些菜是一定要尝的；有些运动是要做一做的；有些艺术是要去欣赏一下的；有些好玩的东西是一定要玩一下的；有些人是一定要见的。因为这些活动能够拓展、治疗我们的身心，不知不觉地就会滋养我们，不知不觉地就在帮助我们调整好身心还没有通畅的那部分。

能量加减法

为能量加分的方法	为能量减分的方法
· 安心放松	· 电视
· 室外运动	· 游戏
· 接触自然	· 上网
· 暖食	· 熬夜
· 友善	· 过食
· 安静	· 冷食
· 早睡	· 过多学习
· 打坐	· 手机使用过量
……	……

注意孩子的生活内容与身心能量的涨跌

做一个安心的家长

孩子病了，家长需要做什么？**首先要安心、静心。**

我注意到有两类家长。一类家长，他们没有太多的医学知识，但遇事并不慌乱。他们会预先判断一下，孩子需要吃药吗，会不会转成肺炎，还是很快会好？这类家长是安心的，他们正在密切观察各方面之间的关系和反应，对后面趋势有所判断，找医生只是来验证一下是否有风险。另一类家长，平时遇事就容易慌乱，孩子病了更是如此，乱找各种各样的解决方案，而且已经给孩子用了好几套方案，这个就很麻烦。

我们欣赏第一种家长，先安心，把问题简化，首先判断一下孩子有没有生命危险？感冒转肺炎也没那么可怕，虽然病深入了，但身体的抵抗力还有，肺炎对中医和西医来说都不是大病。但你需要判断，会不会恶化？或者请医生帮助判断。如果判断不严重，甚至不需要吃药，就让孩子安静地在家里休息，好好吃、好好睡。

但是，当家长已经处在焦虑状态下，而且在平时的生活中一直都比较焦虑，一旦小孩病了，往往会把过去的不良情绪带入到这个事件中，多半都会做出错误的判断和选择，所以，必须避免进入这个不良的循环。

最近我碰到一个小病人的家长，他正在学习中医，看了很多书，正在尝试阶段。有一天，他家小孩子得了单纯的上焦感冒，有一点低烧，流鼻涕，没什么胃口，喉咙一点点痛、一点点红，汗时有时无。其实孩子不来看病都可以，我给他开了一个很简单的方子，这种情况，在家吃中药感冒清热口服液，或西药美林都可以。我开了三天药，跟他说吃完就能好，不用再来了。

过了两天，他带着孩子又来了。我想怎么又来了，问他："药吃完了吗？"他说："还有一副没吃完"，我看小孩子好像不太对劲。第一次来，虽然感冒发烧，有一点疲倦，但是眼神、表情是正常的，还摸摸这儿，看看那儿什么的，精神还不错，现在小孩子眼神空洞，没什么精神。

我看了上一次的药方，这两副药不应该造成这个眼神，这个表情啊。

我问家长："你这两天还有什么其他的治疗？"家长说："我每天都带他去做小儿推拿、按摩"。我问："做多久？"，他说："每次一个半小时。"

为什么小孩子感冒不能做长时间的、用力的推拿按摩？小孩子神气敏感，如果是轻柔的推油按摩、精油开背，或者轻轻地给他揉一揉后背，捏捏脊，这些能帮助需要疏通的小身体轻轻地开通一下，是可以的。要是长时间的、用力的推拿按摩，就好像把该在南方战场战斗的兵力，硬是调动到北方去了，南方就打不赢了。

按摩在合适的时候用可以。冰淇淋也是，阳气够的时候能吃，阳气不够的时候别吃。凉拌菜也是生冷的东西，但能不能吃要看体质和状态。

对于体质一般的人，能量足的时候吃没有问题，如果今天累了，能量不太够，就不行了，要是两天没好好睡觉了，再吃凉拌菜肯定中招。

孩子食物的调理其实非常简单，当小孩子身体状况不错的时候，什么都可以给他吃一点。但要做个有心人，你看他吃了以后的反应，如果这种食物在这个状态下吃多了拉肚子，那也没关系，这样你就知道了，这个东西要小心一点，但也不要因为拉了一次肚子，这种东西就永远不能吃了。

当孩子最近有点感冒，又有点过敏，或者最近学习压力大，或者正在青春逆反期，心情不好，那就别添乱了，保证最基本的正常饮食即可，米面、蔬菜，简单清淡的烹调方法是最明智的选择。

从能量角度思考健康问题

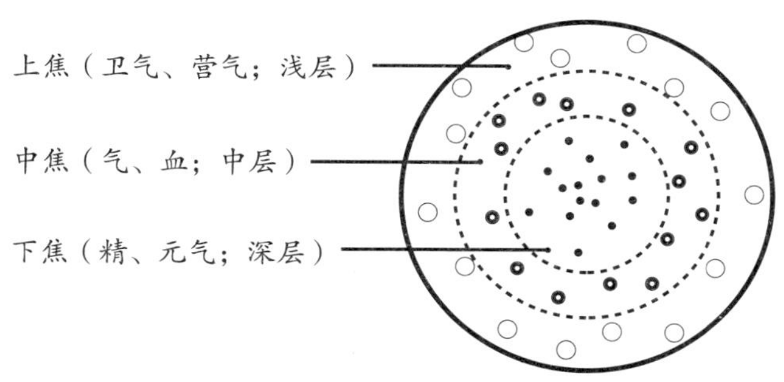

三焦既是上下，也是内外

三焦内外层面图

正常情况下，单纯的感冒，下焦和中焦的能量还有，属于正常，它有能量能供应到上焦，不光头部、肺部，整个身体的外圈表面都有能量输布，邪气只在表面。所以，中医把单纯性的外感，单纯的皮肤病，还有一切外感疾病的开始，都称之为表征，或者叫上焦病，其实就是在人体外层进行的一场战争。

病到中焦，外部的防护圈已经被突破，所以就有了消化系统的问题。当中焦出问题的时候，上焦肯定已经被突破，即使自我感觉没有症状，但已经有潜在问题了。中焦如果出问题，时间久了没有恢复，就会影响到下焦。40 岁左右的正常人，三焦应该还可以，如果由于思虑较多、作息时间不够合理、房事过度等，下焦可能会有些不足，至少中焦、上焦都应该是很好的。

大家可以对照前面的《三焦虚实自我评估表》，看看自己的三焦怎么样。现代人因为耗得太厉害，通常到五六十岁之后，下焦都不会太好，年轻人也提早进入这个状态。我最近碰到两个西方女孩，一个 20 岁，一个 23 岁，下焦能量几乎没有了，因为她们每天都是凌晨两三点钟才睡觉，每隔几天就要去酒吧喝酒，脸上全都是色斑，全身都肿。她们感觉很疲劳，想学中文也学不进去。下焦没能量，不能运转了，怎么会不疲劳？学习也是需要能量的。**要从能量角度思考健康问题。**

单纯的感冒只是身体外部层次的反应，我们要做的很简单，不损坏中焦，别乱吃喝；也别损坏下焦。小孩子一般不存在性的问题，成人生病和妇女经期的时候小心房事。对于房事，西医认为只是流失一些蛋白质，对中医来说，是下焦能量的泄漏。对于小孩子来说，保护下焦就是早点睡觉，别玩游戏，别看太久电视。生病了最多看 15 分钟电视，啥也不让看，肝郁气结也不好。让孩子高兴也很重要。

我小时候感冒发烧待遇特别好，不用上课，待在床上就在想今天怎么过？把喜欢的书放在床边，那天妈妈会对我特别好，给我弄好吃的，全安排好了再去上班。我就很开心地看会儿书，吃点东西，累了就睡觉，没几天就好啦。

尊重身体的自然节律

从小到大，我就输过一次液，是我妈被医生吓到了。那会儿我 15 岁，初中刚毕业，扁桃腺老化脓，说明我小时候虽然没有强壮到外敌无法入侵，但敌人溜进来以后，我的阳气还足以反应。那会儿流行割扁桃腺，医生跟我妈妈说，这个扁桃腺老发炎会影响心脏、肾脏，需要输液两周，最好割掉。

我从小敏感，输液的感受终生难忘。爸爸陪我去输液，得坐两个小时车到县城去输，输完液以后我觉得自己的身体像动画片里的怪物，好像被关在里面，外面包着水。后来，学习《伤寒论》就明白了，那叫水气病，本来局部只有一个问题，打胜就结束了，输了液以后全身都灌了水，一时半会儿化不掉。

所以，如果是简单的感冒，简单的小病，或者一切病的开始，应掌握两个原则。

第一，看中焦和下焦虚不虚。如果虚，就加强它，或者用补的方式，或者用流通的方式，看情况决定；如果不虚，别乱吃，别多吃，吃得简单一点。问题在下焦，对小孩子来说就是别看电视、电脑，别熬夜。可以出去玩，但别玩得太厉害。对大人而言，则要注意不要过于操心、疲劳，房事不要过多，等等。

我在大学二年级时，连续打一天乒乓球就有阴虚肾虚的感觉。早上六点多去抢位置，他们一个一个上，我把他们都打下去，一直打到晚上六七点，最后眼睛都看不清了，凭直觉还能打。打完了回家浑身热，干烧，阴虚了，也伤肾。

第二，当中焦、下焦两部分都很好的时候，感冒或者有炎症、过敏，没有关系，身体会自动处理好所有的问题。为什么呢？因为有能量源源不断地供应上来。

开心也很重要。如果老是责骂生病的小孩："你真是个不听话的小孩子，昨天让你别吃冰淇淋，你看看。"他一不高兴，气脉不通畅了，病就不容易好。

身体在反应状态的时候，只需要做两件事情。第一，反应不强烈，萎靡的时候，别打扰他，让他睡觉。如果没有生命危险，不要急着去医院，要给身体一些自己调整的时间。这时需要好好睡觉，养精蓄锐，身体正在自动的康复中，如果急急地打车、挂号、排队、抽血、输液、打B超，本来都快好了的病症反而更重了。为什么？因为把正在用于修复身体的能量给折腾掉了。很多小孩、老人，就是这样折腾坏的。

单纯性的小病，中下焦不虚的话，即使看起来有点萎靡也没关系，他们的气正在阖，让他睡一会儿，不想吃就别让他吃，别硬把他叫起来，还没睡足，又被叫起来吃药、泡脚、按摩……这是在干扰身体自动恢复的节奏，这也是折腾。要培养耐心，要学会观察。

第二，反应强烈的，要控制反应度，不要让战场的破坏度太大。如果反应过强，是需要控制，但别急着把症状消灭，过强的压制性治疗会伤害孩子的体质。我们后面会细讲。

听众：我儿子喘，两岁半，6个多月的时候感冒后会喘。发烧、流鼻涕这些我都不担心，但他喘我就挺担心的。

李辛：喘可能是因为中下焦不足的时间长了，导致上焦不通畅，他冬天脚冷不冷？

听众：不冷，冬天他的手脚都是热的，就是生病的时候可能会有一点冷。

李辛：他是那种胖胖圆圆的呢，还是瘦瘦的？

听众：看上去还是蛮结实的。

李辛：晚上尿床吗？

听众：尿床，现在晚上还给他用尿布。

李辛：尿床也是下焦虚的一个指征。

听众：感冒咳嗽以后会喘，不咳嗽不会喘。

李辛：咳嗽以后的喘，不一定是真正的哮喘。他每次感冒会持续多久呢？

听众：断断续续，症状较重的阶段大概会有一个星期，然后会有零星咳嗽、流鼻涕，大概持续 2~3 个星期。

李辛：他大便怎么样？

听众：每天 1~2 次。

李辛：现在比较清楚了，两条比较重要的指征，尿床、感冒后有喘，而且持续两个星期好不了。就需要考虑他是中下焦不足，正常的感冒不会拖那么久。

当我们说中下焦不足，一种是指功能不足，还没到虚的地步，平时的状态还可以，生病了才显现出来。一种是虚，比如平时就常常拉肚子，肌肉不结实，气也虚。还有一种是由于吃得太多，食积造成的，这个要排除。

小便频、尿床，或者手脚冷的孩子，可以先用简单的方法自己调理试一下，比如手搓热了去搓孩子的后腰，每天搓一次，或者用艾条给孩子灸一灸命门、肾俞穴，然后看他下一次发作的间隔时间会不会长一些，好得会不会快一些，程度会不会改善。这和饮食调理一样，需要家长自己摸索一下。

小孩尿频、尿床，或手脚冷的简单调理办法：

1. 双手搓热后，轻搓孩子的后腰，每天搓一次。这是最柔和的补养方法，尤其适合于体质虚弱的老人和孩子。

2. 用艾条灸命门、肾俞穴。艾条性温，对于虚寒体质的孩子尤其合适。

3. 增加孩子定量户外运动的时间。适当的运动，能打开身体各处的细微通道，相当于扩容全身的能量储存器，对上中下三焦的调理都有好处。

假设孩子烧得比较厉害，喉咙很痛，或者白细胞很高，家长该怎么处理呢？大家记住，只要是单纯性的感冒或疾病，看中医、西医都没关系。如果白细胞高，确实有细菌感染，也可以吃抗生素，但抗生素会留下一个问题，从西医的角度来看，它在杀灭细菌的同时，身体里面好的益生菌也被消灭得差不多了，体内的微生态环境会被搅乱。从中医的角度来看，气机的正常运行被严重干扰，让钟摆正常摆动的动力遭到了破坏。

吃过抗生素后，中焦和全身的气机运转会被严重阻滞，要恢复得等一段较长的时间。所以，平时消化功能不好的孩子一定要慎用抗生素，输液更是要小心。看病不可以求速效，要看人的体质，体质弱一点的，就像跑不快的人，你硬拖着他快跑，可能会适得其反。

合理使用医疗资源

单纯和不单纯的病，判断点在中下焦虚不虚。

当孩子发烧很高的时候，用中药、西药退烧或者刮痧都可以。但有一点要注意，中医不赞成使用冰袋，冰袋会把身体流动的状态凝固、阻碍。发烧、咳嗽是人体正在把垃圾往外排，把它挡在身体里面容易得更深层次的病。

我的老师宋祚民教授是儿科方面的专家。1998 年我刚跟他学的时候他就说，最近五六年血液病很多，像过敏性紫癜还有白血病这一类，主要的原因是降温退烧用抗生素太厉害，不让发烧完成自然的过程，不让单纯性的发烧完成，结果就变成不单纯的发烧，邪就从表面慢慢进入中焦和下焦，想出来也出不来，停在里面，中焦下焦就会不足。

过敏的病人、血液病的病人很多，所以抗生素要慎用，还有抗过敏药最好少用。现在，抗过敏药变成一线用药了，像感冒引起的暂时性咳喘，并不需要用的，有的小孩子用上了就变成长期依赖了。还有，不要轻易使用支气管扩张剂，或喷雾剂，太随意使用是在给身体添乱。除非孩子憋得不行了，很危险，先用一下。不是绝对不能用，要慎用。

抗生素慎用的原因，前面已经讲了，但如果不得不用，或者已经用了，那么在康复调理的时候，除了需要注意饮食、作息、适当运动，帮助身体内的“气”或者说“能量”更快地运作起来外，还可以服用一些帮助身体建立“微生态环境”的辅助食品。

抗过敏药最好少用，它会抑制身体的反应，掩盖症状。过敏之所以产生，和人体为了消除身体内部的湿热毒等邪气的“自保机能”有关，但因为身体不够通畅或者其他的原因，身体的抗争反应在某处过度激烈。对此，调理的思路，仍然是“有没有？通不通？”。如果一味使用抗过敏药，导致邪气不得外发，长期积存体内，留在身体的深处，会导致更严重的问题。所以，在不得已的情况下，不要轻易使用支气管扩张剂或喷雾剂。

听众：老师，去年孩子感冒，我想让他自己好，但差一点变成支气管肺炎。到医院看，医生说怎么这么晚才来……其实，我以前也不主张给孩子打点滴，那次就没让打。他肺里面有声音，又有好多痰，咳不出来。当时就用抗生素来消炎，还用化痰药。还开了一种类似支气管扩张的药，也是化痰的，我对那个药不了解，当时没有用。如果不想输液，我该怎么做呢？

李辛：一感冒就打点滴，用抗生素，就好像拿高射炮去打蚊子，蚊子也能打下来，但是不值得，蚊子和屋子会被一起轰掉，这是第一点。不少家长也像你一样，刚开始会自己尝试处理，或者找中医，然后中医也没治好，或者好得不彻底，最后还是上高射炮。

高射炮常常有立竿见影的效果，马上就能把症状压住，但压住了以后，应往外排的垃圾就堆在身体内部，如果之后再不给它出来的机会，孩子的体质会下降很多。但是用过高射炮的家长也不要担心，我们在讲相对好一些的选择和每一步的思路，真到了这一步，等孩子病好了之后，再通过运动、饮食调理或找中医调理都可以再把体质调整好。

调理的思路是补中焦，然后微微开上焦。体质好了之后，身体就有能量把原先被压在身体里的寒气啊、黏滞的一些垃圾啊、多余的水气都排出去。除了中药调理之外，更好用的方法仍然是进食容易消化的饮食和适当的运动。

大多数西方人有非常好的运动习惯，当他们吃过抗生素后，身体里面被压住的寒邪水气能够通过各种运动很快排出体外，所以，西方人虽然发明了抗生素，吃得也并不清淡，但是因为他们有良好的运动习惯，所以能够平衡这些问题，而且，西方的医生也不会乱开抗生素，他们对使用抗生素的态度是非常谨慎的。

我们大部分中国人没有良好的运动习惯，而且抗生素太容易得到，一有问题，先吃几颗安安心是很多人的惯性思维，这就会累积成大问题。现在，不仅是抗生素，输液也成了治疗上的习惯，如果不了解阳气的重要性，不关注体内“微生态平衡”的问题，而只关注身体里有没有致病细菌，就会有“让孩子去输液就会平安无事”的错误认知。输3天液以后，你摸一摸小孩子，全身都会有点水囊囊的浮肿感，尤其是感冒两三周，甚至一个月的，阳气已经不够了，再输液，水气就停在身体里面了。

不过别担心，还是可以调整的，喝一点姜糖茶，或者根据孩子的情况用参苓白术茶和小柴胡冲剂这一类柔和的补中焦、轻开上焦的药茶稍加调整。这时不能再伤害孩子的中焦了。后续还是建议看中医。

喝姜糖茶、参苓白术茶或小柴胡冲剂这类药茶可以柔和地补充中焦、轻开上焦。

只要体质能够调整好，身体自动会把所有的东西化掉。小孩子不会咳，痰也不一定一直待在身体里。中医有气化的说法，西医有代谢的说法，身体好的时候是可以自己吸收排泄的。即使像肺结核这样的病灶，身体转好的话，最后也能够吸收掉。体质好，一切都可以转化，而且不一定需要很长时间，合适的饮食、作息，合理的运动，吃对的中药，比如稍微补点中焦或者运转中焦，再轻轻开一下上焦，宣肺化痰，可以化掉。

有个女孩子，找徐医生看诊，感冒3天，发烧最高39℃，当日还有低热、咽痛、咳嗽、腹泻、舌面湿滑。近期学习繁忙，24点以后才睡，情绪欠佳。

徐医生的诊断是：胃气不足，神气略滞，诊断病名是感冒，但她诊断这不是一个单纯性的感冒。那用什么穴位呢？灸中脘、涌泉穴。先补中焦，然后补下焦，把上面的气降下去，再按摩百会穴、库房穴。百会穴是补阳气，有“通阳”的作用，库房穴属胃经，可开中焦，也有开上焦的功能，也能用来宣肺化痰。

大家可以观察整个过程，治疗小孩子，思路很重要。感冒，咳嗽，如果反应很强，控制一下，但别一下子把阳气这只还有大用的老虎打伤，别让它窜得太厉害就行，打太狠了，后面的东西就全被积压了。

从整体来判断资源和渠道

我们通过几个例子重复说明了九字真言的其中两条：“有没有”和“通不通”。

有没有？任何时候你都要看是否有资源，没有的话就是不单纯。你要判断，中焦有没有？下焦有没有？这两个地方能量不够，容易得不单纯的病。只要是不单纯或是慢性病，肯定是中焦、下焦有问题。

用这个方法来判断大方向很简单，而且很重要。不管什么病，当你判断他中焦、下焦都有，就可以喘一口气，告诉自己没事儿，他元气很足，自己早晚都会好。只是要小心能量足的身体在面对强盛的邪气时，有时候会反应太强烈，敌我都很强大的时候，战斗就会很惨烈，到那时，需要找中医或西医控制一下，别让他烧得太厉害。

然后考虑“通不通”？下面这几条可以常常观察一下。

- 出汗，主要反映了上焦的情况，是不是开的；
- 排便，反映了中焦是否阻塞；

- 排尿，反映了下焦是否通畅，以及元气在三焦中运行的情况；
- 手脚温热还是寒凉，反映了全身能量的分布情况，能量够不够，经络通不通；
- 舌苔，反映了内脏的情况；舌苔是否厚腻，反映了消化系统的流通，以及整个三焦运转是否良好。

孩子病了，如何稳住大局？**得先让孩子处在安心的状态，然后再判断是单纯的还是不单纯的病**。如果是不单纯的，那就是中下焦有问题。这个时候要小心，没有经验的家长，需要请教有经验的中医。如果是不单纯的，症状很严重，有抽搐、昏迷，或者剧烈疼痛，也需要看西医。日常的饮食、作息需要保护好中焦和下焦。

假如孩子感冒和发烧，如果是平时体质还不错的孩子，有资源能出汗的，首先要观察他有没有出汗？如果没有出汗，就让他微微出汗。还有观察他舌苔好不好？大便、小便通不通？这三部分代表了上焦、中焦、下焦的能量通不通。对于已经发育的女孩子来说，还要看她月经是否正常，手脚冷不冷，心情好不好。

在大学上第一堂中医课时，老师很骄傲地说，中医是整体观念，西医不是。后来我学了西医，发现西医也挺整体的。整体不是手段上的，而是思维和认知上的。如果你能观察到身体每个局部、每个现象之间的关系，身体和饮食、环境的关系，物质、身体和情绪的关系，身体能量和五运六气的关系等等，你的整体观念就会越来越完善。

中医是系统工程，是身体这台自动化工厂的监管人兼管道维护工，能维护人体的三焦气血、五脏六腑、十二经脉等管道系统的健康，让它整体运行正常。

家长天天跟孩子在一起，很容易观察这几件事：孩子的心情、吃饭、睡觉、大小便、出汗、女孩子月经。这几部分如果是正常的，或者说在正常的范围里起伏，那么孩子不太容易得病，得了病也容易好。得病也不用担心，要学会用平常心、安稳心观察整个过程，把还没有注意到的部分调整好，让系统恢复到正常的运行状态就可以了。

我们回顾一下。

第一，现在大部分小孩子的感冒都是不单纯的感冒。单纯的感冒只是上焦的问题。不单纯的感冒最常见的有两种：一种是中焦虚或堵，或下焦虚，或中下焦都虚、都堵。鉴别诊断看《三焦虚实自我评估表》。

中焦出问题比较多见的是伤食，吃多了，食物停在胃里边，这个是不单纯感冒常见的原因。小孩子下焦虚的原因比较复杂，比如先天不足，神气过于敏感，父母养育方法和环境不适应，滥用抗生素、激素，过早、过多地使用电子产品等等。

第二，凡是慢性病、反复发作的病，或各个层次各个系统交错及同时出现的病，都不是单纯的问题。遇到这种情况，不用跑到医院又挂皮肤科，又挂耳鼻喉科，再挂内科，要马上想到：这是孩子的整体系统出问题了。我们现在很多医生和家长，容易陷在一个表面现象上，马上退烧！马上止咳！马上化痰！这需要付出很大代价来还债，不值得。

这个时候应该去看有经验的中医，先调理他的中焦、下焦。只要是不单纯的病，一定要考虑中焦、下焦，考虑整体的管道通不通。只要有中下焦不足，肯定有整体管道不通的问题。不用管哪条经，先管大小便、出汗、月经，这几条管道一通，十二经脉、奇经八脉、身体的大小经络自然会通。

还要留意孩子的心情好不好，玩的时间够不够。现在小孩玩的时间严重不够，待在家里玩电脑，那个不叫玩，是消耗。我说的玩是到户外去，全身都能带动的玩，比如玩球、玩泥巴、跑跑跳跳，那个叫玩，待在房间里不叫玩，搭积木也不是真正的玩。

体质虚实寒热的鉴别

不良体质如何来鉴别？我们可以用两个符号来表示，一种是加号，一种是减号。我们把实和热用加号来表示，把虚和寒用减号来表示。

实和热都属于加号，它们有什么区别呢？

实就是中焦、下焦能量很足，孩子平时吃得下、睡得好、玩得动，有精神，肌肉也比较结实。实是有能量，但当能量过多或被堵住的时候，就会出现高热、便秘、口臭等问题。

体质实，渠道又被堵住的时候，容易产生热。什么叫热呢？比如锅炉，水、煤、火都很充足，这叫实。一不留神，煤加多了，火太大，或者有些管道堵住了热量散不出去，结果有些地方太热了，这叫热。实的孩子发烧容易烧得非常高，39℃，40℃，甚至更高，他的阳性反应厉害。

另外一种体质——虚。虚说明锅炉有点问题，或者加的燃料不对，或者通风口管道没建好，不太通，或者是其他的问题。总之，锅炉一直不太容易烧热。

不管是感冒、发烧或其他的病，身体比较结实的人容易偏阳性反应，虚的人不太容易表现出阳性反应，即使有，也不太激烈。

下表中的内容供大家参考，这是一个基本的分类，也有复杂一些的，比如虚实夹杂、上实下虚型的，我们以后再分析。

体质判断方法（实 / 虚、寒 / 热）

	实质	精神	面色	皮肤	肌肉	耐寒热	胃口	大便	小便
实 +	有余、过剩	不胆怯、健忘	红润、有光泽	润泽、有弹性	结实、致密	耐寒	大	不畅	色黄、味重
虚 −	不足、过少	胆怯、易倦怠	黯淡无光	干燥苍白	松弛	不耐寒	小	软便腹泻或便秘	色淡、味轻、尿频
寒 −	阴性或阳虚	外表安静或易不耐烦	苍白	无汗	寒或湿	遇寒则痛	小	溏便或便秘	色淡、味轻、尿频
热 +	阴虚或阳胜	易躁动不安	燥红	有汗	温或热	不耐热	大	便秘、味臭	色黄、味重

这张表内容比较简单。家长可以留意小孩的状态，胆子大、好动的，是偏阳性体质的孩子，能量足一些，这样的孩子在生病的时候反应也会强一点；阴性体质的孩子相对弱一点，孩子不同的状态跟能量有关系。实容易判断，虚要复杂一些。

再看脸色，如果是暗淡无光或苍白的，皮肤干燥，肌肉松弛的，手脚老是湿湿冷冷黏黏的，容易怕冷，受寒容易肚子痛，平时胃口不大，大便溏软或腹泻，一天好几次，偶尔也有便秘的，这些都是中下焦不健康的现象。尤其是尿频、尿床，如果六七岁还尿床的，肯定是中下焦不足。还有怕鬼、怕黑，不敢一个人睡的，也是中下焦不足。

舌苔如果是软软的不结实，或者特别大，或特别瘦、特别薄、特别水嫩的，说明身体比较虚。舌苔可以看出内脏的状况，如果又大又湿，说明身体里有多余的水气。大家早上刷牙时，看看自己的舌苔，让孩子也养成观察自己舌苔的习惯，每天看就会了。

老人容易舌苔胖大，而且两边常有代表水气的齿痕印。这是为什么？

因为年纪大了，气或者说能量不足了，虚了，运动又少，气的循环、流量、流速都弱了，全身多余的水、湿气排不出去，内脏的水气太多，所以舌苔也会显得又胖又湿。

听众：舌苔白腻是什么问题？

李辛：如果舌苔很厚很腻，长了很多苔，那说明身体里有脏东西需要被清理，至少消化道有问题，舌苔白腻的，首先检查自己的饮食是否适当，运动是否足够。

还有手脚冷可能是虚或者渠道不通畅。如果你或孩子的手脚一直是冷的，很可能是因为中下焦不足。能量不足会导致管道不通畅。但更多的时候两种情况是同时发生的。河道堵塞有两种，一种是没有河水（没有能量），时间一长，垃圾、淤泥会把河道填满，这是能量不足导致的不通；另一种是有河水，但河道被东西堵住了，这是需要“开通”的淤滞。也有两种淤滞混在一起的，调理的时候要一并考虑，还要看哪个更主要。

现在的社会人心复杂，饮食作息失常，单纯的病不多见，大部分人的中下焦都有问题。

听众：我孩子的脚容易汗臭。

李辛：脚容易汗臭说明什么？说明身体有多余的东西在往外排。我们先判断体质，看他的精神是容易兴奋的还是怯弱的？活泼的还是安静的？肌肉是结实的还是松弛的？胃口好还是坏？

如果体质比较强壮，汗脚基本是单纯的湿热。单纯湿热的小孩子，通常身体挺结实，说话声音挺响，好动，胃口较大。这样的孩子只需要注意饮食，不要太荤、太油腻，同时加强运动，每天持续运动，把身体正在往外排的多余湿气再推一把，排出去，这样汗臭脚就会好。如果孩子的体质是中下焦不足的虚性体质，那是湿热为标，中下焦虚为本，除了注意饮食和运动之外，还得处理中下焦不足的问题。

前面我们说了两种不良体质：一种是中焦虚，一种是下焦虚。还有两种不良体质：一种是中焦淤滞，一种是上焦淤滞。掌握这几种不良体质，一般小孩子或大人的问题就能判断清楚。

有个小孩，14 岁，感冒发烧一周没有退，喉咙痛，精神却很好，吃得下，睡得着，还正常去上课，她发病前吃了很多东西，大便正常，脸色很好，嘴唇特别红、胀。

很明显，这是中焦淤滞的实热感冒。家长带小孩来看中医之前，已经输了 3 天液，也没有控制住。我给她开的多是清理中焦的药，有点儿像大家喝的夏季药茶，如荷叶、陈皮、苍术之类的，都属于流通性的。

这个孩子烧了一个礼拜，精神还很好，嘴唇还很红、很胀，这种情况，不管看中医、西医都没问题，不看也会好。如果烧得太高，超过了 40℃，就必须控制一下。如果没有出汗，吃少量中药，帮助她发一点汗，开一开表，或者吃一些"美林"之类的西药都可以。这就是我们说的单纯性感冒。

到了 2010 年 1 月底，她又生了一次病，还是咳嗽，流了很多鼻涕，鼻涕是黄的、黏的，精神很好，喉咙痛，脸很红，嘴唇还是很红、很胀。这次还是实热，但不是中焦的问题，只是上焦的问题。我给她用菊花、蒲公英、丹皮、桑白皮、白茅根，都是常用的清热药。或者可以给她吃板蓝根，或者用双黄连。因为她就是一个上焦实热，中焦不虚，本身体质也挺好。但是前面说的那个虚的例子就不行了。

实热可以吃常用的清热药，或板蓝根冲剂，或双黄连口服液，但是不要轻易或长期服用，因为现代人的体质多半是虚实夹杂的。

中焦淤滞与中焦不足

有个5岁的小男孩，最近一两年常常外感，扁桃体一直都肿大；后背特别热，尤其是晚上，会出大量的汗；梦很多，睡得不踏实；大便每天都有，但很干；最近不太想吃东西，平时吃荤很多，舌苔很厚。

从现象上看，这是典型的积食，就是我们说的中焦淤滞，一般看舌苔就能看出来，通过了解他平常吃东西的习惯，也能说明这一点。为什么积食后扁桃体会发炎呢？因为他中焦淤滞的那些热出不去，很多小孩子得鼻炎也是这个原因。

如果孩子平常有中焦淤滞的问题，该怎么改变这个体质呢？

第一，吃素一点，量要少些，尤其是晚饭。晚上身体要休息了，大部分能量都自动回收到下焦深处了，中焦如果还有很多难以消化的东西，就容易积食。能量不足的孩子更容易积食。所以，不要看见瘦弱的孩子就光想着给他多塞一点吃的，要看他能不能消化掉，要帮他找到提高消化力的方法。

第二，要运动。永远不要忽视运动的作用，运动可使全身流通，运动可以开上焦和中焦，起到流通三焦的作用。

对于身体比较淤滞的，定期运动能够减少感冒。淤滞的病是因为身体里的负能量堆积到一定时候爆发了，如果定期运动，加大流通，清空库存，就没问题了。对于中焦淤滞，有两个适合的药——保和丸和平胃散。大人也适合，可以降血脂、降三高，不同的病名没关系，只要背后的原因是属于中焦淤滞的就适用。

中焦淤滞：保和丸、保济丸、平胃散、大山楂丸。

总之，对于虚的体质，我们可以用艾灸，把中焦、下焦的能量提高。对于实的体质，少进一点食，多一些流通，用一些药帮助消化。对孩子来说，最简单的方法，是通过运动性的玩耍（开）和足够的睡眠（阖）来帮助身体自动疏通人体管道，平衡虚实。

我有个朋友，很懂得用运动来调理孩子，她常常观察孩子的舌苔，看到舌苔厚腻了，或者感冒、咳嗽了，她会让孩子加大运动量，逗孩子跑跑跳跳，同时也注意饮食，孩子很快就恢复了。

一位 4 岁的孩子，得严重的鼻炎有两年了。医院检查说他鼻子里面有腺样体病变、组织增生，淋巴组织也有增生，医生建议割掉。

这种小孩我碰到好几个，有的割掉一次又长，还有割掉两次又长的。这和胆结石、女性乳腺增生是一样的，割掉后还会长。这种手术有风险，如果变成“空鼻症”，那孩子的一生将会很痛苦。

这个小孩的主要问题是鼻塞，只能张着嘴呼吸，晚上睡觉很不好，每个月感冒一次。我问了一下饮食的问题，平时家长给他吃大量的肉，早上也是，除了肉，还有鸡蛋、奶油、奶酪，这是非常典型的饮食不当造成的中焦淤滞。

我给他用的药是苍术、陈皮、防风、车前草，都是流通型的，起流通中焦，把表面多余的东西去掉的作用。因为是小孩子，我每样只开 6 克，短熬 15 分钟就喝。孩子喝了以后流出了大量的鼻涕，然后就可以正常呼吸了。

上面两个病例都是中焦淤滞，舌苔比较厚，小便味道很重，大便特别黏、特别臭，还有一些小孩子的手总是湿湿黏黏，出汗也很臭，或是黄的，也是身体里面有多余的湿和热。这些孩子身体比较结实，如果平时不注意运动，加强流通，又吃得太多、太好，就容易堵住。

听众：有的孩子敦实，但同时又带寒，有点矛盾。

李辛：那叫夹杂，有这种情况。

听众：我家孩子医生说是虚寒，但是大便又干。

李辛：你家小朋友比较胖吧，他有什么症状？

听众：胃口不是很好，肌肉松弛。

李辛：这是中焦不足。

听众：但是大便又干，而且贪凉。

李辛：大便干不一定就是实，也可能是虚，虚了以后推不动了。不要以为大便干一定就是实和热。

李辛：小朋友几岁了？

家长：三岁。

李辛：多漂亮的小朋友，来，看看舌苔（摸他的手，看他的鼻子）。

大家注意看小朋友的脸，两边是红的，中间有黑的、白的，目眶下有点缺乏光泽，有一点稍微凹空的感觉，肉不结实，有点松。只要肉不结实，中焦肯定是虚的。还有鼻头暗，不是很明朗的，也是中焦淤滞之象。两个眼睛之间发青发暗，这样的小孩一般容易害怕胆怯。如果是大人，说明心脏有点问题。

中焦虚滞与精神压力

家长：我的孩子5岁半，常感冒，最近3个月没有发，但一直虚虚的。她奶奶是西医儿科医生，常给她吃抗生素，我学了中医之后开始注意这个问题。她眼睛下面老是有点眼袋，鼻子中间有青黑痕，老出鼻血，脚汗很厉害，常便秘，最近好一点点了，但大便比较硬。

李辛：来，我们看看舌苔。舌苔有点红。大家觉得她是虚还是实？她其实是虚。我们要看整体，不要看一个点。她舌苔红可能是稍微有一点热，也有可能是吃糖染的（小朋友刚吃过糖）。

家长：她的舌苔经常是这样。

李辛：那是热，我们再看一下。

家长：舌苔有点白，中间经常有一条紫的线，现在算比较好的，舌前还有红色的小点点。

李辛：舌苔前面红色的小点点和出鼻血其实不一定代表实、代表火，当人虚，尤其是下焦虚的时候，身体的气会浮散在上部，相应舌苔的前部就会红或者有小红点。要观察整体，看小朋友的脸色、眼神，都不是很足。她手和脚平时是冷的还是热的？

家长：冷的。冬天我一直给她泡脚。

李辛：手脚冷，眼睑黑，是下焦不足，脸也有一点松松的，也是典型的中下焦不足。大家认为这个女孩和刚才的男孩，谁身体里边的脏东西多一点？

听众：刚才那个男孩。

李辛：对，这个小女孩虚一些，但是从气色、舌苔看，身体里面干净一些；那个男孩子好像脏东西要多一点，吃东西要小心。

最后一点，这个小女孩容易害怕吧，看得出来，鼻梁发青嘛，还有目间发青的，一般都是容易害怕的。

家长：经常睡不好。

李辛：电视看得多不多？

家长：不爱看电视。

李辛：吃东西呢？

家长：吃东西正常。

李辛：肌肉松弛，壅滞，面色偏暗一点，大便怎么样？

家长：经常腹泻，有时候两天一次，前面干后面稀。

李辛：典型的中焦不足。从望诊来看，她除了虚以外，还有滞。有的是实滞，有的是虚滞。刚才老中医的孙女是实滞，这个孩子是虚滞。当她身体不流通的时候，身体里有很多多余的东西，气不流通会影响到她的神，这也是睡觉不好的原因。

家长：她吃保和丸会好转些。

李辛：如果有食积的问题可以经常吃。

听众：如果我的小男孩比较虚寒，舌苔比较白呢？

李辛：可以用附子理中丸，吃到热就停。如果是偏热的体质，食积就可以吃保和丸。

刚才那个女孩子为什么容易流鼻血？一个虚的孩子，为什么容易流鼻血？

中医有一个名词叫"脾不统血"，其实不需要管脾啊什么，脾属于中焦，只要中焦、下焦虚，气就会收不住。最常见的是女孩子月经有时特别多，有时身体越虚月经反而越多，然后形成恶性循环。这个小朋友咳嗽、流鼻血，有痰出不来，吃了甜的东西就容易生病，甜食比较黏滞，说明她中焦运转不好，可以尝试灸足三里、中脘穴。

她的脸有点水水胀胀的，这说明脾虚湿盛，中焦有点虚滞，因为这个体质，黏滞的甜食吃了就化不开，也常常有痰，如果痰是白色，说明她身体属于虚寒。舌苔还行，下焦这部分还需要详细了解，中焦虚滞已经确定了，就可以先灸足三里和中脘穴。

听众：她父母的喂养过程有个问题，孩子吃饭不乖，她父母就限定时间，比如说 15 分钟内一定要吃完两碗饭，吃不完就罚站什么的。

李辛：父母的强迫性管教，强行的压力容易引起孩子的紧张和抵触情绪，孩子不一定会表达，但心理压力会影响人体中焦的运化能力，其实全身心都会有影响，家长需要留意选择适当的方法。

有一个女孩，5 岁，怕热怕闷，稍微有点胖，不能吃热的，一年发两次烧，病程 3~5 天，目前扁桃体肿大快两个月了，看舌苔属于实热。

怕热怕闷，说明身体有点不通，像高压锅的压力有点大；稍微有点胖，不能吃热的，一年发两次烧，这些都说明身体有能量，但不通畅。

这个小朋友看起来精神比较坚韧，神气稍微有一点紧，这样的人容易实。举个例子，我们都读过李白和杜甫的诗，文如其人，你们觉得李白和杜甫谁容易瘀？肯定是杜甫。

所有病的变化离不开体质，而体质跟神质又是相关的。比如读辛弃疾的诗，能感觉到他神气很紧、肝胆气很强，这是格局。还好他可以领兵打仗，有篇文章说他那会儿还挺富有，居住环境很好。这样呢，虽然他胆气、肝气很强，但是生活境遇还不错，可以遂他的志。但如果这样的人被压制在那里，没钱，不能领兵打仗，皇帝也看不上他，他做不了想做的事，那就容易得肝胆病，或者心血管疾病。

所以诊断要先看人的神质，看人的体质，再看他的病。疾病的生成就是这样的顺序，首先是神质出现问题，影响到体质，然后产生身体上的西医能够检查出来的疾病。所以，要留意前两部分，如果能把前两部分调好，病就比较容易好，光去治病是治不好的。

这位小女孩看她脸上好像还有一些小点点，她现在才几岁，如果到十几二十岁的话，这些点点可能就会变多，假如她以后生活不是很顺心，30 岁可能就会出现色斑。怕热怕闷的孩子，一般需要比目前更大的精神和物质环境，因为她有能量需要流通，如果闷在那里，但身体又比较结实，就会出现扁桃体炎、鼻炎之类的问题，需要让她做自己想做的事，多玩一玩、开开心、跑跑步、泡泡脚，这些都是帮助她“开”的方法。还有一点要注意，家长如果有过多的“不可以”，会使得孩子的身心产生淤堵。

这种体质的感冒，吃点感冒清热冲剂就可以，还有食物需要少吃一点，吃清淡一点。泡脚呢，结实的孩子，有郁热的时候泡到微微出汗就好。虚的孩子泡到身体温暖，但不要出汗。

一位 16 岁的男孩，没提供舌苔照片，身高 1.9 米，患白癜风，胆怯，易烦躁，他得过 3 次肺炎，肺俞周围有肿块。

胆怯，易烦躁，人虚就容易不耐烦，这是典型的中下焦不足。白癜风，我当时没想明白是怎么回事，先把他的中下焦先调理一下。白癜风不要吃特别热的药，比如补下焦的药，可以用五子衍宗丸；还有山药、八珍糕可以作为平时中焦的食物调理。2011 年，我曾用李可老先生的白癜风丸原方治疗了一位 17 岁的男孩，效果很好。

某 5 岁孩子，容易感冒、生痰。舌质淡腻，手心湿，半夜容易醒。

只要是容易生痰，中焦都有点虚，或者不流通；如果痰黄脓呢，说明中焦有郁热，偏热；如果是白痰呢，说明中焦虚滞，偏寒；舌质淡腻，也说明中焦有淤滞，也代表整个身体的流通不太好；手心湿，说明身体里有湿；小孩子睡不好觉，一个是肾虚收不住，一个是胃有食积，第三个是先天神气敏感。

我们再看一个病例，怎么判断？不外乎两端，一者虚也，二者实也，循其征象，应知可也。

站在我们面前的这个很清秀、敏感的小姑娘，舌苔稍微有点瘦，有点干，有点热象。

一般来说，秀气、敏感的小朋友就像是一个玻璃做的房间，房子里的人能看到外边，外边也能看进来。这种小朋友流通性比较好，但身体里面能量不够，容易流散。大家还记得开阖吗？这种就是容易开不容易阖的，开阖不光是身体，也包括精神。比如说古代有敌人攻城，守城的事就不能让这样神气敏感的人来做，神气敏感的人，像敏感的鸟儿，一有风吹草动就飞走了。

家长：口气重怎么理解呢？

李辛：中焦有热，不流通，不管虚实，只要中焦有热、不流通，口气就会重，很多老人口气很重。这里的热并不是指全身的能量多，而是因为身体的不流通，导致局部的能量多了。

听众："开"是指神质？

李辛：体质和神质都是，神气敏感的孩子，平时又比较活泼的，她的神气、身体的能量容易往上升浮，往外散，而身体下焦、深处没有足够的能量，当她能量运转不畅的时候，有些地方会不流通，有些地方就会供应不上。

对于她来说，口气是能量在上面淤住了，肚子痛呢，是由于中焦虚滞，下焦的能量也不足。中焦虚滞用参苓白术丸很合适，或者小剂量的附子理中丸，附子理中丸除了吃，也可以外用放在肚脐里。下焦能量不足从本质上来说也是精不足，因为她很敏感，神气一直在散，所以下焦就不够，当精神外散、气血升浮的时候，可以吃一些矿物类的药，比如生磁石、龙骨这一类，取其重镇安神，把神气往下收聚的作用。

附子理中丸除了吃，也可以外用放在肚脐里。其他温热性味的中药，比如肉桂、艾绒、吴茱萸、生姜等等都可以按比例外用。把桂圆肉制成小丸放在肚脐内，用来祛除中焦的寒湿，这个方法很适合老人和孩子，或者不愿意吃药的人。对于皮肤敏感的人，可以先在手背上贴几个小时试验一下。

某婴儿，出生18个月，伤食导致夜汗多，常感冒，脸很胖，但身体很瘦。

晚上出汗多不一定是盗汗，盗汗、自汗这个分类意义不大。我以前学习的时候一直被这些困扰，从中医药大学毕业之后好几年才明白，根本不用管盗汗、自汗这些标签，要看身体里能量“有没有”“通不通”。

晚上是阖的过程，晚上汗多，身体在把一些东西排出来，说明他身体里湿气多，如果你发现他吃多了以后汗多，可以肯定他中焦、上焦，再到表面这一圈有多余的东西，整体也不够通畅。有很多皮肤病和上焦过敏性疾病，还有鼻炎、扁桃体的问题，都跟这个有关系，三焦不通畅，主要是中上焦淤滞。

长期皮肤过敏是三焦都有淤滞，爆发在上焦。这种体质怎么调理呢？可以灸或按摩足三里穴，足三里穴能行气化湿，运中焦，还能补中焦，小孩子神质、体质都还简单，一个穴位就够了。

如果判断他还有下焦不足，灸一下肚脐，或者把肉桂和吴茱萸的粉末，加点桂圆肉，捏个小饼饼，放在肚脐里。夏天可以贴12个小时，冬天可以长一些，皮肤没问题的话，时间再长一点也可以，贴三五天。如果晚上小孩子睡不着觉，可以贴涌泉穴。

家长：比例是多少？

李辛：肉桂 30 克，吴茱萸 10 克，也有用单方肉桂，或单方吴茱萸，也可以放姜、花椒，注意皮肤刺激，药的方向最重要。

家长：他吃了您开的药以后，出汗少了，然后手上长了一个小疮，好了以后有个疤，现在消了，平平的，看得到摸不到，但他现在手心还会出汗。

李辛：手心出汗说明中焦还有一些多余能量，还在排湿，原来有大量的能量淤在表面，可以再调理一下。

某小孩，9 岁，偏瘦，有地图舌，经常流清鼻涕，腹泻，有时候又有黏鼻涕。我们看他的照片，鼻头有点黑，两眉之间有点紧。

身体偏瘦，有地图舌，说明体质比较差；经常流清鼻涕，也是说明阳虚；腹泻，是中下焦虚寒；有时候又有黏鼻涕，说明身体大部分时间处在能量不足、不通的状态，当有能量起来的时候，身体不通而产生淤热。鼻头有点黑，说明胃是寒的；两眉之间有点紧，说明性格有点倔，有点拧，得好好跟他说话，不能跟他对着干。

当一个人的性格或者神志比较强或比较敏感，在药物性味的选取上，和平常的对待上，都要用清淡一些、柔和一点的方法，帮助他身体流通、精神放松。对待林妹妹和宝姐姐的沟通方式是不能一样的，对林妹妹要柔和一点，对宝姐姐可以直接一点、强硬一点。这个小朋友，要给他喝药的话，用山药、莲子、生谷芽、麦芽之类的，味道要好喝些，参苓茶也可以，平胃散就稍微重了一点。

再来看一个小孩，他舌苔稍微有点胖，略有一点松垮的感觉，这说明中焦有点儿壅、不流通，他有什么不舒服？

家长：吃多了会不舒服，有时会大便干燥。

李辛：平时容易害怕吗？

家长：不会。

李辛：那还好。肌肉有点松，注意给他加强脾胃，最简单的方法就是把你的手搓热了，然后放在他的肚子上，事先你自己得吃好睡好。这个方法相当于最柔和的艾灸和按摩，是对幼儿特别适合的方法。刚才那个瘦瘦的男孩子，用这个方法效果也特别好。

我们看这个小朋友，眼睑有点青。

家长：他的眉间还有鼻梁也有点青。

李辛：这是中下焦有陈寒。小孩子也好，大人也好，下眼睑、鼻梁发青、发暗，有点黑，凹下去，说明中下焦不足。

家长：这个怎么样来改善呢？

李辛：不吃凉的，偶尔喝点姜汤或者紫苏红糖汤，肚脐上贴刚才说的肉桂吴茱萸丸，或者贴姜片也可以。

家长：他从小四肢就有湿疹，现在主要是大便有点稀，而且特别臭。

李辛：这是典型的中焦虚寒，可以用小剂量的平胃散，或者参苓白术丸。当他湿疹起来的时候，可以再给他揉一揉足三里、太冲、合谷穴，帮他开一下。这个过程就是把一些能量放进去，让身体把邪气慢慢带出来，但是不要带得太厉害，不然表面的症状会很剧烈，人比较痛苦。当他湿疹很严重的时候，可以给他吃车前草，新鲜的车前草很常见，是利尿去湿毒的一味好药，也是开上焦郁热。车前草到处都长，大家可以带着小朋友去采，又开心又治病，一举两得，孩子开心很重要，能帮助气机更好地循环。湿疹发的时候需要把黏滞的补药和生姜之类的热药停一停。

如何使用常用中草药

在辨清体质的基础上，我们如何使用非处方药呢，下面介绍几个比较安全的非处方药的用法。

简单的下焦虚，平时又容易上火的小孩子，可以用五子衍宗丸调理，小小的水蜜丸，不用吃太多，5 岁用 5 粒，10 岁用 10 粒，差不多 1 岁 1 粒就行了，小孩子气机灵敏，吃很少量就会有效。

桂附地黄丸适合虚又有寒的小孩，可以用一点点，水蜜丸也是同上面的用法，浓缩丸要相应减少用量。这个适合有点下焦虚的小孩子，就是那种特别单薄、清瘦的，还有虚胖的小孩。

下焦虚，偏热的体质用六味地黄丸或五子衍宗丸；偏寒的体质用桂附地黄丸。注意：下焦补药，脾胃虚寒的小孩慎用。

比如当孩子喘，但没有热的症状，尿频，大便容易稀，可以用这些热药来暖下焦。比如小孩子尿床，是下焦虚，这两个药都是调治下焦的药，偏热的体质用五子衍宗丸，偏寒的体质用桂附地黄丸。如果对症的话，两三天就有效果。

一种药吃一个礼拜或者两个礼拜没效果，说明不对症。中药用对了，是非常快速有效的。家长首先要学会熟练地观察症状的改善，还要学会观察胃口、大小便、气色、舌苔、气味、手脚冷暖、精神等等细节，中药是否有效常常体现在这些细节的改善上。

中焦虚可以用参苓白术丸调理。如果中焦虚又偏寒，可以用附子理中丸。用这些药调治孩子的虚寒性感冒，效果都不错。

这些中焦、下焦的药适合在什么时候用呢？适合他已经发过烧了，反应完了，或者经过中医、西医治疗，身体快好还没有好透的阶段，身体的能量不够，老拖着点尾巴，这个时候就需要外力托一把的时候用。

听众：我的一个侄子在美国，八岁，比同龄小孩矮一个头，常尿床、胃口不好，吃什么药比较好？

李辛：胃口不好是中焦的问题，尿床是下焦的问题。中下焦不足，这个是本。但还要考虑，当他不足的时候比较久，整体管道都会不太通，这就需要了解他大便通不通，舌苔厚不厚，皮肤上会不会长一些东西。

如果有这三样，说明他既有本虚，能量不够，还有不通的问题，可以用保和丸。对于中焦淤滞，还可以用平胃散或者保济丸。保和丸适合一般的消化不良，作用偏胃部。保济丸除了运转中焦以外，还有开上焦，作用偏肠部，一般腹泻或积滞在肠部用保济丸更好。总的来说，保济丸的力量比保和丸强一些，开的范围和力量广一些。平胃散的特点是偏辛温，适合受寒、吃生冷或平时脾胃就比较寒的情况。

夏季小茶方：苍术 6 克，荷叶 3 克。这个茶可以每天喝，对于消化不良的小孩子，或吃肉吃多了有停食，舌苔厚，皮肤长东西的，可用这两个药来轻轻梳理一下中焦。苍术和车前草也可以用。

苍术加车前草和苍术加荷叶有什么区别呢？车前草利尿，能够把中焦多余的脏东西从小便分流掉一部分。荷叶是从中焦轻轻地往上托，你体会荷叶站在水面上的感觉，它对中焦有一点虚滞的，流通不够的，帮助中焦把能量轻轻地带动到表面。这两个小茶方都很温和，可根据孩子的状态选用。

常有学生问我，吃绿豆好还是吃赤豆好，其实不需要过于纠结在这些细节里，先了解它们的共性，都是流利的，帮助气机从中焦往下流通，赤小豆消水通气健脾胃，绿豆也有这个作用，但更清凉一些，这些都是很温和的食物，用对了会看到效果，用得不对也有调整的余地。

对于上焦淤滞，其实所有的感冒药和发汗药都是治上焦淤滞的，每天泡脚、跑步、洗热水澡也是开上焦淤滞的。**开上焦的时候不要过**，比如发汗过了，会泄漏损耗身体的能量，结实的孩子还没有关系，但体质比较虚弱的孩子就会有影响。所以，比如泡脚，老人和身体弱的小孩，泡到身体温暖就可以了，以不要出汗为好。

听众：不到两岁的小宝宝睡前也可以泡脚吗？

李辛：泡脚对流通气血来说是一件很好的事，健康小孩的气血一般都比成年人流通得好，不一定需要泡脚，有时候泡了反而过了。如果需要做的事情很多，可以排一下顺序，什么是最重要的，什么是必要的。小宝宝一两岁的时候，对他们最重要的是一个非常祥和、安静的妈妈的怀抱。

我在看诊时碰到过这种情况，有的妈妈很有责任心，每天列了很多对宝宝健康有利的项目菜单，一条条的都要执行到位，搞得自己很累，宝宝也被折腾坏了。妈妈要注意自己的状态，如果妈妈在很纠结、很生气的情况下，孩子就会睡不了觉，或者情绪不好；妈妈常吃垃圾食品，小宝宝的消化就会不好，或者脸上、身上容易长湿疹。

跟安心、放松、找到自己和孩子适宜的状态相比，泡脚并不是一件重要的事，养生的方法很多，在合适的时候再拿来用就好。

我们接着说，感冒清热冲剂是开上焦的，偏凉开；小柴胡冲剂是温开。体质偏寒用小柴胡冲剂，偏热用感冒清热冲剂。如果分不清偏寒偏热，但是他没有显出明显的热，中下焦又常常不足的，就选用温开。午时茶既能开上焦，又能开中焦。

常用的草药有苏叶，开上焦、中焦，加红糖泡水，很好喝。车前草是流通三焦的，能清肺、开表、和胃，还能把热从小便里排出来。还有白茅根，小时候爸爸妈妈带我去挖这个药给我吃。小孩子如果有一点热，会流鼻血，或你判断他是身体有热出不来引起的，白茅根能止血清热，利尿渗湿，味道也很好，现在新鲜的不常见了，干的也可以。

如果上焦和中焦都虚，应把调理的重点放在中焦，这个时候中焦是本，上焦是标。还需要衡量哪个症状严重，比如说下面这两种情况，第一种是发烧、咳嗽、痰很多、流鼻涕、打喷嚏、怕冷，平常中焦虚，但现在症状急，急则治其标，还是用感冒药，但用什么样的药，包括怎么保护中焦，要考虑到。第二种情况是有一点点发烧，烧不起来，有一点点不舒服，也不严重，或者已经好几天了，这个是缓症，缓则治其本，就从中焦入手。大家慢慢体会这个理论。

听众：如果小孩子常常皮肤过敏，是什么问题？

李辛：如果是单纯的皮肤病，不会拖那么久，皮肤在表，属于上焦病，单纯的皮肤病，用治感冒的解表药也能治好。我们说过人体可以分上、中、下三焦，三个圈圈，好比我们的三个房间，单纯的垃圾，又离前门最近的，直接从前门扫出去就行。

但如果是两三年或更长时间的皮肤病，其实是中焦虚，下焦也虚，邪气深入人体，堵在那里，或者说因为人体中下焦虚滞、淤滞，没有能量把这些邪气排出去。时间长的皮肤病一定要调整中焦和下焦。

如果家人有皮肤不好的，医生开的中药特别苦，里面有大量清热解毒的药，虽然可以治疗皮肤病热毒瘙痒的“标”，但要评估中焦脾胃是否能承受。如果吃了一个礼拜效果不太好，或者胃里不舒服，可能要平衡一下药的方向，治标的同时，要兼顾中焦和下焦。

现在有不少小孩子感冒，家长以为是热性感冒，会去买清热解毒药，板蓝根、大青叶、紫花地丁，都是很寒的药。这种只适合单纯的某一类型的感冒，或者说中焦、下焦不虚的感冒，大家需要鉴别。

同样，慢性鼻炎、慢性皮肤病、慢性咽炎、慢性胃炎、慢性结肠炎、慢性中耳炎，都不是单纯的问题，在治疗的同时，必须考虑中下焦的能量分布和流通情况。

常用艾灸、敷贴和按摩

如果小孩子能做到静止不动，艾灸是个效果挺好的调理方法，尤其对于虚寒体质的孩子非常合适。

孩子中焦虚，可以每天艾灸中脘、足三里穴各 20 分钟。如果中焦不是很通，足三里多灸一会儿，也可以再加下巨虚或阳陵泉穴。一般中焦有问题的这几个穴位常常轮流替换着灸，每天选 2~3 个穴位，每个穴位灸 15~20 分钟，不需要太长时间。不用犹豫，到底是这个穴位多灸一会儿还是那个，最好的学习是尝试，每天灸，加上观察，你会对这些越来越熟悉。

在给孩子灸这几个穴位之前，建议先给自己灸，掌握好角度和距离，不要太近太烫，温热适度。自己灸得有感觉了，知道灸了以后身体会有什么变化，再给孩子灸。

下焦虚，可以灸神阙（肚脐）、关元穴，或者再加两侧的肾俞穴，最后再加一个太溪穴。为什么最后灸太溪呢？因为灸是增加能量，神阙、关元、肾俞穴是在身体的下焦，也是收聚，脚上的太溪穴呢，属于下焦更深层的收聚。下焦虚，艾灸的目的是帮助身体往下焦的方向增加并收聚能量。这个跟大家打完太极、练完桩功来个收势的动作一样，这个动作就是相当于灸太溪穴，收住能量。神阙这个穴位既补中焦又补下焦，灸一个穴位就可以解决。

小孩子如果好动，不愿意灸，怎么解决？可以拿肉桂 30 克、吴茱萸 10 克，打粉，可以用很久。晚上取出指甲盖大的一点点，加一点点醋，如果小孩的皮肤对醋敏感，可以减少醋的用量，加一点蜂蜜，把它捏成一个小丸子，赤豆这么大，放在小孩子的肚脐里，再用邦迪一贴。夏天放 24 小时，冬天放 48 小时之后再换。

这个方法既补中焦、下焦，又能帮助中下焦运转，晚上还能帮着身体把气收回中下焦。小孩消化不良、尿床都可以贴；老年人有高血压、神经衰弱、失眠、风湿痛，也可以用这个方子，可以将药捏成一分硬币大的小饼贴在涌泉穴，因为涌泉穴是肾经，直接从调整下焦开始。

按摩也是个很简单的方法，比如常说的胃肠型感冒，消化不良，可以按摩一下合谷、足三里穴，或者曲池穴。合谷、曲池穴是上焦的，足三里穴是中上焦，偏中焦，有和胃、和肠的作用。或者家长可以帮孩子按摩一下督脉、膀胱经，对于里面还有能量，中下焦也不虚，直接开表就可以解决。按摩督脉、膀胱经代表什么呢？是顺。因为膀胱经是人体的表面，外面一圈，相当于城市的绕城高速。如果是表面的感冒，你把表面动一下，邪气就出去了。

有的家长知道按摩好，但还不了解重点、方向，每天把小孩子全身都揉一遍。全身揉一遍是什么意思啊？把有限的能量给分散了。身体正准备集中力量跟表面的敌人打仗的时候，你使劲儿把全身都揉一遍，把能量都分散了。打仗要一鼓作气，再而衰，三而竭。折腾了几次，人体没有能量了，所以那个孩子第二次来的时候，两眼无神、精神萎靡。第二次开方，我给他吃的全都是补下焦的收聚能量的药。第一次来我只给他开了三五天的药，第二次来我给他开了两周，我说感冒好了还得继续吃，为什么呢？因为第二次的药根本没有管这个感冒（标），而是在调整身体不平衡的能量（本）。

所以，上、中、下三焦三个圈圈，重点要照顾中焦、下焦两个圈圈。

按摩只需要学很简单的方法，不需要很复杂的花式手法。分开看就是一个是按法，一个是摩法。我们可以自己学一学怎么按摩，学会了以后就可以给小朋友按摩，给父母按摩，也可以给自己按摩，比如摩腹，就是一个很好的自我保健手法。

有个穴位叫三阴交，把自己的手搭在三阴交穴上，不用力。我们现在感觉一下，自己的三阴交穴是冷的还是热的，松的还是紧的？

听众：感觉是温的。

李辛：温的很好，冷的凉的可能是下焦虚寒。觉得肌肉是厚的还是薄的？

听众：厚的。

李辛：厚说明还有点资源，不过需要分清是结实还是水肿。薄的就是能量不够。手是冷的还是热的？

听众：热的。

李辛：如果手是温热的，可以直接搭在三阴交穴位上，手上的热量会渗透进去。不需要意念，就是自然的热传导，物理现象。没事的时候放松，把手放在这里。

小孩子脾胃不好，可以把手放在他肚子上。**前提是你自己不能太虚太累，手不能是冷的。**

我们再来试一下，把手放在自己的肚子上，闭上眼睛感觉一下……

手心的热量是不是在传递？放在神阙穴，或者中脘穴，或者关元穴，另外一只手放在后面命门穴，轻轻地搭在那里就可以。

我们做一分钟，注意力放在那里，继续感觉。前后两只手的热量好像在中间连通，进入身体。这是最简单的补中下焦、补元气的方法。对于特别虚的小孩子，每天用这个方法就可以，这个方法非常温和，没有副作用。

有一年因为医疗事故，我爸爸急性肾衰竭，在极度虚弱有生命危险的那段时间，我早上四五点钟起来，把手放在他神阙和关元穴上一个多小时，再给他灸两个小时，这样度过了最艰难的时候，后来他身体恢复得非常好。这种补元气的方法对最虚弱的人都很合适，而且很简单。

肚子越来越温热了，挺舒服的。我们大人工作疲劳的时候，在办公室也可以用这个方法回收一下神气，怕同事看着奇怪可以光捂前面。

听众：老师，如果拿个热水袋捂行不行？

李辛：热水袋也有用，但不一样。如果小时候你妈妈从来不陪你，就给你一只玩具熊陪你，哪个好？这个不光是热的问题，人有精气神的灌注，有爱，有关心，其实整个过程是有我们看不见的生命力在流动的。

如果有肚子痛，受寒了，胃里发胀，手边又没有艾条，我们可以把一只手放在肚脐或者中脘，还有一只手放在腿上，这是先补中焦，然后把能量引到腿上。自己回去试一下，会感觉到腿上的热量会跟肚子接通，还能通到脚上。中医的导引就是这个道理。还可以一边捂阴陵泉穴，一边捂阳陵泉穴和足三里穴，这是在开中焦，或者开下焦，也是在补。

按，不用很大的力，越放松效果越好。

我二十几岁时，在北京的卫生学校做代课老师。有一次，下了课，听到楼道里传来一阵哭声。我过去一看，一个女学生在教务处的沙发上哭，痛经。一时半会儿也找不到药，也没有艾条，怎么办？我先把手捂在小腿下部的三阴交和绝骨穴，两只手这么一合，让这里温热起来。这就像下象棋或者下围棋，先布局，把气先引到下肢，然后再把手放在血海穴，也是让她热起来。最后，一只手放在她的肚子上，一只手放在她后腰上，也就五六分钟她就不痛了，通了就不痛了。这些方法大家自己去试，特别有效果。

听众：您说一个是手要温热，第二就是不要太虚寒的人，是不是太虚寒的人如果帮人家施术，自己会有损伤？

李辛：真正虚寒的人心里常会担心自己有损伤，如果不常有这个担心，通常不是虚寒的人。天地之间自有大能量，这是一个无形的东西，你了解自己只是负责接通而已，而不是把自己的能量分配出去，单独的个体能有多少东西给予？

所以，当你手够温暖，心里也有关爱的时候，你放在那里，就会有接通的作用，这是一个自然的交流。比如有人肺虚，把手放在他后背的肺俞穴附近。原则是静，还要虚。什么是虚？当你把手放在那里的时候，把它忘掉，不要想着他有病会不会好，我在给予，我给了他会不会虚，他的病会不会到我这儿，不必想那么多。放在那儿就行了，自然就完成了。

摩，对幼小的孩子特别合适，但小孩不适合很强的手法。按摩可以分力、气、神，“力”的重要性排在“气、神”之后。后背、腿、腹部都是适合摩的部位，慢慢地用心地做。要专心，要“松、静、柔”，如果妈妈一边按摩，一边想着别的事，效果不会好。

选择双方都舒服的姿势。有时候隔一块布好像好按一点，你能感觉到你的手，也能感觉到手下的皮肤，慢慢按的时候，下面每一点回应的力量是不一样的，有的地方会硬一点，有的地方会软一点，有的地方是凹下去的。你自己慢慢练习，看怎么按自己手舒服，对方也很舒服。有时能感觉到手下的肌肉里面有点空，或者有点干瘪，轻柔的按和摩会帮助它慢慢充气。

关于按摩，建议大家先学习按法。手不动，体会手下细微的变化。当体会很细了以后，再开始摩，做到每一个动作你内心是清晰的。对小孩子的按摩要先分清整体的虚实，哪里需要开，哪里需要阖。

按摩最大的好处，是能帮小孩跳出现在的格局。我们大人也常常会陷在某个心理和生理的格局里，时间久了就会发闷，或者生病，需要自己想办法跳出这个被困住的格局。

小孩子在生病的格局里，如果他还有能量，需要开，你帮他全身轻轻柔柔地按一遍是可以的，或者他需要阖，你就把手放在那里，或加一点点力量给他。

比如三阴交穴，第一个方法是手搭在这里，有热量自然透进去；第二是身体微微前倾，自然就有一个力量压上去了，不要很用力，手放松。大家自己去试一试力度的掌控，这个方法非常简单实用。

再举一个例子，比如这位同学的肩膀不舒服，我站在他后面帮他按摩肩膀，我身体往前一倾，力量就下来了，我的手其实没有怎么动和用劲，一个身体简单的角度移动，就完成了力量的调节。按着不移动，在《黄帝内经》里叫"按摩勿释"，按在上面，不要松开。

现在流行的按摩一直在动，太快，变成一个散的、泻的方法，适合体质强壮的人，但真正强壮的人不多。对于虚人的按摩要以静、慢、柔的"阖"法为主。可以让小孩子趴下，一只手放在命门上，一只手放在小腿肚子上，保持 10 分钟。如果真能静下来，比如长期打坐、站桩的家长，孩子下焦的寒热虚实是可以感觉到的。

听众：我把手放在小孩背上，过了大概个把小时，等他醒来，我的手都湿了。会不会是小孩体内的湿？他背很凉。

李辛：可能是你身体的能量把他的寒湿引了出来，或者你们两个都比较湿。正常情况下，几分钟就会有感觉。如果这个小孩体内有湿，手放在上面，几分钟就湿黏黏的。当我们在问我的孩子到底是寒性的还是热性的，有没有湿气，用手就可以感觉到。

听众：加意念会不会加强感觉？

李辛：不需要加意念，意念是人为的东西，它有时并不符合身体的实际需求。

听众：老师，我自己老是手脚冰冷，身体虚，那我能不能给小孩和自己做按摩？

李辛：可以先加强运动，把自己的气血好好运转一下，也可以把手焐热了再做。

今天讲的是一个简单的思路，希望大家回去试一下。我还是第一次讲按摩的方法。这是了解自己和小孩子体质的简便方法，也是你们深入学习的前提。

如果医生自己没有吃过药，也没有摸过人，凭想象就开药，这就很危险，希望大家不要凭想象学中医。中医说的每一个东西，都是可以看到摸到感受到的。

比如下焦不足，应该能感觉到自己肚脐以下、耻骨以上这块区域是空的、冷的，或者是虚的。如果你们把手放在上面，虚的时候里面像是有个凹陷的洞，热量自己会传进去，放在那里半个小时或者两个小时的话，里面慢慢有充满的感觉，这个感觉也许会持续很多天。这些都是可以直接体会到的。前提是需要打坐，安静下来，很多东西就能够直接知道。中医是实实在在的东西，不是用理论去推的，是通过实践体验的。

当你静下来的时候，处理家人的健康不难。我虽然是中医大学毕业的，但打坐让我感受到很多大学里学不到的东西，然后，用自己的手给自己和家人做按摩，给自己做艾灸，通过实践，会明白很多东西。

有一点要提醒大家，当体质改善了以后，有几种可能：第一，身体会好，原来的症状会改善；第二，身体本来隐藏的问题会反映出来，身体自动进行必要的改革。这种反应过程怎么处理？会有哪几个阶段？怎么去判断？还有怎么通过望诊看他的表象、舌苔等来判断寒热虚实？我们后面接着讲。我希望大家先摸一下自己的孩子，感觉一下他到底是寒是热，是虚是实。

不让孩子的神受扰

现在的小孩，过早进入成人化的生活方式，过早接触高科技，过早被信息化，对他们的精神心理状态有影响。

现有两种小孩子：第一种是在农村长大的，小时候玩泥巴、抓小虫什么的，直到小学一年级才第一次坐到课堂里开始学习；第二种小孩，五六岁就会背很多唐诗，会用电脑，会用成人的眼光看这个世界，用成人的口气和成人的知识来命名、识别繁复的现代世界。

大人会觉得，第二种小孩真厉害！但这种小孩学会的部分，我们称之为“人类社会的通用操作系统”，但是通用系统肯定不是高级系统，会有很多漏洞，并且无法自动编写升级软件，需要依靠软件厂家的长期供应。

这些孩子过早地被社会化、成人化、信息化，他的精神系统就容易受到限定，也会导致他的物质系统——身体受限、僵化，进而发展成某些疾病。过早的信息化，会导致杂乱信息接收太多，就像树干不粗壮的小树，硬是催生出了很多的叶子，挤在一起。这样的小孩会引出很多问题。

有个哲学家说过：空气是供你呼吸的，不是供你分析的；周围的美好事物是让你感受的，不是让你来命名的。我们成年人习惯分析、习惯命名，小孩子过早成人化会遇到麻烦，他对自然和生命的灵动的感受力会过早、过多地让位于格式化的思维方式，以后会像被创造出来的机器，而不是拥有创造力的人。

我们学习了几种不良体质的判别方法，有中焦虚、下焦虚、中焦淤滞、上焦淤滞。有一个更重要的问题是什么？是神。神不定，或者神受到了影响，人也会生病，比如有时候突然碰到大喜大悲的事情，或走路时突然有人骑着摩托车过来把包抢了，这就是一个神受惊的状态。

有个小孩子，1岁，下半夜他就会哭叫，醒了就不敢一个人睡觉。平时睡一两个小时就会醒过来，不想吃东西，大便次数正常，但发绿。家长说前一阵春节期间放鞭炮，孩子被吓到了。

这样的孩子很多，一般被吓到或者神被干扰用朱茯苓10克、生甘草2克、生龙骨15克，三味药泡水、煎服都可以，或者朱茯苓一味药也可以。这个方子比朱砂安神丸更适合脾胃虚弱的小孩，朱砂安神丸是治疗失眠的，它有黄连、生地，比较寒滞一些，对中焦会有些影响。如果只是神受到了影响，喝前面的小茶方就可以。还有大一点的小朋友玩游戏，看一些让人害怕的东西，比如恐怖片，神受到影响了，用这个效果挺好。大人也一样。

安神小茶方：朱茯苓10克、生甘草2克、生龙骨15克，泡水喝。

大家不要认为恐怖片只是一部电影而已，不是真的，其实，这个世界是能量、信息构成物质并影响物质的，我们的身体和精神永远在被周围的能量、信息影响着。看恐怖片，你就和这类的信息场相连通，会被负面、阴暗的能量所包围，尤其对于敏感的人和幼小的儿童影响更为明显，大家一定要谨慎。

这些年我接到很多看恐怖片出问题的病例。有些只是看恐怖片，影响到了身体的能量体，有的已经影响到身体；有些是可以用中医或者现代医学处理的，有的是我治不了的。

建议小孩子不要去参加追悼会，尽量不去医院、坟地等地方，不光指有形的病菌病毒，还有无形的信息，这些是存在的。

听众：老师，我常做不好的梦。

李辛：一般的做梦，可以吃安神小茶方。那种极度的害怕，就像在恐怖片里的害怕，一种奇怪的害怕状态，有强烈的不良信息黏附在身心上的时候，可以求助于教堂或者寺庙里的专业人士。

听众：我想问一下，我的小孩5岁，一直头痛，找不出任何原因，她比较弱、敏感，这个是不是可以通过祷告并辅以治疗比较好？

李辛：如果属于不好的信息或者能量，通过祷告或念经会有帮助，针灸、中药也会有不同程度的帮助，包括梳理亲子关系，甚至调整家长自己，调整家庭成员内部关系也会有帮助。我们的某一个问题的显现，其外围交织着一张立体的网络，一层层的关系互相影响，可以尝试找一个切入点，但也需要全方位的观察，寻找到相关的原因再解决。

第二篇
相信孩子自我成长的能力

创造家庭的良好环境

孩子的许多病患与精神心理因素和家庭、社会环境有紧密的关系。尤其对于婴幼儿，父母长辈的精神状态、思想认识、生活方式和价值取向，形成了儿童生活中最重要的小环境，这个小环境也是核心环境。

我是第一次听小朋友读《道德经》。刚才小朋友们读的那一段确实很难懂，我过去看过很多遍也没看懂。小朋友读第二遍的时候，有些地方我就突然有感觉了。所以，不慌不忙、没有压力地读经挺好，容易和古人的思想接通。

每天我们都要做很多事情，不管是做具体的事情，还是思考某一件事情，或者在想过去的、现在的、未来的事情，我们看到、听到、摸到、感觉到什么，或者我们在这里或在那里。其实就一件事情——我们在与外界进行交流和交换。

刚才听小朋友读经，我感觉到了小朋友在跟古代圣人的作品交流所带来的舒缓之气，那种安静的气息是现在社会最匮乏的，也是这个时代的小朋友特别需要的。

接下来，我讲一讲这些年来做医生的感受。

家长都非常爱孩子，给孩子的生活增添非常多的内容，尽可能地满足孩子的需求，甚至创造条件超前地满足孩子，出发点非常非常好。

但是，大家都知道，植物在幼小的时候，是不能施肥过多的，因为它的根系还不发达，无法吸收太多的养分，浇了太多太浓的肥料，反而会把小树的根烧坏，导致小树的枯萎。

我在门诊中发现，现在的孩子常常因为吃得太多、太好，导致消化不良，不光是食物，在物质和精神上的补给也太多太好。很多家长关心孩子的营养，关心孩子吃什么药，也会很努力地去寻找现代或古代的好内容让孩子学习。大家有没有想过，我们的小孩子会不会接触得太多了？现在物质过剩、信息过剩，很多东西一想要就能得到，如果没有“孩子需要什么”的鉴别力，有时候反而会给孩子带来一些干扰。

这些现象的背后有一个非常重要又常常被我们忽略的原因，我们现代人缺乏古人那种舒缓而安静的精神环境，我们大人活得非常焦躁不安，无法给小孩子一个良好的精神环境。

无形的精神环境是客观存在的，比如我们跟朋友一起聊天，如果和你在一起的人是比较平静的、快乐的、舒缓的，即使聊一些很简单的话题，结束后也能体会到平静的满足感，好像有东西在滋养你，让你放松，甚至让你能够把自己调整到更好的状态。朋友如此，家人更是如此。这些无形的、存在于我们生活和环境中的东西，是需要我们家长慢慢去体会的。

无形的环境可以通过有形的调整慢慢培养，我这里有个自测表，希望家长和孩子自测一下，小朋友可以跟爸爸妈妈互相商量。这些日常细节很重要。

家长和孩子的自测

1. 几点睡觉？几点起床？

2. 每天下楼散步吗？多久？

3. 每天有闲暇时间吗？大家各自做什么？

4. 电脑、手机用多久？

5. 家里安静吗？电视、收音机、CD的声音常有吗？

6. 家长平常是急急忙忙、慌里慌张，还是从容有耐心的？

7. 节假日去哪里玩？

这些自测题，可以帮助大人、小孩互相提醒，不光是做家长的要提醒小朋友早点睡觉，小朋友看到爸爸、妈妈很晚了还在辛苦地工作，或看电视太晚、打电话太长的时候，小朋友也可以提醒一下爸爸、妈妈。当小朋友提醒的时候呢，爸爸、妈妈如果不能马上做到，也要试着跟孩子交流，为什么不能去睡觉的原因，而不能光说："你先睡觉去，我还忙着，这个事情很重要！"一家人就要做互相关心、互相提醒的好朋友。

真正关乎健康的问题，不光是我们的身体，也不光是我们平时吃什么，或者做什么运动，还有我们生活中各个层面的环境和内容，其中最重要的是我们和家人之间的关系。

比如自测题第1条：几点睡觉？几点起床？现在的小朋友身体不够健康，最大的原因是精神入不敷出，用得太多，充电的时间太少。小朋友充电的主要方式就是睡觉。睡觉时间不够，或者即使时间够了，但是因为白天用得过度了，晚上就可能睡得不够踏实。

为什么会用过度呢？第一，孩子在学校要学各门功课；回家还要学钢琴、武术等各类特长，负担很重。第二，还有一些被迫灌输进来的东西，比如公共场合无处不在的广告。另外，很多孩子已经会熟练使用手机上互联网、朋友圈。这些使得孩子的脑袋没有片刻休息的时候。

有一次，我经过一所中学，刚好赶上是放学的时间，我旁边走过一群十五六岁的中学生，没看到一张健康的脸，而且神气都不足。

很多家长带小孩子来看病，有的是身体上的病，比如反复感冒、发烧、消化不良、鼻炎、皮肤病，有的是学习困难、情绪不稳定和神气有关的问题。

我经常问家长，有没有可能让小孩子下了课之后，让他先到户外去玩 1 个小时，跑跑跳跳、玩泥巴或是打球，随便玩什么都可以，只要是让小孩子在自然的土地上玩就行，不要让他待在家里玩那些现代的电子产品。为什么呢？孩子在玩现代电子玩具的时候，精神是只出不入的，一直玩，只会让精神越来越散，越来越弱，而和自然的东西交流就有滋养孩子的力量。

爸爸、妈妈是孩子最重要的支柱，不仅仅是生活支柱、经济支柱，最重要的是精神的支柱。打个比方，孩子是一块小磁片，爸爸妈妈是一块大磁铁。

尤其是 0~3 岁的孩子，这个阶段从心理学上来说，自我还没有显现，是一个相对无我的状态，他的精神状态和节律，是与爸爸、妈妈的精神状态和节律，乃至整个生活环境的状态和节律同步的。

作为父母，要有意识地让自己的震荡减少，让自己的意识、精神、内心清晰稳定，不乱不暴躁，这对孩子来说是非常重要的滋养。这些无形的东西，远远超过我们用金钱、用关系得到的资源。我们现在太在意那些有形的东西，但是这些无形的东西，作为父母可以做到的却不做。这就是舍本逐末。

很多家庭的电视、电脑一直都开着，没有安静的时间，这是震荡的来源之一。我接诊的时候问："孩子几点睡呀？""晚上11点吧，太早睡不着的。""睡前干什么呀？""跟我们一块儿看电视。"大家可以看看自己家里是不是这样。

一家人要互相提醒一下，家里需要多一点安静的时间。要留意环境和孩子的精神变化。

我们现代人已经习惯时时刻刻都让外界的刺激把我们联系在各个端点，我们不停地看东西、听东西、收信息，跟人联络，不停地在跟外界联系，架构未来。心里很难清静，所以家里很难安静。

有没有可能有一些闲下来的时间？我的一个朋友常常在节假日，带着几个朋友和家人开车到附近的山上爬爬山，坐一坐，天色晚了就回家。

更多的人呢，可能会选择一到节假日就去市中心，先购物，累了饿了，吃肯德基、麦当劳，或者上馆子点几个菜，吃完再去看个电影，或者带孩子去儿童乐园，或者打游戏，总之，外面有很多好玩的东西。其实已经很累了，不行，好不容易等到节假日，再找点什么，正好朋友打电话聚会，一起卡拉OK到半夜。

这个我们习以为常的过程像什么呢？就是老子说：五色令人目盲；五音令人耳聋；五味令人口爽；驰骋畋猎，令人心发狂；难得之货，令人行妨。是以圣人为腹不为目，故去彼取此。（《道德经》第十二章）

五色、五音、五味，我们现代人已经把这些做到极致了，古代人还是在自然环境里骑马驰骋，而现代人连自然环境也没有，在人造的购物中心、娱乐中心驰骋畋猎也会有爽的感觉，但是可能更容易令人发狂。

想要孩子身心健康，需要让孩子能慢慢地和这些东西保持距离。

下面我讲几个病例。

请各位爸爸、妈妈回忆一下，小朋友每一次生病是否只是我们已知的那些原因？比如中医所说的风寒暑湿燥火，或是吃了不干净的东西，外伤，或是西医说的细菌、病毒、营养不良等具体的、有形的原因。这是一部分可见的原因，还有另外一部分原因我们还没有意识到。

我的好朋友，他儿子4岁，身体一直不是很好，奶奶、妈妈宠他，一直给他吃各种各样的零食，一天吃2个苹果，3个橘子，再加1根香蕉，还不停地喝各种各样的饮料，所以孩子的消化就一直不好。

两年前开始改坏习惯，之前平均每个月生一次病，现在平均半年生一次病。这次是有亲戚朋友来，大家一起去东方明珠，爬得很高，先玩一通，然后再大吃一顿，下午五六点钟回家，回家后孩子就不想吃饭了，开始发烧。

我们一般会想到可能是某个具体的原因，比如受寒，吃坏了……

我问了具体情况后，发现孩子主要是因为神气被扰乱了，一整天跑了太多地方，过于兴奋。所谓的神气被扰乱，比如大人工作一天，接了30个电话，开了3场会，又见了5个客户，神气就容易被扰乱。神气被扰乱之后，身体的能量分布就会出现失衡，能量容易散到身体的外层或身体的上部，比如脸上热热的，小孩子更敏感，就容易发烧。

对这种情况，我建议让孩子先不吃药，少吃一些食物，如果不想吃就不要吃，让他睡觉，给他创造一个安静的环境，然后给他涂一些朱砂。**朱砂是《神龙本草经》中开篇第一味药，它有很重要的作用，能让人精神稳定，排除信息、精神领域、能量层次的干扰。**

我让孩子爸爸在他手心、脚心、眉心抹一点朱砂，然后让他睡觉。第二天早上就好了。

有个小孩子，1岁，也是个敏感型的孩子，父母带他一起到法国旅行，晚上住修道院（西方的修道院内通常会有一小片墓地），后来还被狗惊吓到了，然后连续1周不想吃饭，不能安睡，晚上会惊醒，大哭。

家长不知道是什么原因，也没有办法。孩子妈妈联系我，问过以后，判断是中医说的“神被扰动”。用朱砂涂在印堂和肚脐，很快就好了。

这是环境对敏感性孩子的典型影响。在我们的文化传统和书籍里，会涉及很多这样的内容。知道不对劲了，自己也调整不过来，选择马上避开是最好的。我们现代人大多已经失去这方面的感受了，不能立刻知道环境对自己是否合适。这是我们本来都有的能力，做一些静心的训练就能找回这种能力。

不只是敏感的小孩容易神气被扰，大人也是如此。我的一个台湾朋友的老家在东北，五六十年没回去了，回去的时候，顺便参观了当年日本人关押犯人的监狱。那监狱现在已经是一个很成熟的旅游区，看起来很干净。但是他们进去之后觉得头晕、头痛、恶心，回来后几个人就开始生病。这也是神气被干扰了，通过打坐和吃一些安定心神的矿物类中药很快见效。

一位患白血病的女性，28岁。在北大医院住院，每周输血，用药都控制不住。医院建议换骨髓。病人尝试求助于中医治疗。我仔细问了发病前的经历，病人发病前去南方出差，住的房子刚装修完，尤其是沙发的劣质人造革散发的气味非常刺鼻，她在沙发上睡了1个月，出差回来就发烧，水肿，去医院就查出白血病。

这也属于环境对人体的影响，前两个例子是环境中信息层面的影响，这个是环境中物质层面的影响。后来这个病人用中药彻底治好了，没有换骨髓。

现在有很多专门为小孩子开设的塑料儿童乐园，一般都在购物中心内部，空气不够流通，购物中心里面有不少很疲劳、神气很乱的人，这些对于神气敏感的虚性孩子影响很大，尽量少去。

最近几年，非严格环保的塑料制品在大面积使用，比如室外的塑胶操场、跑道、地砖、新车的廉价人造革座椅，这些散发有害气味的物质和用非环保材料装修的新房一样，对大人孩子都有极为不良的影响，尤其是对神气敏感、发散型的虚性孩子的健康有很大的伤害。很多发烧发热、甚至急性血液病的孩子和接触这样的环境有直接关系。

还有，坐空中飞车、海盗船也容易让敏感、神气弱的孩子精神涣散。在孩子状态比较好的时候，偶尔去玩一次没关系，常常去就不合适。这些都是家长需要观察和体会的。某个地方如果大人觉得不舒服，那孩子可能会更不舒服。问题是我们大人已经疲劳得麻木了，觉得还挺舒服，孩子能感觉到，但是小孩子不一定能表达出来，最后的结果就是突然生病。

我们常常去手忙脚乱地治疗已经发生的病，而且治疗的过程，还会产生更大的震荡、混乱和不必要的伤害。这种情况孩子就很可怜了。如果病好了，生病的真正原因我们还是不了解，那孩子下回还得吃苦。

如果父母关系不好，或者家里气氛急躁、慌乱的，这些对小孩子的体质都会有影响，容易感冒、发烧、睡觉不安宁，已经生病的容易加重，治起来也不顺利。

学习体会并且学会选择

信息、情绪方面的干扰是什么呢？你本来是心平气和的，如果去玩一个疯狂的游戏，就会被这个游戏的气息所感染。或者你本来很平静，但是突然有一个碰到事情正在纠结的朋友来拜访你，在那个当下，你就像一块磁铁进入了朋友的磁场之中。

我们的思想、感受、欲望、情绪不一定是我们自己的，其实都在虚空中，等待我们和它相应，那是一个互联网。当你莫名其妙生气的时候，不一定是你在生气，是你周围的环境、人传递过来的，我们只是把它抓住了，以为是自己的，然后启动自己的模式程序开始应对。

我们觉察不到，因为我们的意识在表面处理问题，它认定这就是我的不高兴，然后开始搜索独立的原因，比如说是因为这个人、这件事……我们的认知很大程度是这么来发生作用的。表面意识无法觉察到外界传来的那部分信息，它只是把它接收下，然后认定是自己的。

我们先得让自己的内心能够觉察到，才能让自己安静下来，变得简单一点。然后你能分辨出这个愤怒不是我自己的，这个欲望也不是我自己的，这个强烈的情感不是我的，我只是被卷进去了。这些需要我们让自己慢慢地闲下来、静下来，才能体会到的东西。

刚才的例子是给大家一个提醒。我们生活的每一个片段、每一件事情对我们的身心，对我们的思想、情感、情绪、欲望、反应是正面的还是负面的，它让我们更平静清晰一些，还是让我们更看不清，更听不见，更没感觉。

所以说，“圣人为腹，不为目，故去彼取此。”

选择！选择很重要。我们的生活中也有各种各样的东西，也要去选择，尤其是无形的东西。培养我们的小朋友从小就有选择的能力，考虑到时间、空间和各种条件，鼓励他发展自己的感觉。

在这个过程中，你和孩子的交流就不会仅仅停留在作业做没做，琴弹没弹，经读没读。而是深入到这个事情，和孩子交流你是什么感觉，当时我对你发火，我是什么感觉，要这样交流。这样，每件事情的发生就都会因为有交流而产生益处。

希望大家在这个部分，也能像读经、学中医一样，平时就有练习。经书不是读完之后就高高供在那里的，经书中的一万个字，我们对其中的几个字有所领悟，并且在生活中用起来，那么读经就很有价值了。

觉察自己的心与神

道家对“目”非常重视，在《黄帝内经》灵枢的大惑论中也讲到同样的观点。

> 黄帝问于岐伯曰：余尝上于清冷之台，中阶而顾，匍匐而前，则惑……何气使然？
>
> 岐伯对曰：五脏六腑之精气，皆上注于目而为之精。
>
> 目者，五脏六腑之精也，营卫魂魄之所常营也，神气之所生也。故神劳则魂魄散，志意乱。
>
> 目者，心之使也。心者，神之舍也，故神分精乱而不揣。卒然见非常处，精神魂魄，散不相得，故曰惑也。
>
> 心有所喜，神有所恶，卒然相惑，则精气乱，视误，故惑，神移乃复。

黄帝问他的老师，我曾经到一座很高的山，山上有个平台，因为山很高很高，我在那里走得非常小心，走一步看一步，伏着身子爬上去，觉得头晕眼花，为什么会这样呢？

岐伯回答：这是因为五脏六腑的精气都向上输注于人的眼睛，才能有精明视物的作用。眼睛是五脏六腑的精气所聚的地方，而且也是我们的营气和卫气、魂魄通行和蕴藏的地方。

所以当人的精神很疲劳时，他的魂魄就散了，志意就乱了。什么叫志意呢？志就是一个长远的目标，意就是你当下的心思。当一个人精神太疲劳的时候，他的志意已散乱掉了，本来要做的事情，可能马上换成另一个想法，过会儿又换个想法，不能聚焦，这样会引起我们精神和能量更加分散，什么都成不了。

眼睛是内心的窗户，心是我们精神的住所。当我们的精神散乱，神气就不能相互协调，就不能正常思考，自量自知，那么进退就会有误。在这种状态下，到了跟平常很不一样的地方，精神魂魄就会更加混乱，更加分散，心神不安、魂飞魄散，这个时候就会迷惑、头晕。

这些摘录的段落大家可以读一下。岐伯是当时很伟大的巫师、医生、国师，是能跟天地万物交流的人。我们现代人都是以我们的五官，以我们有限的大脑和思想与世界交流，版本是比较低端的，信息不够全面。

这些大巫师不需要设备和软件，不需要麦克风和摄像头，也不需翻译，就能读懂万物的语言。我们的接受力如果能达到他们的1%，学什么东西都会很快的。

“心有所喜，神有所恶，卒然相感，则精气乱，视误，故惑，神移乃复。”有一种情况是你的心想要一样东西，但是你更本质的部分——神，不需要这样东西，这两部分如果有冲突，也会引起散乱迷惑。我们现在人也是很多这样的。就像大象前面吊着 1 根香蕉，很想吃香蕉又吃不着，就往前走，明知吃不到又不想走，但心里还想着香蕉。这就是“心有所喜，神有所恶”，如果一直在这个状态里，就是视误，就会看错、迷惑。

但如果能让自己离开这个不适当的环境，安静一段时间，让自己散掉的精神魂魄慢慢地收回来，回到原来那个稳定的状态，它就会恢复。像现在大人的神经衰弱，小孩子的注意力不集中、多动症、感觉统合综合征、交流障碍等等，都跟这部分有关。但是现在的治疗却往往忽视了这个最重要的部分。所以希望家长注意，也希望小朋友也能大胆地说出心里的感觉。

我们经历的每一件事，最后都是内在的心理模式在发生作用，这个模式与我们的能量层次是紧密相关的，它对我们的影响很大。一般的外感、内伤、饮食、作息，都属于外因，但是我们内在的精神状态、心理状态产生的影响更大，更深远。

传统文化里把人的心神分为元神和识神。识神就是我们的自我，社会心和自我心，元神是我们的本心。我们做自己想做的那个人或者是社会希望你成为的那个人，但是你真正是谁？真正需要去做什么？却不太容易体会到。这也是一种分离，心和神的分离，也会“惑”。

如何能觉察到心和神的分离呢？需要观察和体会自己的生活，当你发现自己有很多纠结，有很多不能控制的、突然就爆发的愤怒的时候，比如那头大象很想吃那根逗引它的香蕉又吃不着的时候，比如你本来是一头快乐的小毛驴，但是你的妈妈告诉你成为老虎才是一件伟大的事情，然后你就从小顶着老虎的壳，不吃草去吃肉，学着做老虎该做的事，这样就是一种分离，真不如去做一头快乐的小毛驴。

与孩子的内心交流

一个健康的身体，尤其是我们小孩子的精气、元气还比较足，即使是早产儿还是会比乱用精气神的大人足，小孩子的气血不会太乱，经络管道不是那么堵塞，所以，一般小孩子的病其实比大人要好治。

小孩子的病为什么会发展很快呢？一个是因为他们能量足够，另一个是因为他们的渠道很通，就像一辆新车，稍踩一下油门，反应就很迅速。

对于小孩子，要注意他们的精神状态、精神环境，还有大人以什么方式与孩子的内心进行交流。有些家庭会忽视较深层次的、精神层面的内心交流，只是进行物质层面的交流，这些对孩子的内心发展还不够深入。

怎样与孩子的内心交流呢？先说个案例。

有位妈妈带着孩子来看诊，孩子是在条件很好的私立学校里读书，和同学、老师交流不太好，老师就好心建议他定期看学校的心理医生，没有考虑心理上的所谓“对症治疗”会固化某些问题，并且扩大化、严重化。在学校的心理医生建议下，孩子又到了专业的精神卫生医院去看，问题越搞越大。

妈妈非常非常焦急。妈妈30多岁，事业非常成功，非常忙，非常强势，在跟我讨论孩子的情况时，她表现出非常强的目的，像和人谈判似的，很用力，要不我说服你，要不你说服我。

大人在这个状态下，就比较难与小孩子沟通、交流。所以，这个孩子的问题，首先要从这位家长那里找原因。如果家长无法和孩子之间建立一个宽松、自然的交流模式，让孩子发展出合理对待自己的身心压力，学会和自己交流、和家人交流的良好模式的话，孩子在外的交流势必会出现困境。

大家可能有这样的体会，一家人天天在一起吃饭，是不用互相寒暄的，大家各吃各的，有时候孩子会顺口说一句话，他不会考虑说得对还是说得错，爸爸、妈妈坐在边上，一边吃一边听，一只耳朵进一只耳朵出，也不用很警觉地竖起耳朵，密切关注孩子的思想动向，每一句话都分析一下。

孩子可能会说想要一把玩具枪或者围棋，你也许会接收到孩子想要枪或围棋的具体愿望，但如果你在一个放松的、目的性不强的状态，你也许还会听出来，孩子想要围棋的背后是希望妈妈能关心他或鼓励他一下，你可能还会听出来孩子最近情绪有点低落或有点不自信。甚至你可能会发现，这段时间你太强势了，或者批评太多了，孩子说着说着欲言又止，好像不敢说真正想要的东西。当你能看到或感觉到这些的时候，自然就知道怎么和孩子进行内心的交流了。

还有些家长长期有埋怨的情绪，埋怨单位，埋怨朋友，埋怨社会，埋怨国家，这种埋怨的情绪回过头来对孩子、对自己都是一种很大的损害，需要先审视一下自己有没有这些情绪，然后才能消除。

当你还察觉不到或没有条件来审视自己的时候，即使是上 100 堂亲子教育课、深度交流课、心灵沟通课，看再多的书都是没有用的。精神疲惫、心神分离的时候，你看的书只是单独的字，无法深入理解背后表达的含义，无法和你生活中的问题联系在一起。

这些感受都是人天生就有的能力。很多农村的老太太都有这些天然的感受力，她们没有读过书，但她们很清楚应该说什么或不说什么话，做什么或不做什么，都不是刻意的，这是人的本能，但是现在我们太忙乱、太疲劳了，反而丧失了这种能力。当人缺乏这些感受力时，就会生病，当人长期缺乏这些东西时，就会生大病，家庭慢慢也会出问题。家庭是社会的细胞，当很多家庭都处于不稳定的状态时，社会就很难和谐、稳定。

中国现在是一个很难得的和平年代，如果每个家长、孩子，每个家庭都把自己调整好，整个国家就会越来越好。

小听众：爸爸老是很晚才睡觉怎么办？

李辛：可以一家人一起讨论呀，再找找有什么办法让爸爸愿意早点儿睡觉。

我们一开始就说过，孩子小的时候，父母就是支柱，不光是生活上的物质支柱，还是精神等一切的支柱。要想孩子好，首先得爸爸、妈妈自己好。

身体健康也是这样，因为我们的身体既是有形的肉体，也是能量体、信息体，如果爸爸、妈妈身体很糟糕，根据U形管定律，孩子的能量会流到爸爸、妈妈那里，最后达到一个低水平的平衡。如果爸爸、妈妈身体堆积了很多不干净的东西，甚至已经变成了病，那爸爸、妈妈这些东西的一部分也会流到孩子那去。比如说，很多婴儿的严重湿疹就是和妈妈的体质、饮食、生活习惯、思想情绪的复杂有关系。

所以爸爸、妈妈自己的状态非常重要，一定要保重自己。不是只要孩子好好发展，自己是无关紧要的绿叶，花还要叶子的光合作用来提供营养呢，我们爸爸、妈妈要做孩子言传身教的健康支柱。很多事情，看的不是这一个月这一年，而是长远的未来。今天早点睡觉，对明天好像没有很明显的帮助，但是如果你懂得好好休息，保有自己良好的状态，那20年、30年以后就会很明显了。

所以，我会成为什么样的人，我希望我的孩子在什么样的状态，**就从今天开始早点睡觉做起**。就从这个不起眼的事情开始做起，其他东西会慢慢跟着改善，未来就会很不一样。

先改变我们的小环境

做父母的内心无法平静时，小孩又说了一些让人不能平静的话。这时，父母应该问自己，“我该怎么办？”

我们无法保持平静，可能是因为我们的时间被占满了，精力被用尽了，就像装满了程序和垃圾文件的电脑，没有空间和内存了，稍动一下就死机了。这种情况下，我们应找找原因。也许是到了整理、精简生活的时候了。比如，当你房间很乱、东西很多的时候，会浪费很多时间翻找一样东西，这时候就应该做一个清理，该扔掉的扔掉，该送走的送走，该挡住的挡住。精神、情绪上的整理也是如此。

所以，问题不是孩子的言行，而是我们的身心内外已经被填满了，再也装不下任何东西。

我们现代人的生活太扰动了，正如《道德经》所说的五色、五声、五味的扰动。皇帝一年出去打两次猎，打第三次猎的时候，就有大臣说了：“皇上呀，这样不行啊。《道德经》上说了，打一次猎就会让人心发狂。您贵为天子，是万民所敬仰的人，是天地之间的本神，您发狂了，那老百姓怎么办呢？”

但是我们现在的生活呢？一集连续剧《生活大爆炸》《暮光之城》就会让我们在两个小时之内处于比较震荡的状态，但这已经是我们的常态了。脱离这种状态可以靠念经、打坐、持咒、瑜伽、太极……但这些都只是方法，如果我们陷入某个状态中而不觉知的时候，这些“好的”方法也会变成背包里的另一块砖头。

所以，不如先给自己一些时间，清理一下，做个减法，不要把自己的时间排那么满，能不能先从那张简单的自测表开始做起，先改变我们的小环境，这是今天我想讲的重点。如果我们能先从这七点开始留意，而且不一定要同步做到，先做到第一点、第二点，一周后再做第三点、第四点。

我们看看今天有没有可能就下楼散散步，不要把散步当成加强心肺的运动，它是一个温养疏通全身经脉的过程，不需要刻意走快或走慢，不需要有目的，就只是一起散散步。然后每天能不能留半个小时啥也不做，能傻呆就傻呆，不要刻意做什么。人生不需要总是有目的。

我们把自己的每个时段都安排得太紧了，连出去玩也像对待工作一样地认真规划。你可以有很多日程内容，但像闲暇时间、散步时间应该是独立于工作状态之外的，至少要留一点空间试着去体会一下庄子的“逍遥乎天地之间，而心意自得”的状态吧。

这是我用了很多年的一张表——《增强体质的第一张处方》（请参考前文）。

很多慢性病，如果你碰到好医生，会好得快一点；如果没碰到好医生，按照第一张处方的内容来做，持续做，也会康复，至少不会再严重。生病无非是神气散乱、经络堵塞、能量淤滞，然后在我们身体的薄弱环节按不同的程度和时刻爆发而已，等这些致病原因消除了，病就消失了。所以，不要担心，都有恢复的机会。

按孩子的消化能力调整饮食

听众：小孩子喝牛奶有什么问题吗？

李辛：牛奶不是绝对不能喝，但要看你孩子的消化能力，现在很多孩子的体质没有好到可以喝牛奶的状态。《本草经疏》提到“牛奶味甘，微寒无毒，养血脉，滋润五脏……但脾虚作泻者不得服，冷痰积饮者忌之。”这里你可以看出，牛奶是偏阴的，阳气很足的人可以喝，他能消化掉。

现在的孩子吃得太好，食谱里荤的多，素的少；口味重的多，清淡的少，又喜欢吃冷饮、油炸食物，结果孩子的身体偏阴、偏寒、偏滞，再加上孩子们都喜欢待在室内，不出去玩耍奔跑，没有有意识的运动习惯。

摄入的阴过多，又没有“动则生阳”的日常生活，所以，我们的小孩子不像大多数的西方小孩那样适合喝牛奶。能不能消化牛奶不是按照东西方人种来分的，也不是按照体内有没有乳糖分解酶来分的，是按照你有没有阳气来分的。有阳气的孩子，他的身体能自动生成各种需要的东西，这个东西既能消化牛奶，也能消化掉其他的东西，包括情绪以及平时遇到的困难。

所以，当你的孩子平时有足够的运动和休息，他的消化情况很好，精神也不错，体力也不错，就可以喝牛奶。如果他已经处于比较低能量状态运行的时候，就不要喝了。

不光对牛奶，对所有东西都一样，什么时间吃好，什么时间不吃为好，这些都要看孩子有没有能量消化。能消化，可以吃；不能消化，就要小心，别堵住孩子身体的渠道。因为一旦堵住，不光是堵在孩子的身体里，也会堵住他精神和智力的通道。

至于什么地方生产的牛奶好，蔬菜、水果好？我们只需掌握一个原则，越自然的养殖环境、饲料，越自然的种植方式，人工痕迹越少的，我们的身体会更乐意接受。

这需要平时注意观察和感受，如果你的孩子已经五六岁了，你还不知道他吃什么会舒服，吃什么会不消化，那你需要开始学习，补上这片空白。

听众：豆浆也偏寒滞，什么时候喝比较好？

李辛：豆浆也是需要在孩子消化能力比较好的时候喝，但它比牛奶容易消化。

听众：饮食怎么样才能做到均衡，有没有这方面的书籍可以推荐？我们总是搞不太清楚。

李辛：你可以参考某些书，但最好的方法还是观察。观察能够培养出自己灵活的掌握能力。我们的爸爸、妈妈在那么困难的年代，吃的方面没有太多选择，他们只是观察不要让我们吃撑，也不要让我们饿着，观察我们吃了什么东西会发烧、会睡不了觉，或会吐、会拉，吃了什么会身体比较健康，这个需要我们自己在日常生活中体会。

有个小宝宝，孩子的爸爸、妈妈比较有文化，妈妈是全职妈妈，有足够的时间照顾孩子，她把世界各地的关于小孩子的教育资料和视频找来看，还买了很多专门做苹果泥这类婴儿食物的机器，连牛奶也有好多种选择，她找到的办法非常多，参考了很权威的婴儿食谱，按照资料上面建议的品种和数量给自己的宝宝定时、定量地喂养，但是最后她发现孩子身体的节奏和书上写的不一样，按照书上的方法喂养好像没有外婆用土办法“饿了吃，困了睡”，“多动多吃、少动少吃”，“不想吃就饿一饿”的简单原则管用。

外婆的土办法更接近原点——只需要考虑孩子吃了这个东西能不能吸收消化掉。否则分析完它的营养均衡，然后按点按量硬给他塞进去，吃了3天好像不对，书上说的，再坚持一个礼拜吧，然后孩子越来越黑，越来越瘦，越来越不愿意吃，然后脸上长湿疹，睡不好觉，大便也不正常，脾气也开始变坏，好像还不如什么书都不看的外婆随便喂几口来得健康。

我不反对科学参数和营养均衡的概念，但是最重要的是这段时间孩子能消化什么，不能吃什么，要把它简化。

听众：现在孩子的肠胃已经有点吃坏了，这种情况下该怎么做呢？

李辛：老人家都有这个经验，孩子已经吃坏了，就不再给他吃那些不好消化的油腻和冰凉的食物，还有零食，孩子不饿，也不会强迫他硬吃东西，老人家常说“空一空肚子就好了”。这其实是在让身体自动地疏通渠道。

如果孩子还有胃口，就吃些简单的东西，比如说粥啊、白菜啊、萝卜啊。如果孩子已经吃坏了，没有太多的能量再消化食物了，就多安排休息，不要太多散乱的活动。如果他还有体力，做些帮助身体疏通渠道的运动对恢复会有帮助。

其实这些都是在日常生活中可以培养的能力，这些问题不需要去请教专家，只要去观察平时生活中的细节。学会观察，就会拥有判断力，你就很自然地知道该怎么办了。

听众：面属于湿性、黏腻的东西，肠胃不好的时候能吃吗?

李辛：具体情况应具体分析，比如红烧排骨需要 9 分的能量来消化，那东坡肉可能是 10 分，鱼可能是 5 分，面大概是 2 分，粥大概是 1 分，牛奶可能是 8 分，冰淇淋可能是 12 分。得看你的能量多少来选择食物。

关于食物，还有药物，大家在看了它们的《说明书》之后，还要问下自己，它适合我吗?它适合我的孩子吗?再好的东西，消化不掉就是有害物质，时间长了就是毒物。这句话在我们生活的各个层面都合适。

相信孩子自我成长的能力

听众：我的小孩已经读小学了，每天放学回来情绪都不好，觉得作业多，有时候写作业脾气很容易暴躁。其实，我对于小孩子写作业也不是很支持学校的观点。我该怎么让小孩子平和地做作业，不会影响到小孩子的成长？

李辛：这个问题的重点在于怎么让小孩子心态正常。当他比较烦躁的时候，可能不仅是对作业产生抗拒的状态，而是对周围的一切产生断绝或敌对的抵抗心态。你可以试着帮助他从这个状态中脱离出来，就是我们经常说的情景打断或情绪转移法。

比如小朋友下课回来，想到马上要做作业情绪开始变差，如果这时候外面天气挺好的，可以让小朋友出去玩一会儿，或者允许他先找点自己喜欢的事情做，或者你有时间的话陪他玩 1 个小时。要尝试帮助他释放一些压力，而不是继续施压、批评或督促他好好做作业。

你还要考虑，他不愿意做作业只是因为作业比较多呢，还是跟其他的小朋友、老师或家里人的交流出现了问题，或者是他遇到什么特别的事情产生了情绪累积，卡住了。

当他卡在这个状态的时候，如果在这个点上再跟他理论、改造他、耐心说服他，作用不大，反而会积蓄更多的压力。就像一个人掉到沟里，你要做的是将他从沟里拉出来，他离开了那个沟，状态就会改变。

主持人：现在很多小孩长时间跟同学、老师待在一起，有些小孩从幼儿园就开始住读，和其他小朋友住在一起。当其他小朋友的家庭发生问题影响到孩子，继而影响到自己孩子的时候，这时候父母又不在孩子身边，对孩子的保护非常有限，这种情况该怎么办？

李辛：人生的路很长很长，不可能一直被保护，当我们不小心掉沟里，再被石头绊倒了，只要尝试爬起来就是了，哪怕你是被别人推到沟里的，也可以爬起来的。

小朋友的可塑性很大，每一次的“跌倒”，都是他学习处理问题的好机会，所以家长不用过于焦虑，或过于在意周围环境对于孩子的影响和伤害。过于在意可能会把这种紧张的情绪强化或传递给孩子，让孩子因为受到父母担忧的影响，增加了和外界正常沟通的阻力。所以，最重要的还是家长的状态，这是第一位的。即使孩子住读，父母只能隔一段时间接触一次，但父母的状态对孩子的影响还是最大的。

当孩子遇到问题的时候，他们自己会一遍遍地去尝试，会有挫折、也会有退缩，但这是他们自动的开发过程。如果爸爸、妈妈自身有比较好的内存、容量，拥有观察力和与孩子正面交流的能力，是能够陪孩子走过每一个困难的阶段，他们的孩子会更有适应力、更清晰、更独立，这样的孩子会拥有自动更新换代的能力，会掌握源代码，拥有免费自动升级的无敌软件。

第三篇
选择对的能量和信息

生活方式和精神状态

这些年，我们发现很多健康问题，不是单纯的肉体问题，还有信息化过度的问题。

每个人都是“互联网”的一个终端，就像家里的电脑一样。我们都知道，如果电脑程序、窗口开太多的话，运行速度就会很慢。如果接到不对的链接，可能会中病毒，或者有很多垃圾文件储存在你的电脑里。然后会形成一个恶性循环，内存越不足速度越慢，自我清理恢复能力就越差，就越容易中招。可能刚开始只是运行状态有问题，慢慢地软件也出问题，后来可能会经常死机。

现在很多的健康问题，要从我们的生活方式和精神状态来考虑。我们现代人选择的生活方式一直在大量消耗我们的精气神，让我们远离平静、饱满的原点。

打坐可以让自己能够归零，回到原点。就像我们用了 1 天的电脑或者手机，要充电。有时候电脑一打开觉得不对，你需要什么？自动杀毒，或者碎片整理。我们的身体有这种自我复原的功能，你要用它，用好它！

但是我们太忙了，身体无法休息，导致内心的情绪、压力无法及时释放。还有过多过杂的思想一直在运转，使得想睡觉的时候睡不着，有些事情想忘掉或者想停止不再想，可它却好像在自动下载。

我们目前的文化、教育，只是停留在世界的物质层面和社会的现实层面中，试图训练我们成为一个始终“有用”的人。但是，一年有四季更替，土地也需要休养生息，我们这些人呢，却把自己当成机器，不停地在创造更多的、外在的价值。

在传统中医、传统文化中，最重要的关注点是人。它不要求你成为一个多么有用的人，而是启发你成为一个自知的、快乐的、相对自主自由的人。这就需要你先花点时间了解自己。

疾病和内在心理运作模式

请看下页《疾病成因自我分析图》。

疾病已经形成的阶段是靠右边的这一部分，中间这一部分与我们的生活方式有关系，左边是无形的精神和心理层面部分。当我们已经到了需要看医生，尤其是需要看西医的时候，其实你已经从无形层次进入有形层次了。

中医之所以重要，不是说它能够治疗各种疑难杂症，哪儿都治不好的癌症，中医治好了，这不是中医最重要的部分。真正的中医不会因为能够治愈疑难杂证而觉得中医博大精深，它其实能够让我们了解疾病“生住坏灭”的整个过程的规律，好让我们有可能在疾病萌芽之前去化解它。

我们的生命是多层次的混合体，我们的肉体相当于 1 个杯子。杯子的形状可能千差万别，杯子可能也会出一些问题，但重要的是杯子装的是什么，是如何运作的。

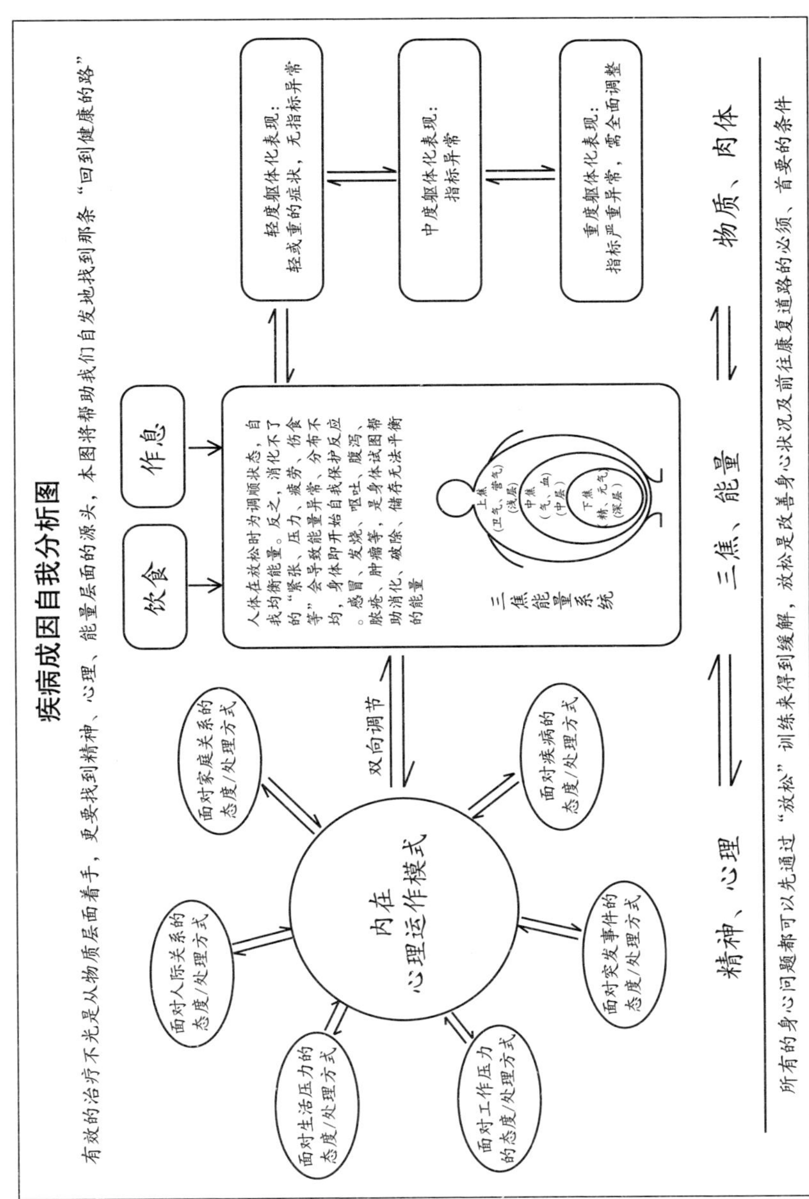
疾病成因自我分析图
有效的治疗不光是从物质层面着手，更要找到精神、心理、能量层面的源头，本图将帮助我们自发地找到那条“回到健康的路”
面对人际关系的态度/处理方式
面对家庭关系的态度/处理方式
面对生活压力的态度/处理方式
内在
心理运作模式
面对工作压力的态度/处理方式
面对疾病的态度/处理方式
面对突发事件的态度/处理方式
双向调节
饮食
作息
人体在放松时为调顺状态，自我均衡能量。反之，消化不了的“紧张、压力、疲劳、伤食等”会导致能量异常、分布不均，身体即开始自我保护反应。感冒、发烧、呕吐、腹泻、脓疮、肿瘤等，是身体试图帮助消化、破除、储存无法平衡的能量
三焦能量系统
上焦
(卫气、营气)
(浅层)
中焦
(气、血)
(中层)
下焦
(精、元气)
(深层)
轻度躯体化表现：
轻或重的症状，无指标异常
中度躯体化表现：
指标异常
重度躯体化表现：
指标严重异常，需全面调整
精神、心理
三焦、能量
物质、肉体
所有的身心问题都可以先通过“放松”训练来得到缓解，放松是改善身心状况及前往康复道路的必须、首要的条件

西方文化讲灵魂，中国人讲本性，其实都是这个东西。一台电脑出厂时的电池板、硬件之类差别不大，主要是系统的集成和软件的运行。中医关注的是这些软性的东西。

作为生命体，它时时刻刻都在跟外界进行物质和非物质的交流。我们现在流行的科学和文化关心的是什么呢？关心的是今天吃了多少卡路里，吃了多少纤维素、多少蛋白质，这些都是物质方面的。而影响我们健康更重要的是——我们在想什么？在什么地方？跟什么人一起？做什么事？这些非物质的方面很重要。

现在学了一点中医的人会想我要怎么补，是吃人参好还是吃当归好？吃六味地黄丸好还是吃阿胶好？这个仅仅是物质层面的补，对于大多数人来说还没到这一步，况且你还得先了解自己是哪一类的体质，需不需要补，怎么补。**比物质层面的补药更重要的是精神层面的补药。**

有时候，我们上了一天的班，晚上和一个气定神闲的朋友聊天，也没谈多么重要的话题，但是你会觉得心里很舒服，若有所得，而且脑袋会清晰一些，这个就是精神层面的补。

而有时候，当你正在享受一个很好的周末，早上阳光灿烂，昨晚睡得也很好，精神也好。但是你接到了某个电话，或去了某个地方，或想到了某件事，就像是一个 password 一下子接通了你不喜欢的程序，它开始自动下载很多东西，一瞬间，你的身、心、思想，可能会觉得紧或者不舒服，甚至胸口会发闷，然后会突然出现很多担忧和莫名其妙的想法，心里突然会出现一种奇怪的、难过的，或者是担心的、纠结的、恐慌的状态，这其实就是“泻”。

人类发展到今天，已经不知不觉进入了一个连通的状态。有时候，你好像能够体会到别人心里的感受。你能感觉到，虽然他在笑，可是他心里很不高兴。很多人已经在心意相通的状态下生活了，但是我们的理智会把这些能力忽略，或者否定、拒绝。

有的人非常敏感，很容易接收外面的一些信息。比如，别人不高兴，他也会不高兴。但是他自己分不清，他的自我意识会把接收到的东西不加分辨地抓住，以为是自己不高兴，然后因为意识到自己不高兴了，就开始找一些独立的原因，他会往下想：也许是这个人对我态度不好，也许是我没有受到正确对待，然后接着一路想下去。

作为医生，也作为一个需要正常衣食住行的人，我想把在生活当中的观察和感受告诉大家，希望能够提醒大家可以在各自的生活中慢慢感受、观察这些细微的东西，慢慢培养起来的觉察力会让你更清晰。

我二三十岁的时候，处在严酷的竞争环境中，当时我做事情的时候目的性很强，会想这件事可能以后对我有什么好处。后来，我渐渐发现，如果不带这些目的去做事情，反而会更容易一些。这是一个很有意思的重要发现。

这个世界的能量、信息场在一刻不停地交换中，我们身处其中，不仅与我们的食物交换，与我们的环境交换，与我们周围的人交换，也在与我们每天看到的、听到的事物交换，所以我们要非常小心。比如去超市，有时候自己的真实需求不清晰，会买很多不需要的东西，最后堆在那里变成鸡肋。同样，当我们的脑子不清晰，或者心理状态不稳定的时候，我们在生活中，在互联网上也会引来很多不必要的东西。

同气相求，同频共振。当我们在一个极端状态的时候，我们吸引来的东西往往会加重这个极端的状态。我们每时每刻有意识、无意识的各种选择，决定了神气的格局，决定了体内气血的分布和气脉的通畅度，决定了我们的健康，也决定了我们的未来。如果我们对每时每刻的状态和选择有所了解和把握，我们还需要去看医生吗？

现在，各种学科都开始互相交融，一起为人类服务，但经常会发生观点相左、吵架的问题。同样一个病人，他去看西医、看中医、看心理医生、看能量治疗师，或者去找神父，或者上师，会发现有不同的答案，他会觉得有对立和冲突。

怎么来理解这种对立和冲突？当你能够确定问题是在肉体上产生的，而且原因也局限于肉体，这时看西医是很合适的。比如，外伤看西医很合适，因为它就在物质层面，原因也在物质层面。

但是大多数的问题其实是在能量层面。能量层面其实是肉体和精神层面之间的过渡。简单地讲，当我们的精神出现了一些小小的偏差，比如你不喜欢或拒绝某个人、事、物，这很常见，但如果你把这个不喜欢放在心里或者紧紧抓住，一年、两年、三年……即使是一个很轻微的东西，它也会对你的能量运转产生一个很大的影响，最后会在肉体上形成一个结果。这部分在现代医学也已经发现了，最常见的身心疾病有胃溃疡、偏头痛、皮肤病、高血压、神经衰弱、失眠、甲状腺等，这些都跟我们的精神或者内心有一个东西牢牢地抓住有关系。无论是你特别喜欢的，还是特别不喜欢的。

比如我手里的话筒，因为这两到 3 个小时我需要它，好让我说话的声音大一点，那么，如果我觉得这个感觉很好，我讲完课还是抓着这个话筒不放。在未来的 1 周，我也一直抓着它在汉堡走来走去。回国后，做任何事我都带着它，你们觉得会怎么样？它是不是会对我的身体结构、姿势，包括对我的内心、对我的一切都是一个障碍呢？有些障碍其实是看不见的，看得见的障碍还好处理一些。

传统文化讲正心诚意。比如，我出去了 1 天，回来发现身上粘了一大块脏东西，如果我觉察不到，那就不会清理掉它；当我有能力看见了，就会把它清理掉。这就是觉察和人心趋向于正的一个力量。

当遇到某些让我们不舒服的人、事、物，我们的内心或者思想就会不断累积压力，有累积就需要有释放，现代的消费文化引导我们——好好地释放一下吧！聚餐、喝酒、看电视、K 歌等等。这些其实是在转移我们的注意力，压力和源头还在那里。

所以，我们需要静下来看看自己，是不是有不少的压力累积在我们身心的某个角落，如果我们忙得没有时间，又习惯性地转移目标，这些东西会越来越多，最后爆发，变成我们自己处理不了的疾病，需要去看心理医生、看中医、看西医、做手术。如果在一开始我们就能够看到那块脏东西，把它清理掉会更简单一些。

身心和世界的关系

现代社会的干扰强度比过去大很多，敏感的人就容易受到某种程度的干扰。比如，现在有某些病是因为过度上网或者是看恐怖片引发的。除了不看恐怖片，家里也不要买恐怖影片和小说，它会给你引来不良信息，包括不要选择负面形象，比如骷髅头的纹身、T 恤，或者戴某些奇奇怪怪的东西。古人会非常非常小心地选择每一样东西。每一样东西，它接通的信息是不一样的，这和无形的收音机频道一样的道理。

有位女性，29 岁时生了 1 个女儿，从此身体就不太好。她外表非常美，但有严重的妇科感染。

看诊时我能感觉到她思想非常混乱，就像一只外观非常美的杯子，但是里面装满了浑浊的水。

看过几次病以后，彼此互相信任了，我就问她，你有宗教信仰吗？她说有，并且说了她信仰的教派。我问她还祈祷吗？她说已经很久没有祈祷了。我建议她从今天晚上就开始祈祷，如果原来是一天祈祷 3 次，就至少做 3 次。

祈祷是什么呢？也是正心诚意的一种，这是第一；第二，祈祷是一种练习，把自己放到一个卑微的状态。自然界的水总是从高处向低处流淌，精神、能量层面也是这样，只有自己的心真正谦虚了、清空了，才能接受到更多的滋养。

我们不能把病因仅仅局限在某个层面，不能把电脑的问题只是局限在硬件部分，也不能光是在软件上找原因，你要看这个电脑是怎样跟这个世界交流。比如，有台电脑放了 5 年，现在拿出来，发现已经不好用了。很多人也是这样，可能很多年都在一个封闭的状态里，不和外界沟通，不升级换代，怎么会健康呢？

内在的问题不解决，指望某一位中医或西医去替你解决不断出现的问题，不是明智的方法。不管是中医、西医，还是心理医生，他可以调整的范围也只是在某一个象限中，不一定能了解并处理所有的问题。

希望大家心里能有一幅画，知道自己位于这个画的哪个部分，还缺哪些部分。

我们普遍的想法是，这是桌子，那是杯子，而我坐在这里，这些边界非常清晰，我是我，它是它。而对这个世界有深入体察的人来说，我们所在的世界更像一个巨大的湖，我们每个人都是湖中的一个小涟漪，所有的涟漪互相影响，合在一起形成了不断波动的湖面。所以，当我这个小涟漪变化振动的时候，其实会扩散、波及到所有的人，正如古代有一句话讲的那样，“一人向隅，满座不欢”。

就某一个层面来说，我们的身心和世界的关系是这样的。

天机　神机　气机　病机

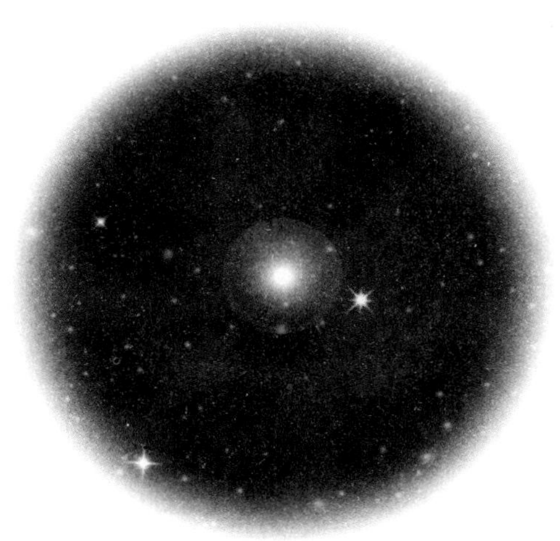

图中这个亮的部分可以代表我们的灵光。我们可以这么理解，先有了光，在一片混沌当中那些无形的能量开始聚起来，最后形成了有形的东西。

按照《黄帝内经》的观点，一切有形的东西都是从无形开始，作为人来讲，无形能量的运作被称为“气机”、“病机”，而宇宙之间的运作称为“天机”、“神机”。人作为万物之灵，有灵明之心，能够与天地万物相交感。这也是传统文化对于人的生命来源的认识。仅仅有物质性的精子和卵子还不足以孕育生命。

人其实有两套操作系统，第一套操作系统是我们生下来的时候，

就像出厂的时候有一套内存的系统。比如说小孩子，他们有自己的状态，想吃就吃，想睡就睡，他们有自身生命的节律。现在的很多教育是大人用后天学得的那些东西来规范小孩子，而且希望尽快把小孩子规范好。

古人不会像我们现代人这么忙碌，有这么多的“理想”。古代卖柴的人每天可能卖出两担柴就满足了，开馄饨店的可能卖掉20碗就收摊回家了。我们现代人，要供房、养车、养小孩，时时刻刻都要考虑很多事情，所以希望孩子最好能跟着大人的节奏——撒尿没有？赶紧撒掉。吃了没有？赶紧吃，而不会考虑孩子身体和内心的节奏，无形之中，家长便把自己的压力传递给了孩子。

压力是一个跷跷板。孩子的很多问题是大人太强，把孩子给压弱了。大人的问题也是这样，因为社会的惯性太强了，人被压迫地偏离了自己的节奏。

社会上流行的东西已经不知不觉成为主流，这就是我们所说的识神。并不是说只能有元神不能有识神，识神是工具。比如电脑，我们使用它，但是我不会让电脑来控制我所有的生活，而且我很清楚哪些是我的真实需求，哪些是互联网搜索出来说每人每天需要喝10杯水才会健康，这不是我的需要。

我们能不能分清楚哪些是我的需要，哪些是商家的需要，哪些是一小部分人的需要，哪些是大家不知道为什么就去需要。识神是我们的大脑，是我们的意识，大脑有一个基本的功能——合理化。脑子里出现的任何想法都能找到合理的理由去做。但实际上，我们的想法只是我们运作程序里面的一部分，就像一个电脑它有windows系统，有powerpoint、photoshop等软件，我们的大脑逻辑只是其中的一个程序。

元神　识神

元神：先天本能

本来的状态，自然合道，顺应天地，生长化收藏；感通天地，而得滋养。

识神：后天学习

社会适应，群体意识，思维判断；以主观意识来改造自然，改造自我。

人类与世界的交流和认识有两套方式。第一套是感受。小孩子和女人用到这部分的比较多，所以他们相对要自然一点，正常一点，女人因此会长寿一点。女人很幸运，比如生孩子，有近一年的时间关注腹中胎儿，很小心地生活作息。这其实是一个精神内守的状态，类似古代的炼丹，孩子就是你的丹。孩子生下来之后，你还得照顾他，有相对系心一处的机会，妈妈跟孩子会有一个最贴近自然的状态。但男人呢，大部分没有报警和刹车系统，会听着社会的号角往前冲，冲到冲不动为止。我们内心的感受，身体的感受，它关乎我们能否成为自己，是否开心，是否能选择我们真正需要的东西。

第二套是我们的意识，即逻辑思维。我们认为的意识，比如我们认为什么对、什么不对，其实并不是自己的意识，是人类社会几千年来形成的一个总的思想库，云储存在某个空间，然后在某个地点、某个时刻输进我们的思想。

比如，你在网上搜到：每天喝 1 袋牛奶可以防止缺钙，然后你把它植入了自己的知识库，变成你的意识，它其实是整个人类社会的意识在某一阶段的片段定义，它的正确性是有前提、有领域的，但不是完整的。所以不要完全相信自己的想法，这些都是被暂时植入的，电影《盗梦空间》(*Inception*)就是这样呈现的。真实的情况是不需要睡着才能植入，任何时候都可以。

总有人问我：孩子到底要不要喝牛奶？吃红豆好还是绿豆好？听说

黑色的食物都是补肾的，那到底是跟营养学走，还是跟中医学走?

不管是营养学还是中医学，它只不过是一套参考而已，都能帮助你建立个人的认知感受系统，不断完善它，形成内心和外在世界的统合，统合后的认知系统相对完整一些，比较能灵活处理你面对的不同现象。

比如，我在国内很少吃冷食沙拉，也不会喝冷的果汁，尤其在大城市。大城市的土地能量已经不足了，环境也不够自然，不够平衡。我周围都是忙碌的都市人，大多处在能量透支的状态。在那个大磁场中，我这块小磁铁也觉得没有能量。而欧洲的土地和自然的能量比较大，人不多，而且人的心态更平和、健康一些，运动也多一些。他们的价值观使得自己的生活、工作比较平衡，不会让自己总是那么疲劳和紧张。我身处其中，能量自然增加，所以，在欧洲，我吃一些沙拉和冷的果汁不会有问题。

这些细节不是什么高深的学问，也不需要去练功、学中医 5 年、10 年才能了解，这些不同的变化，自己的心和身都能体会到。但是我们现在太忙了，很多方面已经没有精力去关注了，所以也没有精力去关注和体会孩子吃什么东西会有什么样的反应，这才是我们的大麻烦。当你没有专注力的时候，就没有鉴别力，就会人云亦云，跟着专家、广告走。

精神层次的感受，是靠自己慢慢去观察，建议大家打坐，或者接触一下儒释道或宗教，只要是能引导你往内探索的，都是有益处的。

能量是精神和身体之间的桥梁

请看这张图：

三焦：气的生成和运行通道

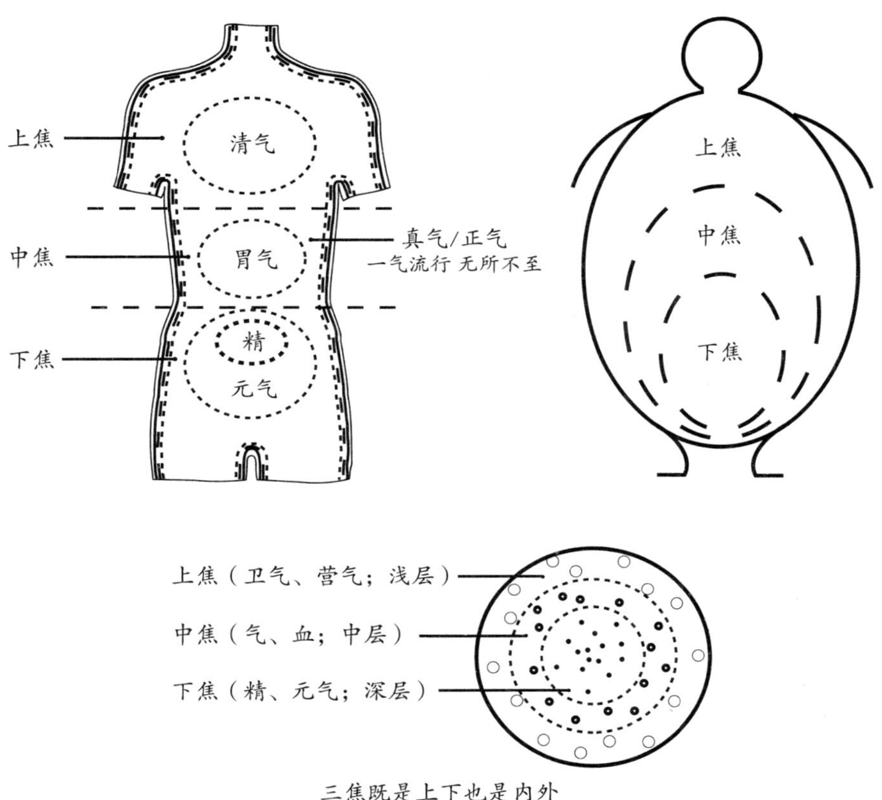

三焦既是上下也是内外

中医主要是从能量层面来调整和改善身体。它认为能量是精神和身体之间的桥梁，当精神出现一些偏差的时候，先影响能量的运转和状态，时间长了以后，逐渐显出有形的物质性变化。能量是一个中间阶段，可以双向调节，也就是说有很多可能性。不是得了糖尿病，就只能终生吃药。从肉体层面来看，似乎很难改变，但是从能量层面来看，它可以变化的可能性非常大。

改变能量层面的方法有很多，也非常简单，饮食、作息、运动、心理疏导、打坐……这些方法大家都听说过，但不一定重视，也不一定鼓励自己坚持，这些在后面我们会详细讲解。

大家学过，身体有三个能量中心——下焦、中焦、上焦。下焦，从位置来讲，是肚脐以下的这个部分，也称之为我们先天的能量，从内、中、外的层次来讲，下焦其实就是能量储蓄层，是人体最深层次的，储藏精微物质的空间，身体储备的精气都静静在那里存着。这就好比新手机里的那块电池，我们要好好保养，该充电就充电，别乱用，应该能用很长一段时间。老把它用光了也不充电，或者乱充，电压也不稳定，可能很快就不行了。先天能量或者说能量储蓄层，相当于银行里的存款，留着慢慢用，可以应急，以备不时之需。我们都知道最好别动用存款，最好每个月收入高一点，现金流多一点，还能有一部分存到银行。

现金流相当于中焦的能量，每天吃该吃的东西，货进得对，很快就能卖掉，就有现金流支持正常的运作了。如果最近的消化能力差，就要更谨慎地选择食物，不要吃太多，也不要累到自己，保持中焦良好的状态，避免自己进入低能量的运作状态。当公司的钱不多的时候进大量货会怎么样？既占用了已经不多的现金流，增加不必要的库存，没钱发工资，员工没有积极性，也没有钱去做公关和市场，更缺乏能力把这些货卖掉。

我曾经跟一位德国西医讨论过糖尿病，糖尿病是典型的低能量状态，但现在大多数人认为糖尿病病人啥也不能吃，最后病人也受不了啦。为什么只敢喝水，吃青菜，连米饭都不敢多吃，更不要说多吃肉了，即使这样血糖还是控制不住呢？

我们现在对治疗糖尿病的基本措施是：第一，吃药；第二，控制饮食；第三，反正没时间、没习惯运动，就终身吃药吧。而美国的国立卫生研究院（NIH），他们对糖尿病治疗的基本措施是：第一，运动；第二，控制饮食；第三，吃药。

血糖高，就像一家超市进了很多货卖不掉，库存指数很高。这时候，哪怕再进 1 箱餐巾纸，对仓库来说也是压力。但只是不再进货并不能解决问题，库存还是在那里，而且开始过期、变质。怎么办呢？找个人来重新做一本新账，把账目弄得好看一点，这是吃降糖药其中的一个作用，看起来指标比较好看了，但是你“体内的陈年库存”还是堆在那里。

当库存很高，货卖不出去，然后因为节食，进不了新货，也卖不出旧货，没有现金流。这家超市是什么状态？恶性循环，最后不得不裁员，没有人理货，货开始过期腐烂，堆在仓库里。所以就会有比如坏疽啊、神经性病变啊、眼底病变啊，等等。

这些问题从能量层面来看，非常好理解，但在物质层面就只能在结果上互相推理研究了，会以为所有这些症状（坏疽、皮肤问题、神经麻木、眼底病变、心脑血管问题等等）都是血糖高引起的，以为只要把血糖降下来就没问题了。其实在中医来看，血糖高和刚才那些症状，是同一水平的问题。从能量的逻辑看，它们都是结果，只是依次发生而已。

所以，重点是怎么让这家超市能够运转得更好？如果来一个新的 CEO，带来一个好的管理模式；再带一些启动资金过来，然后赶紧出旧货；再少少地进货，进对的货，再出货。最后，可以慢慢把不良资产全部盘活，这就是有效的治疗。商业上是这样运作的，人体其实也是。

什么叫赶紧出货？运动。运动能让身体主动运转起来，合理的运动，比如散步、慢跑、做操等等，能够让全身的大小脉络都通畅起来，身体气血的流速、流量会得到自然的改善，很多堵在身体深处的“库存”能够流通起来，然后通过呼吸、出汗、大小便等等渠道，自动会把它清出体外。

我曾经建议很多糖尿病病人，尤其是刚得糖尿病的时候，不要只知道吃药，每天运动两个小时以上，不少初期病人就不治而愈了。运动的方法也适合长期慢性糖尿病病人，但还需要配合综合调治，慢慢就转过来了。

三焦是生命运转的能量中心

前面从能量角度来讲糖尿病的治疗，其中一个重点是中焦，要在合适的时候吃合适的食物，这个不是光参考物质层面的营养学。营养学很重要，但是它不是最重要的部分，重要的是要了解你目前的能量处在哪种状态。

比如你最近觉得工作压力很大，腿也很沉重，下班有时候看东西都看不太清了，回家也不能专注看书，而且比较没有耐心。这时，其实是你整体能量很低的状态。适合吃什么？一大瓶冰啤酒？一大盘凉菜，一大盘东坡肘子吗？它们虽然营养很好，可惜你目前没能量消化，不能把这些高营养的食物转变成你的能量。人在低能量的时候，最合适的食物是温暖的、柔软的、简单的、容易消化的，这些食物不需要动用身体太多的能量去预热、打磨、分解，它很快就能被身体消化吸收，成为身体运作所需能量的来源。

如果你的孩子学习上没有太多压力，晚上九点半就睡觉，睡眠很好，早上开开心心去跑步锻炼身体，在学校里常常打篮球运动，那他喝冷水可不可以？当然可以。吃一大块牛排可不可以？当然可以。这些都取决于他的生命的运作状态，能量有没有，渠道通不通。你观察到孩子最近状态不错，那可以多吃一点；如果不是，那就注意一些。

上焦帮助我们从空气中获得能量，中焦帮助我们从食物中获得能量，下焦是先天的能量，我们的原装电池板，也是我们平时储存能量的层面，这三个能量合在一起，就是我们生命运转的能量中心。从中医的角度看，其实我们每一个人都是一个能量团，从最里面开始，一层层往外，这些能量中心运作通道从里到外可以分为三焦，按前后可以分为督脉和任脉，在印度分为七个脉轮，也有分为九个脉轮或者四个。虽然这些是从不同角度对能量的位置和功能进行不同的分类，但它们讲的是一个东西。

大家也可以忘掉我们身体有形的层面，忘掉这些已经存在的分类，先记住我们是一团能量，和外界不断在进行交换和变化。

我们曾经访问了瑞士的哥伦比亚自然医学中心，他们提供病人运用各种自然疗法来恢复健康，其中有一种检测仪器，测量 10 个手指的能量，经过软件分析处理，描绘出人体全身的能量图。比如消化系统、视力薄弱的人，那么他的能量图在相应的位置就会有缺口，以此来推测目前和未来身体的哪些部位容易出现物质层面的问题。

现代人通过仪器来测量人体能量的多少和分布情况，而古代有一部分中医通过打坐获得内观的能力，直接去感受它。这种内观的能力现代中医很少见了，在修行人中稍稍多一些，其实这种能力是人人都有的，只是我们的“神”都被耗散掉了，失去了本有的能力。

能量是有运行方向和规律的。我们从早上睁开眼睛开始，能量就在向外耗散，当我们很烦乱、很兴奋的时候，它会波动、耗散得更厉害，就像火山爆发或者是太阳光子爆炸一样在喷射自己的能量。如果人一直处在过于兴奋或者过于激烈的状态，消耗就会很大。

大量消耗的时候，人的能量就会从内部跑出来支援外面，外部的能量看起来很饱满，内部的能量却在消耗中开始稀薄。短时间没问题，身体会在休息、睡觉的时候自动调节，重新均衡，纠正失偏的能量或者说修复或更新受损的物质细胞，但是时间久了，不好好休息、睡觉，那就会产生一系列失调。我们很容易就能观察到，如果人较长一段时间处于特别劳累并且得不到休息的状态，即使没有生病，也会显得衰老很多。

现在许多人都有很强的补肾观念，不管男人、女人、小孩子，好像都容易肾虚。其实，这种所谓的肾虚很多时候只是一个假象，只是因为睡得太少，思维活动又太多，每天见太多的人，说太多的话，做太多的事，人体的能量一直都在往外耗散，一直在动用“银行里的存款”，下焦怎么会不虚呢？如果把这些散在外面的能量收聚回来，你就不虚了。

不要随便吃“补肾”的药，补肾的药多阴滞，还得看自己的身体是否能够转得动它，转得动就是补药，转不动是“毒药”。

睡觉是个回收能量的好方法。除此之外，像打坐、站桩、祈祷、写书法、练太极，甚至散步、旅行，只要心静，都是收聚能量的好方法。传统文化为什么值得学习？因为它能够补我们的不足，让我们过于散乱、浮躁、不断燃烧的能量有一个收聚起来的习惯。现代文化鼓励我们不断燃烧，小孩也被开发得过早，生命能量还没有积累、沉淀，就早早烧光了。所以需要回归传统，精神上的能量平衡了，物质身体的能量才会平衡，这个是真正的补。

睡觉为什么是身体自动修复的一个好方法？按西医来说，白天是交感神经兴奋，我们的肾上腺素、呼吸、血压、心跳、血糖都是处在比较高的状态，这个叫应激反应。

什么叫应激反应？用通俗的话讲，就是生物对外界各种刺激所产生的反应。刺激越大，反应越强烈，能量消耗越多。比如，你要去见一个重要的人，或者走在野外，突然碰到一只老虎，这就是应激状态。你回到家里，可以做趴趴熊，就放松了。

如果你放松、独处的时间不够，时间长了，就容易得心脑血管疾病，或者垂体瘤、甲亢等等，其实是因为你一直在过度燃烧。甲亢等疾病只不过是身体的一种报警器，甲状腺素升高，也是人体的一种应激反应，甲亢的人容易激动，不容易放松。

长期这样，就像汽车开得太快，还一直在爬坡，最后车受不了了，报警器响了。如果你把车送到修理厂，师傅也不会修，建议你把报警器关掉，车还能接着开；有的索性把报警器拆掉；有的用一些方法把报警器记录的数据调得好看一些。你一定觉得这些方法有问题。但现在很多的治疗方法就是这样处理问题的，开刀割掉甲状腺、吃药降指标。不是不能降指标，我们需要找到背后的问题。

胆结石也是一样的道理，有胆结石是不需要切除胆囊的，除非是发生严重的梗阻，立刻有生命危险，或者是实在疼痛，不能缓解，实在没办法了，只好把它割掉。问题是，即使切除胆囊，但是如果身体的运转格局没有改变，或者精神还是像原来那样容易紧张、愤怒或者压抑，最后胆囊是没有了，但身体的另一处会来承担这个失衡的压力。

我们可以去看医生，如果他能帮助我们更完整地了解身体的状况，但看医生不是最重要的一个步骤，尤其当你知道病不是致命的，不看医生不会马上出现严重后果，这时候大家先不要着急去看医生或者吃药，甚至做手术，给自己一些空间和时间，好好休息、放松，让身体自己运转就有可能归位。人体有巨大的康复能力，你要给机会让它恢复。

一个相对正常的人，他的“神”是比较定的，不会一会儿焦虑一会儿忧郁，或者一直都很兴奋，或者一直都很低落，他的整个状态会比较稳定，中焦、下焦不虚。通俗地说，就是消化系统正常，肾不虚。

什么是下焦不虚？就是手脚不会常年冰冷，小腿不肿。倒过来讲，如果你手脚冰冷，小腿肿，经常腰酸或者关节痛，尤其是膝关节痛，然后晚上要夜尿 3 次以上，精力不足，看一会儿书，看一会儿电脑就觉得很累，妇科或性功能有问题，那你有可能是下焦虚。

什么叫中焦虚呢？没胃口，消化不良，或吃了就胀，或者有明显的胃痛、腹痛，或者拉肚子、便秘。这些大家可以参考《三焦虚实自我评估表》。

中医治病有一点很有意思，比如病人说：我最近不舒服，头痛，掉头发，鼻子过敏，医生检查出我的鼻甲肥大；皮肤痒，医生说是花粉过敏；我对牛奶也过敏，有时候还咳嗽，妇科也有问题等等，很多指标也不正常。如果看西医，要看好几个专科门诊。但是中医不是一个个地治，不是治疗这些异常的结果，不是治你的“病”，它是治你的能量状态和能量渠道，规避影响能量的环境和事件，帮助你回到正常状态。

冬天我们得多穿些衣服来保暖，如果让你穿一件单衣在大街上待一个小时，是不是很多症状都会出来？打喷嚏、流鼻涕、手脚冰凉、肚子痛……但如果你还是让他待在大街上，只给他吃抑制喷嚏和鼻涕的药，还有治疗手脚冰凉和肚子痛的药，但是问题还在那里。最重要的是先回到暖和的屋子里来，再喝一些姜糖水就好了。

中医不只是治病的，中医是调常的，这一点大家要记住。你有 1 万种症状、指标、诊断和名字，这个都只是现象，中医不是被这些牵着走的，是看每个人的正常状态在哪里，回到正常状态就行了。

选择对的能量和信息

如果你自己和家人有比较严重的健康问题，怎么自我调理或者配合中医呢？除了需要留意上焦、中焦、下焦这三个部分之外，还需要让自己的“神”保持稳定的状态。

比如，看完一场电影，你会觉得有点震荡，看两场电影，神就有点乱了。曲折的剧情、激烈的声光、丰富的场景对神的刺激和扰动，比一场相对安静的音乐会要大很多，而且影响力会持续一阵子。又比如在春运火车站待上 3 个小时，“神”就会有点乱，但很多人习惯了，不一定感觉到。大家需要培养自己的觉察力，能感觉到自己的混乱，还算是相对清晰、稳定的状态。

怎么培养觉察力呢？每天花时间安安静静地坐一会儿，10 分钟也行，或者你在上班的路上坐地铁，或者你不开车坐在后排，不要习惯性地去看周围沿途的景色或者习惯性地看手机，你可以闭目养神，慢慢会找到那个相对放松、安静、清晰、自然的状态。如果每天都留意一下自己，就能够把散乱在外的能量收回。像家里的东西一样，物品要归位，精神也要归位。

生活作息很重要，尽量不熬夜，看电影、电视、电脑的时间要控制在一个范围里。尤其是你白天的工作全在用电脑的话，回家以后除非必要，不要再用电脑了，也不要在电脑上娱乐。

人是一个生命，始终在进行物质、能量和信息的交换。对于这三者，能量和信息比物质要重要。世界上的能量和信息可以分成两类：第一类是自然能量、自然信息。自然的四季交替、昼夜循环是有“开”，也有“阖”

的，能量有释放，也有回收；第二类是社会能量、社会信息。严格地讲，所有的社会活动都是把我们的能量带出去，都是“开”，能量只有消耗，没有回收。而且，所有的社会活动对我们的精神层面都有不同程度的干扰。这些能量和信息我们需要使用，但不要完全沉浸在里边。我们身在其中，不可能完全离开，但可以小心。

现代人离自然太远了，尤其在大城市生活的人，需要我们有意识地创造条件去接触自然。春天、夏天常常去自然环境走一走，坐一坐，体会一下自然界给予你的滋养。晚上吃完饭，在月光下散散步。到了冬天，实在没条件，那等到中午不太冷了，到院子或阳台上待一待，动一动。

天地之间的自然能量是大补，它远远超过人参、鹿茸。你花几万元买野山参吃，还不如休假一个礼拜，到自然环境中充充电，哪怕只是待在家里休息，出去散散步，也是一种补养。

如果你平时的生活和工作“开”得很多，那你度假的时候就不要去什么拉斯维加斯赌场了，也不要到人太多的海滩去了，那还是个相对“开”的环境。找一个乡村的别墅，不慌不忙地散散步，静养一下，帮助自己好好地“阖”，这是大补。

我在欧洲旅行的时候，经过教堂会进去坐一坐，尤其是累了以后。为什么呢？因为教堂或者神庙，大家在里面多少都会心存敬畏，至少不敢乱想乱动，长期在里面的人，大多会更虔诚和单纯，所以它的能量场、信息场更干净。到教堂、肃静的庙宇或者跟一个内心干净的朋友待一个小时，或者去山里，其实都是在交换更干净的能量、信息。如果你不能依靠自己内在的力量平静下来，那么去找能够让你更简单、平静、安静、干净一些的外在的帮助，你只要待一会儿就行了，都不需要拥有它，也不需要搬回家。

如果你实在太忙了，而且有家人要照顾，一刻也离不开，那还有个好办法——静坐。你可以每天安安静静地坐一会，即使是三五分钟，也有很大的好处。哪怕是睡着前的一分钟，你如果能保持在一个比较平静、放松的状态，那么这对明天来说，就是一个很好的开始。

我们平常不太注意我们在想什么，而且往往容易去想让我们不高兴的东西，这是类似一种精神受到病毒侵袭的状态，需要有意识地训练自己，对于我们这些普通人来说，想一堆麻烦事，和想一朵美丽的莲花，给我们的心绪带来的效果是很不相同的。

大家有没有感觉，当你想妈妈，整个身心都会有感觉，对不对？好像妈妈在你面前；或者你想到心爱的人，也会有感觉；当你想到让你伤心的人，也会有感觉。这就是“思维沟通”，它是超越时间和空间的。这就是“无线上网”。

当你想什么东西，你就跟它连在一起，而这样东西它所带来的信息和能量是跟你接通的。所以当我们肉体被困在此地的时候，我们还是可以做一些事情的。人是可以选择的，至少在这个方面，我们完全是自由的。

帮助人体回到正常状态

我们的治疗不是去治一个个的症状，而是帮助人体回到正常的状态。所谓回来，最重要的是让他的神、他的中焦和下焦回到正常的状态。而且，只要有往回走的趋势，就已经离开危险的悬崖了，回到健康的原点只需要时间。

现在很多病怎么治也治不好，不能恢复的原因，很大部分是因为中焦（消化系统的能量）和下焦（先天的能量或能量储存层）不够了。我们每个人的能量就是下焦、中焦、上焦合在一起，白天，是能量往外走，是开。当我手脚冰冷的时候，就是我的能量不能到达身体的末梢。如果我的鼻子一直有问题，其实是能量到不了这里，形成局部淤滞的状态。

如果你有慢性鼻炎或者慢性皮炎，你的鼻子和皮肤那里确实出现了症状，这些症状虽然令人不舒服，但它是一个提醒，就像电子报警器，提醒我们能量分布失衡了，有地方堵住了，它在帮助我们找到真正的原因，并把它解除。你要是把报警系统关掉，或者永远拆掉，其实是埋下一个更大的隐患。

除了报警功能，这些症状也是显示你的身体正在修复过程当中，内在的抵抗力、修复力，即正气在跟它打仗。慢性病从内因看是你自己没有力量一下打赢，所以一直在打。外在的原因在中医里就是四季的气候变化，还有每年的五运六气等外在大环境对我们人体小环境的影响。

如果侵略者一步步打进来，其实就是一个病从表面的感冒一步步变成更加深入的病。感冒可以说是所有疾病的开始，而且它不仅仅呈现感冒的症状，它代表的是你的能量不够了，至少在表面不够了。如果你本身能量很足的话，感冒是很容易治的。健康的小孩子或者身体很好的人，不治也很快会好。

我在高中、大学的时候，感冒了出去跑一圈就好了。或者喝点姜汤，或者拉筋拍打，或者吃点简单的感冒药都可以。因为身体有能量，稍微一推，被寒气、湿气堵住的经络自己就通了，一部分寒湿出去了，一部分寒湿慢慢地会被化掉。

当没有能量的时候，你感冒了，但是你的正气打不动，而且你没让自己好好休息，吃对的食物、对的药物，那感冒3天、5天之后可能更没有正气了，邪气就一步步地进来。鼻炎、心肌炎、肾炎等等都是我们中医所说的表面的病进入人体深处了。那么长期的不良变化呢，比如糖尿病、冠心病或者是肝病，看起来没有直接的联系，但它们的形成，其实是长期的能量失衡、不流通导致的物质层面的变化，最后很多地方都拧住了，没有调整的空间了，这个时候就很麻烦了。

所以，治疗不是找个中医或者西医去治这些看得见的症状，而是让这个能量失衡扭曲的人体，一点点地把它扶起来，最后是整体都好了。

最好不要一有症状和不舒服就想：糟糕，赶紧处理。退后一步看看这些症状和不舒服在告诉你什么？能量有没有，它们的分布情况？渠道通不通，哪里堵住了？这样，你会对自己或家人的身体越来越熟悉和容易把握。

能量的四个阶段

身体很好的人或者大多数的小孩子，一发烧就会烧到39℃、40℃。30岁以上的成年人最近两年发烧到过39℃的，那说明身体不错！因为正气比较足，能够激烈反应。所以有时候当你生病的时候，看起来是很痛苦，其实是你身体能量很高，可能处在第一或者第二阶段；如果你看起来身体还不错，平常没有什么不舒服，也没什么反应，有可能处在第三或第四阶段。

如果你一有不舒服就去看医生、吃药、挂盐水，尽快把很多症状都“摆平”了，身体没有症状，你以为成功了，但是有可能你从原来的第一或第二阶段，经过“治疗”，到了第三或第四阶段。

病机：顺 – 逆

阶段 1	正 +++++	邪 +++++	激烈反应	顺	度	开
阶段 2	正 ++++	邪 ++	自然向愈	顺	稳	开
阶段 3	正 ++	邪 ++	没有反应	逆	助	阖 – 开
阶段 4	正 +	邪 +++++	生机不足	逆	救	阖

当小孩子感冒发烧去输液或者吃药，烧退了，也不咳嗽了，但他慢慢瘦了，不爱吃饭了，脸色暗暗的，注意力也不容易集中，看书也看不进去了。其实，他的能量降低了，体质下降了。但是家长可能还挺高兴，这回可把病搞定了。**注意孩子的能量和体质，这是中医看问题的角度。**

病，不管是刚得的时候，还是治疗的时候，还是症状看起来好转的时候，还是需要注意这三个基本面：**下焦、中焦能量有没有？渠道通不通？还有，"神"定不定？**

有时候小孩子发高烧，家长急坏了，小孩子的"神"挺定的，挺开心的，不觉得痛苦，能吃能喝还在玩，只是在发烧，那他其实是在第一个阶段，而且很有余地，神气还没有影响到。你所要做的，就是那些有经验的西医建议的：没事儿，给他喝水，六七天自己会好的。但是如果你既没有经验，又太害怕了，给他一通打压，最后"老虎"打死了，"武松"也受伤了，身体内在的能量和格局就是武松。

要忘掉所有病的名字，忘掉症状，也不要管中医说的是肝气虚还是郁，这些都只是概念，都不重要。你看能量是在第一个阶段，还是第二个阶段，或者已经到了第三、第四个阶段。

第一个阶段很简单，最里面那个代表下焦的圆圈和第二个代表中焦的圆圈还都有能量，第一个代表上焦的圆圈也有能量，只是表面受到侵袭。通俗说就是肾不虚，消化系统还不错，只是上呼吸道有感冒、发烧的症状。

邪在表，内有能量：开

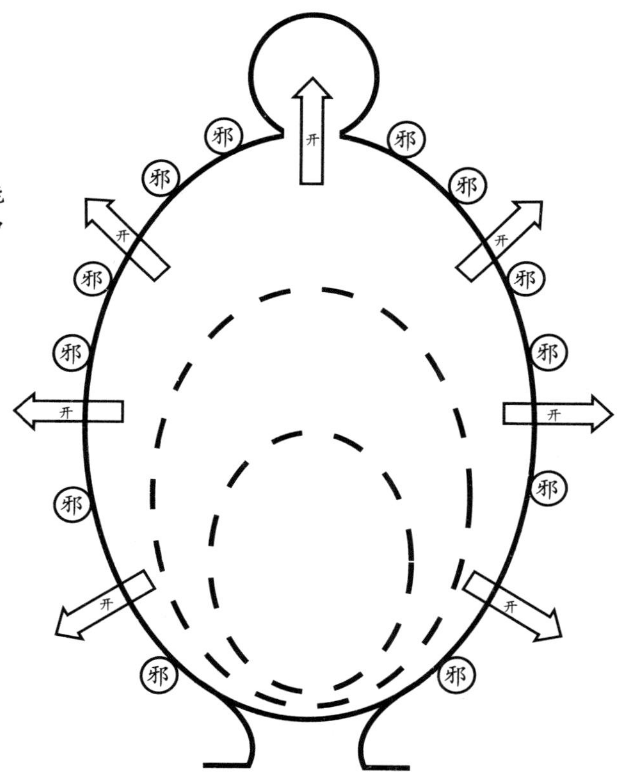

这时，你不管得了什么病，只要神定，休息好，吃得对，病自己会好。不管医生说得多吓人，都不用担心。为什么？有储备。神，就是身体的领导，他不乱，打什么仗都能赢，康复的速度会很快。

但是要注意，能迅速打完胜仗的前提是：第一，你有能量；第二，神定；第三，休息好，吃得对；第四，没有用错误的治疗方法。

现在很多慢性病其实都是能量在第二和第三个阶段徘徊，他的下焦还有，但是中焦能量供应不足或者不稳定，就没办法支援上焦正常运转，把邪气很快赶出去。

邪入里，内部能量不够足：开或阖

邪入里，表气闭塞，人体中焦能量不足，运转不利，下焦尚支持开。

治疗方向：
顺其势开或阖

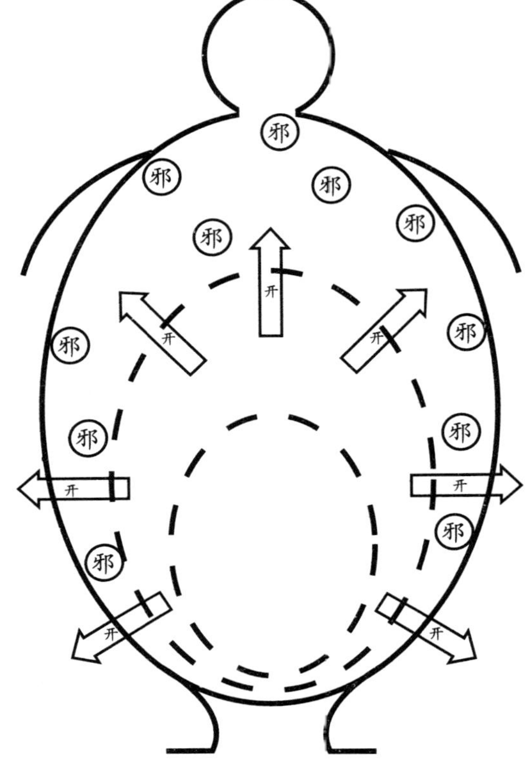

能量到了第四个阶段就比较麻烦了。有时能量爬升到第三个阶段还会出现一些症状，但是人体已经比较衰弱了，能量不足，渠道不通，神可能也不定。

在第一个阶段，症状可能很强，人可能很痛苦，但是身体其实是处在高能量、高反应状态；第二阶段能量下降，反应程度降低；到第三阶段能量虚弱了，症状可能暂时消失了；第四个阶段看上去好像没什么痛苦的症状了，以为治好了，其实是没得可治了，没有能量了。

邪深陷，内部能量不足：阖

邪深陷，上、中、下三焦能量不足。

治疗方向：

顺其势而阖（阖能量）

得其机而开（祛邪气）

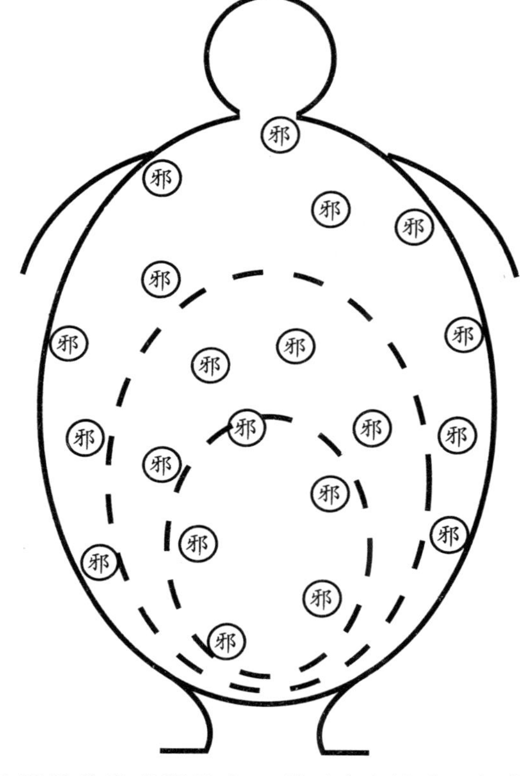

很多处于第三、第四阶段的非常虚弱的人，到医院去输液，加各种营养素，往静脉输送能量，但是西医会很无奈地说，他好像吸收不了这些东西，没办法利用。人到了极度没有能量的状态，你给他吃再有营养的物质，他也化不掉。面对这种情况，正确的治疗思路是用轻柔舒缓的食物和药物，来帮助最后这一点点火种不要熄灭，再慢慢地运转、恢复、壮大，找对的中医，帮助人体往对的方向调。

此时，我们面对的其实不是某一些症状，或者是某一些器官，而是一个需要小心翼翼才能走下去的残局。这个残局，你要看有多少子还可以走，哪个需要重点保护。

避免透支能量

现在小孩子为什么普遍有肾虚的问题？很多小孩子白天电脑、手机、电玩用得太多，晚上又睡得太晚，有时候爸爸、妈妈看电视到晚上 11 点，小孩子也跟着看。学校和家长都没有提供摄心的教育，孩子平时神气过散就造成肾虚。

近年来，很多现代大城市的孩子有严重的肾虚，神也不定。而四五十岁的成年人更是耗得厉害。按道家的观点，我们日常的听、说、看、想，这些都是在漏，就像杯子上打了很多洞，人的精气神渐渐漏光了，所以从饱满年轻变得虚弱衰老，最后死亡。所以，道家所修的命法，讲回光，讲添油接命，才有道家仙人不老的传说。

我们现在是漏得多，回得少。现在从小学甚至从托儿所就开始用电脑写作业，要跟上时代潮流，尽快进入互联网时代，但互联网的诱惑很大，小孩子很容易迷失在里面，精气神早早就消耗光了。不是时代有问题，不是电脑、互联网有问题，是我们无法把这些当成一个单纯的，只是帮助我们生活、工作的帮手，而把它当成满足无限欲望的工具，把自己的精、气、神都投入进去，无法自拔。

我见过很多孩子，他们在父母的意志指导下，读名牌大学，通几门外语，积极参与社会活动、慈善活动，非常聪明，但是他们的精气神和身体能量被过早耗光了，没有积攒能量开发“自己主导完成自我成长”的能力，他努力地走在一条不是自己选择的道路上。到了一定的阶段，容易出现情绪障碍、心理障碍、适应障碍，不再能专注学习，因为他们过早把精、气、神用在了家长指引的道路上，最后没有能量再供他们寻找自己的路了，这是非常遗憾的事情。

孩子的天真不光是性格，天真是天地赋予生命最本真的东西，用得好到 100 岁还耳聪目明；用得不好，20 儿岁就开始出问题了。先天的东西、你的格局才是你自己的东西，这个东西很难补，吃人参也补不了。佛家、道家的某些修炼是直接去补这个先天的东西，但做到是要费功夫的。所以像我们这样的普通人，还得省着点用。

当你的能量提高了，身体自己就能把问题处理掉。当你能量很低的时候，不光是身体会出问题，情绪也会有问题，你也不会有足够的资源和精力开展你的社会工作，在这种情况下你想要获得事业的成功是很难的，不如先把自己和家人的身心照顾妥当。

人体的能量就像一个探照灯，如果电池都是满格的，一下就照到 5 公里以外了；如果电池老是不充满，还漏电，就只能照到眼前这一块。

做事是需要精力的，精力是最宝贵的东西。当你有精力的时候，你可以完成所有的事情；如果你在很多方面都达成不了，不是因为你没有机会、没有钱，或者说没有社会关系，其实是你没有精力。当精力足够的时候，你的神气开阖自如，可以打动很多人，可以敲开很多门，可以完成很多你想做的事情。

在国内，有很多上了一天班的人，其实已经很累了，能量用光了，但是还会选择去健身房跑步。那个时候是应该开还是阖？应该阖。那跑步对不对呢？如果你现在没有能量了，但平时体质还很好，那还有资本透支一段时间，如果你既没有能量，原本体质也不够好，再去跑，就有危险。这些年有些知名的工商界人士死在跑步机上，其实就是应该去睡觉的时候没有睡觉，还加大了往外开的流量，电池最后就用光了。

1997年我跟我的老师学习。美国硅谷的一位软件工程师找我们看病，40多岁了，想要孩子，但是怎么都不能让妻子怀孕。当时他头发掉得厉害，看起来很苍老的样子。我们问他的生活状态，他说很辛苦，编程序编的眼珠子都要掉出来了，不过他认为他们公司的企业文化非常好，是一个激励的文化，每天中午工作到12点的时候，大家饿了累了，去吃饭，吃完了到公司的健身专区跑步，还大声地喊：Hi，I am ok！ I am ok！

这其实是在压榨能量，绞干身体的能量，觉得疲劳是身体的能量快枯竭了，这时不休息、睡觉，还大量地往外开，把最深层的能量调动出来，整个人体的能源储存都干涸了，储存能量的下焦都耗干了，怎么还会有孩子？

还有很多人工作了一天，疲劳了，平常也不运动，常常习惯下班去外面大吃一顿，吃得饱饱的。人体在能量虚的时候吃很多东西，中焦长期处在淤滞状态，长期这样，身体越来越转不动，这就是高血压、高血脂、糖尿病、脂肪肝等所有病的开始。疲劳后大吃大喝，是一种最快速地堆积体内垃圾的方法。

如果吃饱了就回家好好休息，像冬眠的狗熊躲在树洞里睡觉，或者像大蟒蛇吃了1头羊，静静盘在那里好几天，让自己消化，让能量聚在中焦，把吃进去的食物消化掉，这样还会好一些。但是，很多人喜欢在大吃一顿后，再去K歌，进一步地“开”，消耗能量，K完歌以后呢，再和哥们儿一起去洗桑拿，继续地“开”。渐渐地，他们身体里的能量越来越少，肚子会变得越来越大。长期严重透支的人，容易在桑拿房、健身器、房事中出问题。

不管你看起来多强壮，肚子大的人下焦肯定虚，整体能量不够了，身体只能运作到40%~50%的程度，不多的能量只能优先供应大脑、心肺这些更重要的部分。这种情况你要减少工作，增加休息，适当运动，但不要狂奔猛练。吃你能够消化的食物——粗茶淡饭、清粥小菜。这样过上一段时间，就能把能量提高，把堆积在身体内部的多余东西排出去，你的肚子会小，精神、体力会好，思维也会更清晰。

看病需要看三焦

怎么判断孩子体质的好坏，或者当他有任何健康的问题，怎么判断他在哪个阶段？同样是感冒，在中医来看，上焦感冒，是指下焦、中焦都很好，只是一个表面的感冒，这种感冒你治或者不治，找谁治都会好，只要没治错方向。第二种感冒是中焦感冒，其实不是感冒引起的，而是小孩子本来的消化系统就不好，中焦有问题，不只是感冒，只要是中焦不好引起的所有的病，都叫中焦病。哪一种是下焦的感冒？有些女人生完孩子体质虚弱，下焦空虚，得了感冒很不容易好，或者老年人心肾功能衰弱，他们一感冒就容易转为肺炎、肾炎，也很容易转为心肾功能衰竭，这些都属于下焦的感冒。

我们要忘掉所有的症状，看他的基本状态在哪里。因为所有的病，它的症状和发展趋势，都取决于人体的能量和渠道。如果车、马、炮都全，士、相也齐，那随便什么敌人过来都能抵挡一阵子。

所谓下焦病，就是兵也没有了，车、马、炮也没了，就剩一个残缺的士和相，这个时候不要说癌症，就是一个普通的感冒，也能一步就把人给将死了。

中焦的问题很容易判断，首先就是看他的肌肉是不是结实。肌肉松的小朋友中焦一般都比较虚，需要补中焦，温补还是清补，需要再分析他平时的寒热情况。肌肉过于结实，看起来有点臃肿，或者过胖的小朋友，中焦一般有淤滞，这样的中焦需要开，是温开还是凉开，也需要再分析其他的情况。

只要是中焦有问题的小朋友都需要多一些运动，尤其是肌肉过于结实的小朋友，更是需要大量的运动。下了课，不要马上给他吃东西，最好让他去好好玩一两个小时，然后再继续学习。

中焦比较虚的小孩子，除了肌肉是松的，脸色也常常是苍白的，手脚是冷的，平常呢会有大便的问题，有的是拉肚子，有的是便秘，还会有容易生气、不合群的现象。这些都是很容易就能看出来的。

小孩子如果感冒了，但是他中焦、下焦都很好，这种感冒特别好治，只要把它轻轻往上开一下，排出去就行了。开的方法很多，拉筋拍打、泡脚、跑步、按摩都可以；吃药呢，偏热的稍微吃点感冒清热冲剂，偏凉的吃一点姜糖茶、紫苏红糖茶、藿香都可以，这些大方向都是对的。

感冒清热冲剂其实不光是治感冒的，你看它有荆芥穗、桔梗、柴胡、苦杏仁等，整个方子是一个轻轻开的方向，又带一点降，很多在表面的病都可以用。姜糖茶也不只是暖胃的，很多病只要问题在中焦，需要温补的，就可以用姜糖茶。传统中医是从能量入手，不是从症状对治。

所以很简单，我们关注中焦和下焦“有没有”，整体“通不通”。如果不足，就要小心。**第一，不要过度治疗；第二，平时好好休养生息，吃正确的食物；第三，要合理运动，保持三焦的畅通。这是一切养生的基础。**

平时身体比较结实的小孩子，如果晚上出汗，或者汗有点臭，那显然是身体有过多的东西，需要“开”。有些家长说，我知道白天出汗叫自汗，晚上出汗叫盗汗；书上写，自汗是气虚，盗汗是阴虚；那不是应该白天吃补中益气，晚上吃六味地黄吗？但是可能你的孩子刚好相反，他很结实，不需要补。因为他运动不够，晚上又吃得多，晚上是天地之间能量往回阖的，他本来能量就多，又得了天地的能量，里面的能量更多了，多了外溢自然出汗。你要做的，让孩子少吃一点，多动一点。这是身体有能量，渠道还算通畅的情况。

有的小孩子中焦有些淤滞，而且渠道也不够通畅，如果不注意饮食，又不好好锻炼打开渠道，时间长了，堆积再堆积，就会影响上焦，容易出现鼻炎、咽喉炎、皮肤病；如果他下焦也不足，就容易出现过敏、哮喘和反复发作的气管炎。

上焦病：在外围的邪正斗争

常见症状：鼻炎、皮肤过敏、感冒、上焦咳嗽等。

邪气所入层次：邪在表，皮肤、表部腠理、肺卫……

气机、病机：人体中下焦有能量，上焦略闭塞，邪气有外出之势。

调理思路和方法：开四方，排邪为主：姜糖茶、泡手脚、运动……

这种情况下你找任何医生治，首先自己最好清楚中下焦有没有能量。如果是中焦、下焦没有能量，你要在平时的生活、饮食、作息中去增加它，不要让它受到伤害。如果你有条件学一点中医知识也会有帮助，至少可以了解方子会不会伤害到中焦，是不是太凉，或者太热。因为有时候医生也会忽略能量这个问题，光去治病了。

中焦病：内部淤滞，渠道不通

常见症状：高血脂、脂肪肝、高血糖、高尿酸、胆结石、息肉、乳腺增生等。

邪气所入层次：邪入里，肌肉、消化系统、经脉等。

气机、病机：人体中焦能量受损，运转不利，上焦相应能量不足，输布无力，下焦尚未受损。

调理思路和方法：开四方，泡脚、运动；减少中焦产生的邪气，饮食清淡，保持大便通畅；思深意紧则气脉淤滞、气脉不通，注意松、静；接触自然；适当服用中药。

淤滞，不光是物质层面的，也代表精神层面的。如果小孩有消化不良，在身体上显现消化问题的同时，其实代表精神层面有消化不良的问题。可能是他跟大人的交流有问题，或者大人过于严厉、控制，导致孩子产生情绪上的排斥。很多可能性，我们自己要观察，别让自己太忙，留意一下你的情绪、你的念头和所有事情的相关性。

举个例子，比如在跟客户谈判的时候，你会很清楚地知道：这句话说过了；刚才那个东西定价有点高；刚才我还有点恼火。为什么不用这个方法来对待自己和孩子呢？刚才晚饭后那块奶酪吃多了；刚才我对孩子的限制多了一些；我又把负面情绪带到了孩子面前。多一些觉察，我们家长施加给孩子的压力会减弱很多，孩子精神层面的淤滞会渐渐消失，然后身体上相应的问题也会同步消失。

如果你开店，会很清楚你的进货量和出货量，还有资金量。也可以这样留意自己和家人的身体和精神层面，这样你对自己和家人的了解在很多方面会比一个对你陌生的医生要明白很多。要靠自己去学习、去感受、去判断。

我认识一位老中医，现在已经90多岁了，是北京做中医调理体质、内科、皮肤科、美容科的。15年前，我们陪她出去开会，如果对方招待了一顿很丰盛的大餐，她回家以后，一定会做半小时到40分钟的运动，把它化掉，或者第二天就吃得简单一点，再出去走几圈。这就是在保养中焦。

下焦病：积弊日久，根本亏虚，邪气割据，开阖不得

常见症状：长期泌尿系统问题、长期生殖系统问题、衰老、老年痴呆、肿瘤、肝硬化、心脏病、骨关节病、免疫失调等。

邪气所入层次：邪深入脏腑、骨髓和血分、细微脉络。

气机、病机：下焦能量受损，导致三焦整体能量不足，运转无力，脏腑衰弱、经络闭塞，邪气深陷。

调理思路和方法：

- 收敛神气，改变不良心态、思维习惯、生活方式；
- 守中央、阖下焦为本，恢复中下焦基本功能：早睡、打坐、站桩，减少信息摄入、接触自然；
- 开四方驱邪为标：运动、太极、瑜伽；
- 久病入血，清理深层血分瘀滞：艾灸、中药、针刺等治疗；
- 不可急于求成，长期计划，缓缓调整。

这里的下焦病“瘀滞”用这个“瘀”，是因为这属于“血分”的、“深层”的、“有形”的瘀滞，不同于前文，还在气分的“淤滞”。

下焦病的瘀滞是长期累积而成的生活作息病、情志病。我们说过下焦是“先天的能量”，也是“能量的储存层”，那么，是哪些原因使得这个“最内、最深”的层次出了问题？这不是光靠医生的药能解决的，还得靠病人自己慢慢在生活中调整。

别让病名挡住视线

如果小孩子身体老是不好，每天吃很多药，吃了很久了，也没有明显的效果，建议你把关注点从对“症”治疗，不断治“病”的角度，转换到使用“第一张处方”的方法上，以此来提高身体能量和流通渠道的角度，然后经常去接触自然。这样慢慢你会发现，他好像不需要吃那么多药。实际上，这样的小孩不多，大人比较多。

中医看病不会把重点关注在具体诊断的病名上。

如果坏人打进来了，我方的重点不在于研究坏人是什么样的细节，而是关注能够打仗的好汉有多少，后方粮仓够不够（能量有没有），排兵布阵的格局，后方送粮的途径（渠道通不通），人心定不定，士气足不足（神定不定）。

我治过一些西医诊断为很严重的病。但是只要他的基础状态很好，中焦、下焦能量也足，而且神很定，虽然拿到一张令人恐慌的《检查报告单》，还能照样过正常节奏的生活。或者他是个老农民，不知道这《检查报告单》写的有多严重，照常种地去了。这样的人，反而有机会在正常的生活中把病带好。

我也治过这样一些人：中焦、下焦长期能量不足，精神也面临崩溃，人际关系也有问题，但心底还有很多想法要实现，习惯把自己和别人，把喜欢的和不喜欢的都抓得很紧。那么，即使一个感冒也会变成一个摧毁全体的因素。

所以，不要被这些病的名称挡住了你的视线，你要清楚你的能量在哪一层。

病到了下焦，要恢复光靠医生是不行的。这个阶段没有神医，也没有灵丹妙药。没有别的选择，必须要全方位地改变，需要把工作放下，而且要痛下决心，改变生活作息和精神层面中不良的习惯，需要早睡，清淡饮食，需要打坐，合理运动，松开你过去紧紧抓住的东西……包括需要斩断给你带来负面能量和信息的关系，哪怕这些关系能给你带来千百万收入或很难获取的地位、名声。这时再保持这种关系会给你带来精神上、能量上的致命损害，必须切断。

在你状态很好又需要钱的时候，你可以平衡两者。但如果你已经是下焦有病了，就需要尽快停止你在旧的生命轨道上的脚步，尽快找对方向，因为即使你已经决定改变了，也不一定有足够的空间和时间让生命能量恢复。

等到生命只剩下 3 个月的时间，自己主动可以转身的余地就几乎没有了，医生可以调控的时间、空间也不多了。或者从能量的角度说，他只有 10% 了，不要说把能量从这里调到那里，再畅通这些渠道，连最基本的供应都不够，消化也支持不了，这种时候吃药的作用也不会大。

所以，这个时候反而就不能急于求成了，不能把目标关注在“治病、祛病、驱邪、杀灭”上。房子要倒塌了，这时候哪怕是一堆可以支撑房子不倒塌的垃圾都是有用的。人已经没有能量了，你还去杀啊、灭啊、驱邪啊，正气、邪气就一起都没了。有位老人气血极为衰弱的时候，出现了便秘的症状，家属不知道，给老人通大便，大便是通下来了，人也走了，因为本来就稀薄的气散了。你不急着通大便，先把气慢慢扶起来，人恢复的可能性就大大增加了，最后大便也能自己下来。

这时候是要选择把小本买卖慢慢盘活的思路了，要制订长期计划，要遵守“增强体质的第一张处方”。还有希望吗？绝对有希望。但如果不这么做，肯定没希望。

孩子的视力可以调节

听众：我的孩子有远视、弱视，还散光。医生说她必须戴眼镜。我观察她的眼睛很明亮，她看东西也看得清，有差不多一年的时间我就没给她戴眼镜，想用按摩治疗。但我遭到了医生的批评，说像这种情况不戴眼镜，以后会出现学习困难、头疼、恶心等各种状况。我想起这一年孩子是有时说会头痛，有时候说累，就立刻给孩子带上了眼镜。我想了解，怎样才能帮孩子把眼睛调好？但是医生说没有办法，说它是先天的，只能定期检查，佩戴合适的眼镜。

李辛：这个确实是先天的，但是先天并不像西医说的不可改变。中医看来，这主要和先天的膀胱经和肾经的能量不足有关系。我们的膀胱经和肾经，还有胆经的能量不够的时候，就容易头痛，戴不戴眼镜，都会有头痛等问题。

经络、能量层面的问题，西医确实没有办法解决，只能戴眼镜。但不解决根本原因，度数还会增加。所以，只有提高这些经络的能量，让这些经络畅通，她的度数才不会增加。有很简单的方法，你可以学习艾灸，灸这些穴位：躯干部的命门、肾俞、关元，肾经与膀胱经的昆仑、承山、涌泉；胆经的阳陵泉、绝骨。

这三组穴位，你每次挑一到两组，总时间控制在30分钟左右。今天可以是第一组加第二组，明天可以是第二组加第三组，都可以自己调节。这是增加经络能量的简单方法。

我们先天的经络能量分布就像河道，自然有宽有窄，但这些都是可以通过后天来调节的，比如有运动、饮食、情绪和心理的调节等方法。从“道”或自然的角度来看，生命选择某些地方不完美，是为了整体的更完美，很多病、很多先天的问题是生命自然选择的一种折中方案。即使是成年人那些很严重的病，也是生命本身在选择某一种形式的出路。

你的孩子需要比较多的运动，在她状态、身体好的时候，多在自然环境做一些户外的运动，能帮助她打通身体各处的经络；饮食、作息方面，要保护好她的中焦和下焦，这样度数是能够控制住的。

听众：我学习《儿童经络》，上面有些穴位按摩的方法，我用它治好了孩子的拉肚子，从此我就相信中医了。我女儿 3 岁半查出来有远视和散光。我看过中医，他们说，其实像她这么小的年纪，只要经常给她刮眼眶，让她自己闭上眼睛转转眼珠，就会有改善。去年 10 月份我带女儿检查，她的远视居然消失了，只剩下散光，她的视力居然好了。

李辛：刮眼眶是能帮助眼睛周围的经络疏通，这样流通到眼睛的气血流量会增大。通过这个能恢复视力，也说明你女儿其他部分的经络没有大的问题。另外一种可能，是因为你选择了中医的方法，它不那么猛烈地干预，给身体留下了自己调节的空间，也就是我们的治疗没有干扰到她的正常调节机能，没有做相反的动作来破坏正常的格局。

小孩子的身体有很大的自我调整空间，有很多改变的机会，前提是我们不要过多干扰它。但一开始如果认为只有这一条路，终点就在那里，那就会把其他的可能性挡住。

有一位摄影家用一种特殊的相机拍摄了植物的能量，他拍到在叶子成形前，会先出现一个由能量构成的形状，然后按照这个形状会长出一片叶子来，当叶子还在能量状态的时候受到伤害或限制，之后长出来的叶子也会有相同的缺陷。

小孩子处于可塑性很高的“能量阶段”，所以，我们不要轻易拿物质层面的东西去界定他们、处理他们的问题。除非是肢体残疾，或很严重的先天器官问题，西医在这方面很棒。像这种功能性的，又不是很严重的、致命的问题，要慎用过度干预的治疗方法，可以从饮食、作息和运动方面进行调整，这是非常安全和有长远利益的方法。

不按时睡觉的影响

听众：关于孩子晚上不睡的问题。他一到晚上就精神旺盛，集中看书学习，白天补觉。假如他该起床了，我想把他喊起来，但他还没有把疲劳解除掉，是不是应该等他自然醒呢？

李辛：睡足时间是需要的，不要提前叫他。但什么时间睡也很重要，子午流注是天地和人体运转的一种规律，十二时辰除了对应十二经脉，也对应升降开阖。白天是开，晚上是阖。晚上 9 点开始，身体随着天地的运转一起进入休息状态，准备第二天身体正常运转的能量，所以，晚上最佳休息时间是九点。

什么时候该睡觉的道理和农民种地的道理是一样的。春天适合播种，然后秋天收获，如果秋天播种，到春天收获的数量和质量会不一样。生命是有节律的，在合适的时候做该做的事。

听众：现在西方很多年轻人不接受这个观点，认为睡觉没有什么几点钟该睡，你需要睡的时候就睡，睡足就可以了。

李辛：“需要睡的时候就睡”这个一点都不错，但是有多少人能做到呢？大多数人连自己身体累了都不知道，他想着尽快把这件事做完再睡，或者他只是习惯了晚上干活白天睡觉。

我们跟老道长在山上的时候，至少方圆 10 几公里没有其他人，只有野生动物。你要打电话也没戏，因为没有信号，电都没有。由于没有任何事情需要赶着完成，我们处在困了就睡，饿了就吃，睡醒了活动一下，半夜起来打坐的状态。

人在没有外界不良环境干扰的状态下，可以根据自己身体的节律来调节。因为我们平时的节律都已经偏掉了，慢慢调节回来，最终还是会和天地运转的规律相和谐的。

如果我们平时已经受了很多不良环境和事情的干扰，更需要宇宙天地间有规律的运行节奏，来帮助我们的身体这个小宇宙恢复到正常一些的状态。年轻人因为自身的能量还足，即使每天耗散的一部分能量回收不了，也可能还体会不到，但随着年纪的增长，就会越来越明显。

最近三年，我发现不少熬夜的年轻人身体消耗得非常快，有几个明显的阶段：第一个阶段，你会觉得没有问题，因为年轻，身体还有储备。第二个阶段，能量不多了，但是看起来精神旺盛。大家有没有观察过蜡烛或者油灯，快烧干的时候，反而火会暂时更大。这个阶段会觉得，真好，我即使半夜才睡，而且只要睡三四个小时，精力还特别好。这其实是过度燃烧阶段。下一个阶段体质会迅速下降，如果不及时调整，未来的几十年，他的体力、精力、智力、判断力等等，都可能会在一个低水平的状态下运行，因为所有的能力都离不开能量。

能量的低水平，同时代表思想、情绪、健康都在低水平的状态。平时生活、做事最起码需要 60%~70% 的能量水平，当能量只有 30% 的时候，在情绪上就可能显现出抑郁症或是恐惧症，就会有过度敏感和人际交往障碍，健忘，注意力不集中等等。低能量不只是身体的问题，是全方位的问题。

听众：怎样才能让年轻人接受我们这种观念呢？因为他们在西方长大，自由度很大，很难接受。

李辛：我有一个很深的体会，大多数人都害怕生病，生病就是在给我们上课，告诉我们之前有哪些问题需要调整。所以，他可以接受，也可以不马上接受，但是最后他的身体、他的生活、这些病和未来的艰难险阻会提醒他早一点觉醒。所以，没有关系，人生一直都是在出错中修正方向和继续向前走的。

通过打坐安神

听众：老师，小孩神散属于中焦问题还是下焦问题？

李辛：神的问题和下焦关系最大。中医说精和神，神的状态也体现精的状态。当下焦精虚的时候神会散，当神散的时候下焦就会虚。

忙乱的工作和环境，以及长期疲劳会导致神散，我们有必要养成早晚打坐的习惯，上班的间隙也可以，如果没有大段的时间，只要花 5 分钟坐一下，静一静，都能起到安神和收聚神气的作用。

家长能够安静下来，对小孩子的健康特别重要。有时候家长带着孩子来看诊，我看家长急躁忙乱的，心里面就有点沉重，因为这种家庭环境下的孩子不好治。

我在学心理学的时候，学过儿童心理、生理的一些原理。小孩在出生后的第一年，尤其是头几个月，几乎没有自我意识，妈妈是什么状态，孩子就是什么状态，类似无我状态。如果妈妈状态很差的话，小孩的状态也会很差。现在很多小孩的多动症，注意力不集中，学习困难，跟他说话不好好听，走神，这些都跟家长的关系非常大。

专注才能做好事情，养育孩子也是。打坐能让我们专注，专注就能让我们观察到重点和细节，孩子成长的整个过程你很清楚，他每次出问题你都知道是怎么回事，中医起什么作用？西医起什么作用？其他的方法起什么作用？这些都很清楚的时候，心里就会有底。

我常讲一个病例，2002年，我的朋友带着刚出生一个多月的宝宝从美国回北京参加亲人的追悼会。宝宝参加完追悼会之后开始发烧，3天不退，跑到协和医院，找不到原因，也处理不了。过来后，宝宝一看就是心神不定的样子。问了才知道，宝宝长得可爱，谁见了都要摸摸她，那天很多参加追悼会的朋友都摸了她，她的神就乱掉了。参加人数很多的聚会，神被扰动，是很多神气敏感的孩子发烧生病的原因。

我给她开了一个经典方：六一散加朱茯苓（滑石、甘草加朱茯苓）。滑石能把火带下去，很多矿物类药能让人镇静安神。过去很多大房子用石头建造，让人感觉特别稳当，石头能够震慑虚浮的神气。茯苓是长在松树附近的一种菌，可安神和补中焦，方子里并没有退热的药，主要是安神。我跟家长说，这几天宝宝谁都不能见，就你陪着她，你也尽量不见人。结果第二天晚上就退烧了。这是我第一次注意到神乱造成小孩子发烧的问题。

矿物类药能让人镇静、安神，比如龙骨、朱砂。《神农本草经》把朱砂列为上品矿物类第一味药，中医之所以看重朱砂，正是因为它能让人镇静、安神。但近年来，有人认为朱砂其主要成分是硫化汞，火煅时可析出水银，所以是剧毒药，不能服用。这是误解。以通常的汤药煎煮及外用法还达不到析出汞的温度条件。如果日用量在0.1克~0.5克之间（更少量即可起作用），并且不大量或长期服用是安全的。外用涂敷也有很好的效果。

现在教大家一个收摄身心的基本打坐方法。坐5分钟，感觉一下自己的身体状态。

坐的方法很简单，就是放松盘坐，可以坐在适当高度的垫子上，帮助脊背自然伸直，左脚在上或者右脚在上，或散盘都可以，年纪大的人盘不了就自然地坐着，姿势不要强求，以放松舒适为好，内外衣裤宽大一些。

坐的时候干什么呢？最简单的方法就是观察自己，身体是不是放松的，心里面是急躁的、兴奋的、不安的，还是安静的。脑袋里是不是有很多想法冒出来，但我们只是观察，不跟随，不评判。养成打坐的习惯对我们会有很大的帮助。

初学打坐不要太严肃，要放松，不考虑对错、好坏。你听到外面的声音，知道就行了，不用特别注意它、关注它。同样，你身上有任何感觉也是这样，因为它一直在变化，你知道就行了。这会儿脸上有点痒，过会儿脚趾头有点冷，不用盯着它，不用控制它，也不用分析它是什么原因，也不要试图改变它，只是知道就行了。

如果脑袋里有很多杂念，或者情绪起伏，那是正常的，每个人都是这样的，这也是你平时的状态，只是现在安静下来，它变得明显了而已，不需要去控制它，也不必认为“我不能想，我要无念”。这些都是内在的噪音，你知道就行了。

初学打坐的人，觉着身体紧张的时候，可以稍微调整一下，让自己舒服一些，不要过于认真、用力地坐。平时有3~5分钟空闲的时候可以经常坐一坐。这就是培养我们的觉知，也能起到收摄精、气、神的作用。

坐的时候，我们身上的各种感觉自己会知道，也知道周围有各种各样的声音，房间的温度、味道都能感觉到。脑袋里还有各种各样的念头，有的很快过去了，有的好像会跟着想一会儿，同时你也知道你心里是什么状态，情绪怎么样，有的是觉得身体的某个部分有点紧张，有的是觉得有些气脉的流动很明显，还有一些自己无法描述的东西……这些都不要管。

这些感受其实就是我们平时身体的不同层次和不同部分的状态，平常就是所有这一切成为一个混合体，有时候是以情绪为主导，有时候是思想为主导，有时是以身体的感受为主导。平时这些都同时在那里，只不过你会只关注其中的一个或几个，其他的都忽略了。当我们相对静下来的时候，这些就会被放大。

我们所要做的就是每天空出一点点时间坐一坐，不用去管这些好像放大了的感受和好像变得很多的念头和想法。如果你发现，你特别在意某个声音，觉得它干扰我打坐了，那有问题的其实是你自己，是你的抗拒反而让你抓住了这个外面的噪音，是你的抓取影响了你。

打坐就像你站在十字路口，你知道很多的车开过，周围也有各种的东西走过，甚至还有飞机飞过，但是你没有专注地去看哪一样东西，也没有跟着它跑，也不会评价这个是好车，那个不是，你只是很放松地站在那里，你都知道，这个就是打坐的状态。

初学者不要逼着自己坐很久，每天可以少量多次地坐，你一天只坐5分钟，但每天都坐，就会有很大的收获。它不光能够帮你把精气神往回收，也能把我们的身、心和意自动地趋于统合，它会自动帮我们平衡。

西方医学研究发现，这个状态是植物神经系统在发挥作用，是在修复的状态。白天我们是开的状态，处于交感神经过度的应激状态。

经常打坐的人，专注力、觉察力和判断力也会提高，不太容易被外界干扰。从小的方面来说，你去超市不会买回多余的东西；从大的方面来说，你人生中的迷惑会相对少一些。

当你需要做出选择的时候，你能一下子在一堆事物中找到你要的，那么在生活中你也会更容易地去找到答案，不需要老上谷歌、问专家，或者是反复思考。

如果你大多数时候都是跟从你的直觉来生活的，那你离你的内心比较近，满足感也会多一点，生活会更简单一点，一切都会形成良性循环。

听众：我一天到晚忙很多事，打坐的时间比较少。早上孩子上学去了，睡个回笼觉没睡着，在床上静静躺一躺，这样是不是相当于打坐呢？

李辛：躺一躺很好，这就是休息一下，收收神。打坐跟躺一躺不一样的地方是，躺一躺很容易就睡着了。如果睡前我们身心还是在思考或者是在情绪中，那么你还是在那个状态下睡着了，就像我们没有关机就把电脑合上了，其实还是在耗能状态。实际上，打坐是把我们一天发生的事情自然地逐一关掉。

听众：早上或者白天工作比较累的时候，或者睡前都可以打坐吗？还有每天打坐的时间、频率是怎么样的？

李辛：对于初学者来说，培养一个收摄身心的习惯很重要，所以，任何时间、任何环境都可以。如果你有专门的时间，安静的环境，没有人打扰你，这当然更好。

听众：有的人坐着坐着就睡着了，这种情况是接着睡呢，还是怎么处理？

李辛：打坐其实是身心的能量都在往回走，如果在打坐的时候觉得特别困，可能是因为疲劳显现的缘故，这时候不如去睡觉，等清醒了再打坐更好。我们现在的打坐还是为了身心相对健康的初级打坐，如果以后还想要进一步地深入学习，那么，先养成清醒的时候打坐的习惯是有好处的。

听众：子夜是胆经和肝经的时候，为什么有些人非要在子夜打坐？

李辛：子午流注和道家的打坐是两回事。道家比较重视在特定的时辰打坐，它是讲人体跟天地间的交流。在我们还没有条件使自己身心放松，按照正常的节奏走之前，先不用半夜起来打坐。

听众：打坐的方式方法有很多，有数息的，有守意的，也有念咒的，念佛的，等等。什么样的方法能比较快捷一些达到一个比较好的效果？

李辛：这些方法都可以用，都是入门的方法，但打坐需要注意几点：**第一是"不用力"**。身体和意念都不要用力。**第二是"无期待"**。初学者往往有很多期待，但是打坐和平时我们做事情很不一样，要达到某个深度，往往是在你的意识自然不用力了，也没有任何期待和想法的时候，以思想意识为中心的程序才会消融，或暂退幕后，另一套才会显现。比如，大人本来在教孩子怎么玩耍，然后因事出去了，小孩子开始按着自己的方法玩开了。这个才是自然的、真正的玩耍。

打坐其实只是为了把我们习惯的六根（眼、耳、鼻、舌、身、意）跟外界的连接先松开。我们平常习惯的快速运作的思维程序，让它自然地慢慢减慢，还有情绪，让它自然地慢慢平静。这几样东西减弱了之后，我们内在的生命力才会起来。它什么时候起来，我们是不知道的。

第三是"关于焦点"。现在有很多的打坐方法，它是需要聚焦的。比如，要专注在哪里或者观想一个东西，或者观息、数息，或者念咒，或者观想光，或者意守这里、那里……这些其实都是方便法门，或者叫系念，一念代万念，是初学者很好的入手方法。

为什么聚焦有它的作用？因为我们平时的思想到处跑，看到这个也好，那个也好，野马奔腾。那么现在用这一个桩子把你拴住，但是，等拴住了以后，还是要渐渐松开，回到不用力、无期待的状态下打坐。

听众：我们在汉堡没有指导老师，应该以什么样的状态打坐更安全？如果打坐1个小时，感觉到背很痛，这种状况是继续坚持，还是就此结束？打坐的时间会慢慢地越来越长吗？

李辛：你觉得还能坐下去就继续，你不想坐了就停下，记住“不用力”。打坐的时间长短不是关键，重要的是质量。比如你坐了5分钟，觉得已经比较平静了，这就很好。但如果坐1个小时，一直在想我要坚持我要坚持……可能还不如放松地去散散步。

我们是初学者，容易把平时用力的习惯转移到打坐这件事上，所以为什么我建议大家学一下中国文化的其他部分，比如练太极，越用力越打不好。中华文化的好处，就是能让我们在这些愉悦的活动中，体会到如何敏锐地、精确地使用我们的身体、我们的心，因为它能让我们的感受更加细微，这样学习就很好玩了。如果说仅仅是因为老祖宗传下来的，必须永远背着它，那未免太沉重了。

大家对打坐有兴趣深入的话，可以去看看南怀瑾先生所讲的《呼吸法门精要》和《静坐修道与长生不老》。大家有兴趣可以读一读《南怀瑾全集》，这属于人生中不可不看的好书。

如果大家再有深入往内走的兴趣，可以看看智者大师的《释禅波罗蜜次第法门》，这本书比较深入地介绍了禅修打坐的步骤。这本书也有很好的译释本，是苏树华老师解释的，讲得很清楚。

看书不用管它是哪门宗教的东西，就像我们在中国要用中文，在德国要用德语。在我来看，不同宗教的内在传递讯息是最宝贵的，而且同出一源，即使表述有差别，也能滋养你、完整你的视角。

这个部分就像空气，它就在这里，你信或者不信，都在呼吸，就像水，你信还是不信，喝了就能解渴。

回归传统

有朋友问到国学教育的问题，对于传统文化的学习，当然是必要的，尤其我们作为中国人。中国传统文化，不是因为它是传统或者我们是中国人，所以才要学。各地区、各个民族都有自己的传统文化，我们中国文化最宝贵的部分，是关于我们内在心灵的部分，不论是孔孟之道、老庄之说，还是佛法，古代都叫“心学”。所有的文化形式和表现，乃至诗书礼乐、琴棋书画，都是为了明心、自知、自觉、觉他，乃至于觉悟……

这个学习的过程，会帮助我们潜移默化地对自己的身体、内心，对周边的人、事、物、环境产生越来越细微的觉知，世界会渐渐在我们面前展开，是相对真实的世界，而不是从书本、语言、自己的意识、别人言语里出来的世界。

透过古代经典的学习，我们可以体会到，古代的中国人并非我们以为的中规中矩、拘谨单调，古代人的生活状态是非常大气磅礴、有生命力、快乐的。这个过程，你会体验到古人所说的生命力，浩然之气、物我两忘、自在、心安……

所以，对于我们这些现代人，回归传统这个部分是必要的。

第四篇
你想要什么样的生活

妈妈的神光照护孩子

在不同的时代、不同的社会环境下，小孩出现的生理问题，或其他方面的问题，比如学习障碍、沟通障碍，或者注意力不集中等，都有不同的标准。按照现在的标准，我们孩童时代的状态可能不少都属于问题孩子，比如不合群，见到陌生人不会马上很社会化地打招呼，等等。但是，有时候很多贴上标签的病，或者很多正常和不正常的标准其实是因地域文化、时间、地点的差异而决定的。

最近几年，我有个体会，**不管是教育还是健康问题，最重要的在于爸爸、妈妈，其中最重要的一点，就是他们需要有一个相对稳定的心态和清晰的判断力，而不是一个盲从的人。**

比如，很多家长遇到这样的问题，老师说你的孩子可能要看一下学校的心理医生，看完说孩子可能有心理问题，建议看专业的心理医生。

当这样一个问题冒出来以后，爸爸、妈妈怎么办？第一种，马上按照这个模式走下去，最后的结果会怎么样呢？全家都在担心这件事情，这件事情就更容易成为事实。有可能最后会走向家长最担心、最不希望的那个结果。第二种，家长心比较定，他们自己会先评估一下，然后除了了解这位医生的建议以外，再多咨询几个医生，甚至和周围有类似情况的家长进行交流，等他们全面了解清楚之后再做决定。

对于爸爸、妈妈来说，这种学习是非常重要的。有时候爸爸、妈妈太忙，他们会只要求孩子去学习和适应。但是在孩子学习的时候，同样面临给孩子学习什么样的内容，以什么样的方式来学习，选择什么样的环境和什么状态的老师来教这些内容，这些是有很大关系的。

没有专家比你自己更称职。专家每次最多花一两个小时和你或孩子交流。然后他将返回他的生活，他并不了解你和孩子其他的部分，所以只有你是最了解孩子的。

主持人：当孩子出了某个问题，是不是我们家长自己的生活方式、心态、观念上有问题呢？有些家长会在日常生活中频繁责怪孩子，怎么就不能达到我的要求呢！我们家长往往没有反观其身，在自己身上找到改变的切入点。

李辛：这个跟我们现代人的生活节奏有关，太快太忙乱了，失去了自我观察的能力。

我有一个好朋友，她先生是一位探险家，经常一出门就好几个月，挑战世界上风险最大的事业。她非常坚韧，既要管理公司来支持她的先生，还要带两个孩子。

我第一次见到他们时，孩子大概10岁左右，瘦瘦干干的，骨架很细，脸也黑，皮肤也很紧。当时我们一屋子人在聊天，他的基本动作就是抱住妈妈，像一只树袋熊一样。他们的第二个孩子出生大概两个月的时候，她联系我，说“大儿子最近状态不对，一直在生病，脾气也不好，考试也不及格，注意力不集中，跟老师关系也处不好。”总之，一切都乱套了。

这种情况，如果看中医或者西医，或者心理医生，或者营养师都只能找到一部分原因。我们可以选择的方法很多，但这些还是外围的解决方法，最简单直接的是找到内在的原因。我眼前浮现了一直抱着妈妈的那个像树袋熊的孩子，我问她：“你最近照顾小儿子，会不会没时间照顾大的了？”她说：“对啊，我要给小的换尿布、喂奶，还要处理公司的事情，他爸爸又不在家。”

我说先不开药，你试一试这个方法：第一，你每天在孩子早上起床和晚上放学回家，还有睡觉前，你要抱抱他，至少 1 分钟。而且你先有个准备：在他回来之前，你心里先想着他。如果你又要照顾小的，又要工作，然后大的回来了就搂过来抱一下，那用处不大，你的心要先到那里。**用心是最重要的部分。学传统文化如果能学到用心，就学到了精髓，至于其他的东西，自然就会了。**

这是第一副药，每天 3 次，每次抱他 1 分钟。第二，心里常想着孩子。比如你在厨房，孩子在书房，即使看不见大孩子，你心里还是要有他。就像谈恋爱的时候，我们心里时时刻刻都会想着对方一样。这个按照传统的说法，妈妈的神意，像光一样照着他。大家可以观察，小孩子比成人敏感。如果你喜欢他，或者把他放在心里，他能感觉到，会很开心很安心。

如果家长很忙，即使下班回家对孩子说，“今天学习怎么样啊？”但如果这时他的精神是散的，心里面还想着别的事，人也很疲劳，那他只是完成了一个表面行为。但是，真正的心、能量、爱，并没有接通，孩子没有得到家长的关心和爱的能量。

不到 1 个月，孩子的妈妈给我打电话说都好了，孩子学习也没有问题了。之后，我发现她原来每个月给我打一两次电话或发信息询问，这次之后，她就很少再问我了，大孩子或者小孩子都很好。再后来，当她先生历经险境，有生命危险的阶段，她虽然很担心，但是她能够把心念放妥，为他祝福。

家长的状态是孩子成长的基础，基础稳定扎实了，孩子就不会有大问题。反之，当孩子出现任何问题，最好先问自己，我是否在原点？离原点有多远？还要妥善安排你的生活和工作的比例，有自己的时间。

有的妈妈太忙了，没有自己的时间，没有精力用心读懂孩子，和孩子沟通和交流。所以当你跟孩子或者其他人在一起的时候，你要留意你的心、你的精神有多少在那里。你真在那里的时候，你和孩子的能量是相融的，你自然会理解他，能够滋养他，而且这些都是自然流露的，而不是因为我学了圣人的书，我最好把它表现出来，这两者不一样。

被孩子们瓜分的妈妈

听众：我们家 3 个孩子，一个 3 岁，一个 5 岁，一个 7 岁半。爸爸在外地工作，基本上是我一个人带他们仨，我自己也有工作。

讲到“用心”，在孩子们的问题上，我深有体会。我们老二两岁就不用尿布了，但从 3 岁半开始，每天尿裤子。我们看了很多医生，直到今年夏天回国，我开始感觉到她得到的关爱不够。老大刚上学，对我来说是个新问题，我要花精力帮助老大。老三又特别小，总是缠着妈妈，总知道怎样得到爸妈的关注和照顾。老二就被忽略了。回国后，老二得到了很多家人的关爱，她尿裤子的问题就没有了。从这件事上，我获得很多启发，一定要有心，一直要想着她。

我的问题是，当 3 个孩子都需要我的时候，怎么平衡？比如，我和老二单独相处的时候，老大和老三也要来争妈妈。这时，我应该怎么办呢？老大还可以说通，老三说不太通，每次我抱老二的时候，老三就过来推开姐姐说，这也是我的妈妈。我一条腿一个孩子，但这样也不够，两人在那推来推去的。

李辛：我们每个人都不是一个孤立的个体，人与人之间，或者人与周围的环境，不管是否有生命，不管是否在眼前，甚至不管你是否能想到，其实我们都处在与之交流的状态。

人之所以成为万物之灵，我们的灵性相当于一个通道，可以主动去选择接通。那么，有没有可能创造一个开放的、平等的空间，让 3 个孩子之间能够互相交流，或者你们 4 个人一起交流，而不是他们 3 个来找你这个妈妈。

孩子大都比我们成人天真、简单。有时候，当我们很累，或者是震荡很大的时候，这时候跟孩子靠近，其实是我们被补充到能量，尤其和一些单纯又平静的小孩子在一起。

因为孩子的自我意识还没有形成，还没有被污染，他们跟天地之间的精神是相通的，就像是一个 wifi，当我们跟他们在一起，并保持一个相对简单的状态的时候，我们也是和天地相通的，天地间的能量自然能滋养我们。当我们平静单纯的时候，我们也能成为孩子或家人的 wifi。

不要让自己永远处在有问题要解决的状态。这样即使是在听音乐会、学习，或者跟一个很单纯的孩子在一起，我们都没有办法融入其中，会永远都固守在焦虑的、耗散的、狭窄的一个能量格局中。但是，我们可以跳开这个格局。

我们的身体，从能量来说，可以分为三个不同的层次，就是我们讲的三焦。除了三焦，还有什么呢？神！

当我们很疲劳，要面对太多的问题，或者内心有很大情绪、不平静的时候，我们会被阻隔在一个狭小的状态，我们的神和天地就阻隔了，跟更大的空间和更多的可能性断开了。而当你断开的时候，孩子们也会觉得断掉了，他们就只能紧紧贴着你，把妈妈当成充电器啦。

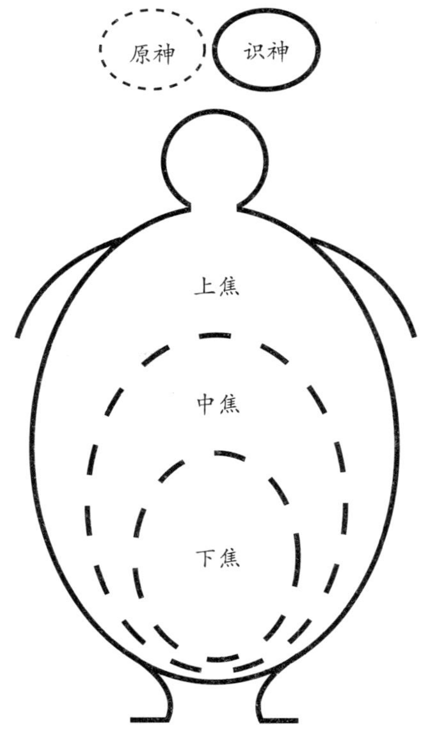

这两天，我们跟朋友去教堂听音乐会。我很喜欢去教堂，因为那个地方，千百年来，所有最美好的祈愿和最诚挚的感情都沉淀在里面。这类地方能量很高，相对单纯，会让我们暂时脱离世俗的压力，帮助我们回到原点。虽然回家之后大家还是要带孩子、做饭，还是要面对很多不得不处理的问题，但是在这一小段时间里边，你是跟一个更大、更纯净的东西连在一起了。

为什么传统文化讲心？儒家讲心，佛家、道家也讲心，心真的是一个非常重要的东西，它是我们内在的 wifi。我们要非常注意平时想什么，和什么连在一起。

我们为什么要读经呢？其实是跟圣人的心意接通。圣人的精神和思想在虚空中是永存的，相当于我们现在的云储存。当我们产生一个单纯的相应的念头的时候，就有可能接通，获得智慧。

我们的知识、认知或者是通过学习、记忆，或者是通过实践、经验得来的，尤其是灵感，其实都是从生命共有的空间里下载的，只是接收的途径不同。

为什么儒家讲要立志，佛家讲要发愿？它其实在提醒我们，要超越个人目前的一些小东西，不是完全不要，还是要满足自己，还是要把自己的生活安排好，但是不仅仅局限于此。你可以试着从现在的思想、心念里跳出来一些。你要给自己时间。

我这几年到处游学，比较闲。原来我也很忙，除了上班应诊、讲课外，下班还得写邮件、发信息回答病人和学生的问题。虽然忙，但我还是留了起床和睡觉前打坐的时间。比如今天的讲座，我早上起来至少打坐 1 个小时。为什么？让自己放松、安静。我也不用预设我要讲什么，但当我放松、安静、专注的时候，我和你们之间自然就会感应出东西来，当你们提问的时候，答案其实和问题在一起。

当我们累到打坐也坐不下去的时候，怎么办？可以接通一下你所信仰的，比如上帝，或者圣母，或者耶稣，或者默念“凡所有相，皆是虚妄”，或者“大学之道，在明明德”，或者你已经学会的经咒，其实就是一个 password，不用很多遍，数量不重要，电脑的 password 需要输很多遍吗？只要输入正确，敲一下回车键就接通了。

一个非常敏感的人，更要留意不能只是困在这些事情上。

觉察，然后收回能量

听众：我觉得自己的能量不够，怎样才能提高神气呢？除了借助先哲、智者的力量，还有什么其他需要注意的?

李辛：中医课常常需要提到“开阖”。当我们太疲劳、精力不够的时候，其实是开过了。现代社会无处不在“开”，所以，我们每一个人要注意“阖”的部分。

给自己一些独处的时间，或者安静地听一首音乐或看一段自己喜欢的书，或者找到空隙闭目养神，哪怕只有三五分钟，这些都是阖。阖，就是把能量收回来。

我们的思维其实是一套程序，有时候会变成病毒程序。容易累、容易失眠的人，他会关不掉某些程序，想停，但是停不下来。这时就需要有意识地训练，在你不需要全神贯注做一件事情的时候，提醒自己跳出来一小会儿，闭眼静心一会儿。每天这种时间缝隙其实很多。

2005 年我在上海工作。上海的出租车后座上都装了一个广告屏幕。有一天，我忽然意识到，只要一上出租车，虽然人已经很疲劳，精神是散的，但还是会按面前的屏幕，浏览那些没有用的信息。当人神散的时候，就更容易被外界引动，难以往回收。最近几年，我发现很多人已经很累了，但都会把手机当作一个放松的玩具，不停地看，不停地点。这些都是在开。我们每天有很多能量就这么不知不觉散掉了，要留意往回收，多回回神。

我和朋友开玩笑，以后五星级度假酒店可能推出这样的服务：我们保证您在这里收不到任何手机和网络信号，我们这里没有任何广告，如果您需要，我们帮您安排在完全没有噪音和视听设备的房间，提供您一个纯粹私人的空间，让您得到最好的休息。

如果你没有大段的休息时间，但肯定会有 10 几个或者更多的可以停下来定一定的瞬间。比如音乐会的指挥在演奏之前会先定一下，让内心找到那种感觉。这就是训练。

我曾在广播电台做过一段时间兼职。有一次，轮到一位很有经验的播音员做直播节目，音乐响起，节目还有几秒钟就要开播了，人还没有出现。他从外面一路冲进来，气喘吁吁、头发散乱地坐在话筒前，然后定一定，笑一笑，开始他的节目。后来，他告诉我，播音之前他会观想这个电波将传给几十万人。那时电台覆盖率很大。他的面前放了一面镜子，在节目开始前就微笑，定一定，看着自己微笑的样子，一瞬间就进入了他的状态。

这都是我们日常可以用的。如果我们只是麻木地在工作中付出，最后神就散掉了。要对自己的状态有所觉察，然后才可以调整。

解除担心的状态

听众：我感觉跟那位妈妈一样能量不够。我有一个女儿，我非常感谢我的女儿，她的到来，把我从一个黑洞的状态，就是我不停地需要别人关爱，不停地需要安全感的状态，变成了我自己要成为一个太阳，我要给她关爱和安全感，从这个意义上讲，我挺感谢她的。但另一面我又有种不安，担心自己作为一个发光发热体的能量不够，总觉得自己太弱小了，给女儿的不够多，对她心念的关注或者生活上的关注都是不够的。总之，很难逃脱心里的惶恐和自责。我知道这就像你说的病毒的程序，但是很难摆脱掉。

李辛：你比较内敛、比较静，好处是你尽责尽力、很细致，但缺点是有时候会待在一个格局中出不来。所以，你要有意识地提醒自己要走出来，或者提醒自己做一些运动，或者安排见一位好朋友，打一个电话聊聊天。找了解你的朋友，把你带出来。这部分，你会比较被动，需要先借助一个外力来调整。

每个人内心的格局不一样，比如你会担心给孩子的爱不够多，或者担心不能持续地给孩子，这只是最后的结果。真正的问题是你本身有“容易担心”的这个程序。也就是说，即使以后孩子长大了，因为有这个程序，你还会不断担心其他问题。所以，不在于考虑这些具体的问题，你所需要处理或者改变的是“担心”的习惯。

当你知道自己在担心的时候，这也是我们的意识或者思维的自动程序开始运作的时候，但是意识自己是分不清楚的，你是主体，孩子是客体，它在你处在担心的时候，会拿很多正好是你面对的事件、对象，各种材料组合成让你持续担心的情景，比如你自己的能量够不够用啊，能不能像太阳啊，孩子的爱不够怎么办啊，这些都是意识制造的。但是，真正起作用的是你内心本来容易处在担心的状态。

当你担心某个问题的时候，跳出来的方法是：

第一，不要在意识中沿着这个自动的程序去思考“我够还是不够”、“我能做多久太阳”，**你要马上很清楚地知道“我正处在担心的状态中”**。当你能够觉察到这种状态时，你的内心就能够聚焦在你的担心上，你就可以来专心地应对这个担心的状态。否则你陷在意识的程序中，它会把你一直带下去。

第二，怎么面对并处理紧张担心的状态呢？**让自己基本的状态再低一点，放松一点**。比如你平时因为处在这个状态里做事，可能就会处在过于积极的状态。我刚刚看到你坐在那里，这么多人当中你是最目光炯炯的，你的基本状态总是处在一个随时准备启动的状态。如果你让自己渐渐放松下来，处于相对安逸一点的状态，等到你真正需要启动的时候，就会多一些空间。

第三，**随时随地都注意自己身体和内心、精神的松紧度。**你可能会发现你坐的姿势也是有一些无意识的紧张。

我在20几岁的时候发现我有时会处在无意识的紧张中，我的手会自然攥紧，然后说话就会越来越紧张。后来，我花了1年的时间练习，不管说话说得对不对、做事做得对不对，任何时候我只是观察一件事情——我的身体是紧张的还是放松的。我发现有一个规律：只要我紧张的时候，我的意识首选程序A，随之而来的是很多问题。而当我放松的时候，会启动另外一套程序B，问题就会少一点，选择的可能也多一些。同样，我们的情感也是，在A状态的时候，会有一个对应的意识程序启动；在B状态的时候，会有一个B程序启动。

我们的人生其实就是选择，当你不被这些情绪和基本状态所影响的时候，你的选择就会离你真正需要的平衡点近一点，命运就这样往前延伸。

我们现代人受的教育对“目的”要求太高了。在完成这个目的的过程当中，我们的身心在什么状态，这才是第一位的。比如吃饭，现在有一部分人只是关心在哪里吃和吃什么，但是他忘了，即使是在顶级的餐厅吃最昂贵的食物，但如果所有人都很紧张焦虑和担心，那真不是一件美好的事情。

尽量避免让自己处在紧张、焦虑状态之中。

其实是感应

听众：我的大儿子14岁，我每次跟他交流的时候，我们两个都紧张。

我有时提醒他“说慢点，别着急，放松，声音要慢下来，小下来”，但是他习惯了，我应该怎么帮助他？我和小女儿就会无话不谈，交流没有障碍。

李辛：我们的生命时时刻刻都在跟整个世界包括可见和不可见的，甚至过去的和未来的世界互感，按我们现在的说法是同频共振。

你给我的第一印象是内心非常敏感，容易紧张，比如到超市或者人多的地方，要和人面对面沟通的时候，可能就会有些紧张。你的孩子有可能在这个特质上和你很接近，他也是这样的，结果当你们两人沟通的时候，就容易互相感应到这种状态。

家庭成员之间吵架，其实也是这样的。大部分情况下，并不是对方做错了什么或说错了什么，而是对方心里的怒火把你的怒火点燃了，“感应”出来的。我们要在生活中慢慢体会这一点。

对于新闻里的暴力事件，我们都会同情弱者，谴责施暴的一方。但是，我们需要想一想，人性，没有纯粹的善，也没有纯粹的恶，从“万物相感”的角度来分析，发生施暴事情的其中一种可能性，也许是某一种极端的力量被感应出来，比如厌恶、鄙视、愤怒，甚至是仇恨的力量。

我们平常人的内心可能会有各种隐藏的创伤，有的人容易因为受到鄙视，而把他们心中的大恨给激发出来。人总是会用他们已经习惯运用的模式去应对外界，而他们习惯处理事件的模式，如果用暴力和恨来建立自己的信心、对抗压力，暴力和悲剧就容易发生。

所以，世间很多幸福和不幸福的事，不是小说里常有的某个表面的、具体的原因和结果，其实背后是感应。

家长是一块大磁铁，孩子是一块小磁铁，现在是大磁铁引导小磁铁往前走，20 年之后，孩子会长大成为大磁铁，那时候可能他的力量大到能把你带动出来。

听众：怎样保持对孩子的欣赏和爱，怎样做得到？当孩子达不到我们或者社会的要求，我们就会有挫折感，然后对他的态度可能离原点就远了。

李辛：除了感应，心理学里面还有个词叫投射。怎样对孩子的爱更多一点，要求更少一点，至少不必要的要求少一点？这个重点在于——你怎样对自己的爱多一点，要求更少一点，或者你对自己更接纳一点。

如果你对自己是比较接纳的、放松的，哪怕自己今天头也没梳好、扣子也扣歪了，然后去见一位很重要的绅士，绅士很有礼貌什么也没说，之后你自己发现了，你能笑笑就过去了，回家还是能够睡好觉。如果你拥有这样的心态，那么，你对孩子就不会有那么多的压力，或者你的意识和思想就不会制造出这么多的要求和问题。

很多问题是我们的思想制造出来的。但是，思想以什么样的程序运行，完全在于我们自己的状态。我猜，你可能对自己要求比较高，或者你可能有时候会担心自己做得不够好。

假设我很担心因为自己长得丑，讲课也不够好，怕被你们小看了，那我岂不是进入了很紧张、很挑剔自己的状态，然后我看出去的世界也会很不如意：大家的衣服也搭配得不怎么样，这个东西太廉价了，黑板好像也不够气派，这就是思想制造的东西。但是，如果你觉得什么都挺好的，你看出去的世界会发生改变，好像连空气都会很放松。这些过程其实都是感应。**当你觉得都挺好的，对自己也挺满意的，然后孩子的状态也会被你感应出来。这些无形的东西很有意思。**

听众：社会对每个人都是有要求的，过于世俗的东西可以不跟着，但怎么样在中间找到一个平衡点，既保持自由或者保持对孩子天性的尊重，又能在社会中正常生活？

李辛：社会生活和工作只是我们的一部分。对于全职妈妈，社会生活只是你生活中很小的一部分，但是，我们可能会把社会生活的力量和模式带到个人生活里。在社会生活中，我们确实需要达到一定的标准，但是它其实只不过是一件衣服，我们回家以后可以换件舒适一点的衣服。

回到“注意我们的心念”的问题，佛法常常讲放下“执着”，我们的心念有一个很顽固的习惯，它会牢牢抓住已经发生的事，牢牢抓住我们最喜欢或者最担忧的事。回家后，衣服换掉，鞋子也换掉，也洗过澡了，但如果你的心念还在应对社会的那一套程序中，那么你和家人就无法放松。

当你跟孩子一起生活的时候，能不能觉察得到？如果只是了解这个理论，但在生活中根本觉察不到，那没有用。你必须觉察到，而且有一个清晰的愿望：我需要改变这个习惯，这样能让我和孩子更开心、更放松一点。

如果你多打坐，有更多独处的时间，那你的空间会大一点，觉察力会高一点，然后改变的余地也就会大一点。

有些人，尤其是男人，在工作生活中太高速、太紧张的时候，偏得很厉害。所有人都看到了，但是他自己不知道，或者即使有所了解但已经出不来了，自己没有转身的空间了，离原点越来越远。人到了那个状态就很可悲了。但诸位都是女人，空间其实比男人要大。

女人的天性更容易接近自己，女人跟自己的肉体、情感、内在连接得更紧一点。比如女人有机会生孩子，每个月都必须要关注自己的身体。还有，女人比较幸运，社会和历史没有把重担、责任全部压在女人的肩膀上。小孩子、女人可以天真烂漫，单纯柔软。稍大一点的男孩子就要培养“男孩子应该有的勇敢、承担”。等到成年后，男人就好像不得不需要“主外”一点，最好还显得“高大伟岸”一点，这样，就容易离自己的内在远一点。

听众：有一句话印象特别深，意思是“我没有被裁剪成一个母亲的样子”。当时教育老大受挫折的时候在想，是不是我天生不是这样的一个人，所以后天需要的努力就要比其他人多一些？

李辛：从心理学的角度来看，你的母性一点都不缺，但是自我否定倒是不少。在你成长的过程中，会不会因为父母、老师、长辈等一直要求你要达到某个标准，或者你对自己有严格的约束？当你追赶那些标准的时候，本来那些自由的、开心的天性没有得到充分发挥。比如我观察到，你笑的时候很美，年轻、生动、乐观，很有感染力，但当你坐在那里考虑问题的时候，就进入了另外一个状态。

母性是每个人都有的，它不需要裁剪，你所需要的就是把阻碍它展现的东西化掉。我建议你要更多地满足自己天性当中乐观的、开心的、小女孩的那一面。你的内心有很天真、开心、柔美、机灵的部分，但这个部分不知道你有没有机会表现出来。年龄和内心的状态没有关系，如果你本来拥有这部分自然显现出来的时候，你的大儿子也好，小女儿也好，他们会更容易体会到你的母性。

你的大儿子有像你一样的特质。可能对于现在所处的环境，他不很安心，安全感不够，或者还没有找到自己的定位。他做事情想事情会有一些束手束脚，不能突破，又在这个迷雾当中找不到方向。而你如果也是这样的状态，两个暗的灯就不能照亮对方。

听众：我想象不到未来他会有一种什么样的生活。

李辛：只有当一个人内在的生命力，能够没有太多拘束和担心地去说出他想要说的话，做出他想要做的事，然后他才能够在这个自然的过程中去澄清一些东西，而不是停滞在那里，很多东西都不能去澄清。

只要他能够做到他是自然的，他的生命力是自然流动的，那他未来的生活一定会是他所希望的，因为他具有自我建设、自我更新和自我接通的能力。

我们不用去想象他具体需要达到什么标准，对个人的生活也不需要设定得太具体，但是可以有个大方向，可以对基本状态有一个想法。比如可以想：我希望孩子以后会很健康，能够做他喜欢做的事情，能够投入积极正向的工作，但是又不会让他很被动、很疲劳，然后他的经济状况会不错，他的周围会有很好的朋友……你可以想某种状态，不要想具体的东西。

当你想具体的东西的时候，最后可能会达到这个具体的目标，但是可能会破坏一些自然的状态，而且会失去一路上能得到的意外收获。你可以尝试去训练这个。其实，你需要表达，把自己的能量和内心的东西表达出来，比如唱歌、打球等你喜欢的方式。这样你的生命力就出来了，那时你和孩子就更容易接通了。

两个人都在有问题的状态下就不容易沟通，尤其对孩子来说，这个阶段是靠你来带动他，有时候解决不了问题的时候，就把问题放在一边，带他去玩，这也是跳开的一种方法。

放松的交流最顺畅

听众：我也有同感。可能我们太在意想要孩子达到一个什么样的目标，而忽略了陪他一起达到目标的过程。在这个过程中，我们可能缺乏耐心，因为我们有工作、有其他的事情，然后就老想着怎样才能尽快让他达到目标，这样就不会浪费那么多时间。在陪孩子的过程中，我们自己就很着急。

我女儿刚 4 岁，老二还不到 1 岁，我感觉我把焦虑传递给了女儿。她觉得妈妈压我太多了，她做不到，而且根本不想那么做。她又把这种不满意传递给我，我们之间就紧张起来。这时候，我就干脆带她去玩，每次玩完回来她都会很开心，状态都很好。

我的问题是每次都这样也不是办法。她每天精力很充沛，只会玩，没有办法静下来画一幅画，或者写一个字，她没办法集中注意力。

每次我跟她说："宝宝画一幅画吧，把你的感觉画出来，或者你想什么告诉妈妈。"她画了两分钟还没画完，就说："妈妈我不画了。"有时，她其实画了一幅很好的画，画到最后会说："妈妈，飞来了一块天外之石。"然后咔嚓嚓几下就把那幅画弄得一塌糊涂，我就很生气。她心情不好，把美好的东西破坏了。我有郁气压在心里，心静不下来，郁气也出不出去，很难受。

因为家里还有一个小的，不到 1 岁。所以，我希望大孩子最好能乖乖在那里画画，好让我安心去做饭，陪小的，小的刚好是最黏人的时候，她已经开始认识谁是妈妈，非跟着妈妈不可，松一下手都不行，黏得像膏药一样。

有时候，我知道应该怎么做。可是我一急起来就做不到了，可能是自己智慧不够，处理不了。

李辛：我们尽量不要用"智慧"与否来评估自己，这个会给自己很大压力。如果你是很敏感、严于律己的人，我建议不要用智慧、修行这些重量级词语压在自己头上。当你说人生是修行，我跟孩子或者跟老公的关系是修行的时候，其实已经很沉重了。

你问的是一个普遍的问题，但其实没有标准答案，一切都在流动，都会变化。我们不要把当下或者最近的某个阶段、状态凝固。比如她这幅画没有完成，或者被她弄坏了，孩子最近不稳定，我们会把它认为是一个固定的、不会改变的东西。

当我们能够认识到，一切东西都是在流动的，它有可能变好，也有可能变坏，即使现在不好，即使我们没有能力马上纠正孩子的问题，也不会出现永远不好的状况。

我们容易紧张是因为我们会把暂时显现的一个现象，当成一个确定不变的东西。这个在医学上也是这样，当人被诊断是高血压或者是血糖有点高，其实它很可能只是暂时起来一下，跟股票或考期货暂时高一下的道理是一样的。它还会变化，不是只会一路坏下去。如果能够意识到这些，就会有一些空间，不会逼迫自己和孩子。

再有，尺度其实没有标准，你认为安心舒服就是对的。大家慢慢体会这个状态。当你是安心舒服的时候，就是最放松的时候，你和孩子的交流就会是最顺畅的。

当我们做事情或者跟家人交流，觉得“紧”的时候，如果这个状态不改变，下一步可能就会在任何一件微不足道的事情上爆发情绪，比如小到放盐炒还是放酱油炖之类的问题。它其实是已经紧了，才会有这个结果。

所以，体会我们内心的状态。这没有标准，因为每个人的问题都不一样，但是你要体会自己安心舒服的那种感觉，这个就是你的原点。是否在原点上，你是会有感觉的。比如，你知道和女儿沟通最舒服时的感觉，你可以尝试推而广之，扩大到你生活的各个层面。先用在和你最亲近的人之间，再扩大到邻居，最后跟陌生人也能相对是舒服和放松的，其实这是我们的天性，这个天性它自然就是真善美的。

社会标准也好，孩子发育的标准也好，或者关于智力和判断力的标准，这些标准都是需要的，但是它只是一个参考。

我们所要学习的是，在孩子没有大问题的时候，不要太紧张，去体会自己和孩子以及全家最舒服的状态和节奏，一天能体会几分钟这样的状态，就能对你有很大的帮助。

先了解自己

听众：我和最小的女儿，怎么样都舒服，也特别好交流，跟二女儿也好交流，除了她发脾气的时候。二女儿属于那种不太会表达的人，等积累到一定程度爆发的时候就不好对付了。老大是男孩子，我跟老大很难交流，老大跟我的脾气比较像，都有倔劲，又特别安静，但老大跟他爸爸的关系特别好，他们俩什么都说，有时我问儿子就问不出东西，他爸爸回来可以和他说 1 个小时。

我自己也在体会，我跟我爸也都有倔劲，我们都太像，怎样才能打破我的局限，跟我儿子有更好的交流？我现在是没办法，只能光看，好在他爸爸跟他的交流很好，所以比较放心，起码有人可以跟他交流，但是我自己没有办法。

李辛：这是兼容性的问题，有的程序可以接通其他程序，有的程序只能接通对应的程序。可能你的小女儿自我意识还不强烈，是一个很自然的小孩子，很开心的状态，她可能不光对你，她跟所有人的对接都很好，而二女儿的内在可能比较紧。

我们每个人在出生时就不是一张白纸，就像用了很多次的电脑，它有以前的程序和垃圾文件。佛教里面会说前生后世，西方的心理学家荣格也说，我们有祖先的意识，还有集体无意识。不管从哪方面来找原因，总之，我们都不是新电脑，出生前就装了很多程序，而且自己多半不知道。有的电脑比较简单，只有一个 excel，比如你的二女儿，她可能属于偏 excel 这一类的，不像 powerpoint 这样图文并茂，会轻松地展现，她比较紧，目前只能处理、接通类似的信息，这时候需要你有很大的兼容性，你要放弃自己习惯的交流模式。

我们跟孩子交流的时候，一种是我们以解决问题为目的，是有目的性的；第二种是你和孩子好像融为一体，就像我们看电影，看着看着眼泪流下来了，这是你跟角色融为一体了。这时候还需要你问我答了解问题吗？不需要了，已经交流过了。

所以，二女儿不像小女儿那么容易交流，从心理结构来说，她可能需要你们更多的拥抱，可能不一定需要在有形有相的语言、行动上去交流，而是充分地接纳她。二女儿除了需要更多拥抱和接纳之外，可能还需要给予她更多关注。每个人与生俱来的内心结构是不一样的。比如，你有没有观察到她可能对别人不接纳的状况很在意，或者哪怕别人还没有从行为上表现出来，她就能够很清楚地感觉到别人接纳还是不接纳。这个部分可能是她最在意的。

听众：能感觉到，她是特别希望别人能够抱她。

我每天有好多事情，像机器在转，停不下来，有时候抱着她，心思也不在她那儿。这次回国待了 3 个星期，走之前我 1 天可以有 25 件事情要完成，回去的目的是什么都不要做，不要有计划，3 个星期就是放松。过后发现原来生活可以是这样的，之后的两周发现每天的事情没有那么多了，人的状态比较好了。

但是，现在孩子开学了，感觉又要回到机器状态。是不是应当自己主动慢下来？

李辛：这就是一开始我建议的，你们 4 个人或者一家人要形成一个“小生态”，而不是你作为妈妈不断给予。如果沟通上还有一些小隔阂，没有接通，会使得你们生活中也会有很多方面没有完全接通，这个叫“相应”。当家人之间沟通更顺畅的时候，你原来需要做的 25 件事可能只剩下 5 件事，因为有 10 件它消失了，还有 10 件呢，孩子自己解决了。

听众：老二是我家孩子里最漂亮、最可爱的一个，她是谁对她好，她就会对人家好，我担心将来她要找男朋友一定要找一个好的，否则，一个坏蛋喜欢她，她也会喜欢上的。

李辛：儿童教育，尤其是早期教育和早期的亲子关系，重点在哪里？

我们所有的学习，学中医也好，学经典也好，学德语、法语，这些都是各种营养，但最重要的部分是在他心智成长的阶段，在他 15 岁或 18 岁之后，有一个“自给自足的内心”。

所以，你或者你们全家跟二女儿相处的重点，就是要足够地给予、认同她，把这部分补足，补到她可以不在意别人是否在意她、接纳她。这样她就会在一个正常的原点去找到合适她的生活、朋友和一切，而不是在她认为最凄冷的黑夜中，靠近她的第一个男人就是她需要的。

我们要体会孩子的心理结构，必须要先对自己有所了解。不能把自己所有的语言、行为理所当然地认为就应该是这样的，就是有道理的，因为我是妈妈我爱你，怎样做都有理。

要观察你所有的爱、所有的行为，你已经习惯了很多年的表达方式，背后的心理结构是什么？是因为对自己的不认可，或是因为恐惧，还是因为担心别人不接纳自己，还是担心达不到别人的标准就会很紧张？

你自己要去了解这些背后的内在动机。当你对自己有所了解的时候，你自然也能对家人有所了解，你就能站在更深入和更完整的角度和你的孩子交流。这更核心的一层，别人没有办法帮你完成，没有任何专家能够做到，只能靠自己。

听众：有没有对儿童、青少年的教育和心理教育方面比较合适的书籍可以推荐？因为父母毕竟还不完美，虽然希望给孩子一个适当的教育，但是从自身来讲不一定能达到这个目的。

李辛：对于目前的中国家庭，华德福的教育理念可以给大家补一补课。比如《儿童健康指南》，除了第一章是讲儿童的生理病，从第二章到最后全都是关于孩子人格的发展、教育、亲子关系的，这个部分不光超越了生理学，也超越了现代的心理学。心理学在20世纪90年代之后又发展出另外一个范围，叫“超心理学”，这个部分有点像我们传统文化里关于觉察、内观的部分。

刚才提到，我们需要了解自己的内心结构是什么？不仅仅是动机，动机已经是一个结果了，只是相对于外在的语言和行为，还像是一个原因，但是动机背后还有更深的东西——我们与生俱来的那个模式背后的驱动力。

所以，除了看书，有一个更好的方法——**让自己静下来，觉察自己。**这是人生最重要的学习之一。不要错过每一次的不开心、害怕、担忧、吵架。哪怕你总是在为某一件事情吵架，如果每次都能多了解一点：这次吵架原来不是因为土豆要不要放盐的问题，也不是说今天上午他做错了哪件事情。其实，这次的不满上周就已经开始积累了，今天早上我紧紧地抓住了这个不满，把它固化了，我开始释放这一类的频率，翻出过去的类似事件，然后把对方给感应出来。

听众：是要找到事情最原始的那个起因，不是只看到表面，问题是有时候有些感觉自己都不知道？比如与生俱来的那种模式可能是因为前生或者什么原因……

李辛：不需要找过去的原因，也不需要找现在的原因是什么。比如狭窄的走廊里放了一个凳子，这个布局决定了也许有人会坐在那里，但坐在那里会不舒服，因为别人需要侧身才能经过，这就是一个基本的格局。**我的意思是不要陷到比如现在流行的去找上一辈子我是什么，这个意义不大。**我们常常希望找到一个答案，然后处理问题，但没有一件事情是孤立的，没有一件事情是互相没有关联的，如果我们的觉察更敏锐一些，就能让我们对真相有一个更完整的了解。

觉察是我们终其一生需要的学习。就像我们在 30 岁、40 岁时接人待物、处理各种复杂问题的能力，是从一两岁完全不懂的状态，逐渐学习过来的。所以不要指望我学了 3 个月，怎么还没有看透世间的智慧，不要考虑这些东西，但是你确实要花时间在这部分学习，因为这个不光是解决你现在的问题，也帮助我们释怀未来可能遇见的问题。

你想要什么样的生活

听众：我不知道自己为什么不舒服，或者不知道自己为什么爱生气。我表面上可以控制内心所有的焦虑……但是跟孩子接触的时候，孩子是纯真的，他可以感应到我的内心，尽管我控制得很好。这样就导致我急，他也急，尽管表面上看来我没有什么，但最后就变成了他静不下来，他反映了我的内在状态。所以在这一点上，我要反省一下自己，应该怎样才能稍微让他静下来，不要一天到晚这么有冲劲或者这么烦躁。

李辛：对。这个反省不是用思想去反省，其实就是让自己放松下来静一静，让我们可以有余地去观察，也许就会看到很多原来没注意到的东西。就像我们可以闭上眼睛，只是去感觉这个房间的气氛，也可以像听音乐一样，去感受自己。

你孩子的这种冲劲，说明他能量很高，很有生命力。也许他能带你去达到你没有达到的层面，因为他的力量能带你超越你的限制，所以你要增加一些让他的生命力得以表达的途径。试一试让他把喜欢的事情做够。当我不想看书的时候就去玩，玩够了以后我就专注了，这和累极了就能好好睡一觉一样。门如果处在半开半闭卡住的状态，想关也关不死，想开也开不了，那不如先把它全部打开，打开了以后就能关上了。

听众：如果让他完全打开的话，我担心会害了他，因为他可能完成不了每天指定的任务，比如学校里面的任务。

李辛：我脑袋里常会出现童话故事的场景：在广阔的草原上住着幸福的鼹鼠一家，它们的家在大树的树洞下面，还有一个很小的花园。天气很好没有老鹰的时候，它们会出来找点吃的，还会晒晒太阳，然后回去睡觉。下雨的时候它们会在靠上的树洞里呆一呆。冬天来临前，它们会存上足够多的食物过冬。它们很开心，非常快乐。有一天孩子问："妈妈呀，我们为什么不像小鸟会飞呀？""会飞是挺好的。不过，它们不像我们会储存食物，所以冬天要飞到很远的地方，这里它们住不了"。"妈妈呀，为什么我们不像老虎在草原上冲来冲去的呀？""当老虎也很好，不过我们不是老虎，而且老虎因为太漂亮，人类喜欢它的皮，所以，它们的处境比我们危险多了。"

你是谁，想要过什么样的生活？

听众：是的，我家也是这样的问题，我们的观念老是出不来。我们希望孩子每天开开心心的，爱做什么就做什么，但是社会给了他们压力。比如我们要她学习传统文化，孩子在和其他小朋友一起读的时候，不至于觉得自己太差，也愿意跟着读；要是对她要求高了，她就一句都不念了。这样对她也不好。这个假期由着她每天玩，没读过一天的书，可开心了，我也很轻松，但也不能总是这样。

李辛：家长其实是一个平衡器，既有油门也有刹车。**不要放弃驾驶员的角色。**在高速上，你是需要跟上周围的车，但孩子是否已经到了可以上高速的阶段？或者周围的车大多都往左边开，你就跟着往左边开了，会不会忘了自己要到哪里去。全部放弃和全部选择之间有个平衡点，需要你自己来找。原则就是，体会你安心舒服的状态，你可以把握的状态。

我见过有的家长处在“全部选择”的状态里，希望自己完全符合社会所有“好的”标准。

我有个朋友，她热心，也很有爱心，非常热爱生活，每个礼拜要搞一两次 party，去教堂做礼拜，常常参加教友之间的见面会、慈善会，每次还要揽下不少的事情。但是她隔一段时间就会把握不住，然后一切都开始出错，这种规律已经有 3 年了。只要进入那个状态，永远都是孩子先病，然后老公开始疲惫、焦躁，也生病；她苦苦支撑了两个礼拜，最后也倒下了。总之，一家三口常常会陷入非常状态。我问她，你们所拥有的资源原本可以过上更加幸福、更加妥帖的生活，获得更好的状态，为什么你们常常掉进糟糕的状态里呢？！

要清楚自己想要什么样的生活。

慢养孩子，让他自然长大

听众：东方人和西方人在教育上有一些区别。我们东方人都有一点焦虑倾向，可能因为很多人要求都很高，希望孩子双语都能讲好，然后又能在某方面很出色，这一点可能是造成我们很多家庭问题的所在。

所以我们是不是能够在这一点上想一想，我到底是想要孩子出类拔萃，或者是想给他平衡的生活状态。尤其我们是在双语环境下长大的孩子，平衡并不是非常容易，需要我们付出很多。

我不反对学中文，尤其我们中国文化真的是非常好，我们自己都喜欢都想学，也正是这个原因，很多家长想让孩子学习中国文化。但是以什么样的方式让孩子接受它，而且是不带逆反心理的状态来接受它，这是一个技巧和方法的问题。

像李老师刚才说的，如果自己达不到，是不是有一个借力的问题，比如借由一种宽松一点的环境，而不是靠制服，以我们的小家庭来约束她、压迫她，让她去学习、掌握。这个是大家可以一起来商讨的，也许可以把我们从自己禁锢的状态下解放出来一点。

因为我的孩子，从 8 个月起，我就开始给她读中文故事，一直读到 11 岁，每天晚上的阅读使我内心特别安静，孩子也是。而且，孩子们逐渐就对中文感兴趣了，我没有强迫她识字，整个过程就是讲故事。因为每天晚上只念半个小时，她想知道后面的故事情节，她就自己开始看了。

这个过程很有效，大孩子现在 14 岁了，她现在的中文语言能力，不光是听说读写的日常运用能力，她已经开始接触中国古文书籍，她很喜欢。我们没有强迫她学中文，整个过程中，她自己的阅读兴趣都很高。

而且，她现在学校的第一外语是拉丁语，她学习拉丁语和其他语言，也还是最好的。

有时候我也有焦虑，比如她考试成绩不好的时候。我女儿现在 14 岁，青春期，我自己特别喜欢儿童心理学，看了很多书，所以了解到在这种状态的时候，作为家长要特别让自己的心态放下来，要慢，千万不能着急。

因为我们中国人的教育，常常会有一种功利心，老是在比，他家的孩子怎么样，我的孩子为什么就不能达到这种状态？如果我们把这个东西放平稳，把孩子就当孩子，孩子就应该玩，就应该享受童年，然后等这一段时间过去了以后，孩子会自然而然到一个你想到的轨道上去。可能这就是心想事成的状态。

我特别要谈的是，因为我跟我女儿有过这么一段时间，等我自己完全跳开不管她的时候，反而觉得她对自己的要求比我对她的要求还高。

我们当时也是经历过一个很痛苦的过程，什么都放弃了。她钢琴弹得也非常好，最后她自己把老师辞了，不要再弹了。

我把自己的一些感受告诉大家，**就是千万不要消极，慢慢来。**我推荐给大家一本书，是台湾作家黑幼龙写的《慢养》，这本书对我启发特别大。

我们自己对整个生命的发展，好多人是处于无知状态的，所以在我们自己孩子的身上，有些孩子处在某个阶段，在我们的眼里会认为他们出现了偏差，其实，这种偏差会随着生命的自然发展自行调整，只要你不过度地拽它，只要给他们提供相对自然的环境，他们自己慢慢会走向生命的正轨。

但是大部分的家长，包括我们，对这个生命的发展没有概念，所以会过于焦虑，会觉得我的孩子会发展成什么样子呢？因为我们不清楚生命会有一个怎么样的过程。

李辛：是这样的。生命，不只是一个文学词汇，我们的身体一直都在变化，我们的情感、思维、心灵，在5、6岁和10多岁、20多岁、30多岁时都不一样。我们活到现在，这些部分有没有让它自然地发展呢？

这个阶段我英语进步了，达到GRE水平了，德语又到了什么水平了，或者我开什么车了，这个是有标准可以衡量的。但是，如果我们还是会莫名其妙被某些事件引动，也总是不明白为什么，甚至还会跟10多岁一样很紧张，不知道为什么，然后还很担心，还幻想。如集我们40多岁了，但内心很多部分还停留在17岁的水平，无知、莫名而没有往前发展，那我们的生命就会不平衡，这块缺失的部分就会以某一类事件不断重复发生。

如果一个人的内心处于这种不完整的状态，那他的生活肯定会出现很多问题，这些外在的障碍和内心的烦恼都是自己制造出来的。因为他不知道可以选择不去什么地方，不知道可以选择不见什么人，不知道可以选择不做什么事，那就会在错误的时间和地点，做出错误的决定，小到治疗感冒，大到在哪里生活，终其一生，都在没完没了地奋斗和忙于处理原点外的问题。

刚才谈到教孩子读书的方法，我们在国内都看过新闻联播，每次国家元首见面，新闻都会说，会谈是在亲切友好的气氛中进行的。什么意思？如果是亲切友好的，基本上什么都好谈，对不对？如果孩子的学习是在亲切友好的气氛中进行的，那肯定就没有问题。彼此舒服的状态真的是很重要。

如果你是个艺术家，如果在舒服放松的状态中，可以把最美的东西表现出来；如果你是扭曲的，或者有些地方是卡住的，那你表现的任何艺术都是扭曲和卡住的。这和技法完全没有关系。

刚才谈到一个很重要的问题，孩子在慢慢成长的过程中，他的生命会自己更新、升级，自己会下载他需要的程序，内在心灵会重新组合。

很多事情在某个阶段，可能看起来像个艰难的大问题，但是如果他内在的生命的基本结构是稳定的，他的外部环境——家庭是相对稳定的，只要这两点是稳定的，不管他以后碰到什么问题，都能够处理好，而且能够从中学习到必要的东西，这样他就永远都在自动升级。在教育上这一点非常重要。

我推荐的华德福教育，它是在近 100 年科学观察的基础上，告诉我们在孩子发展的每一个阶段，哪些部分是他需要发展、要达到的标准。这真的很重要。

比如，有的孩子在某一阶段，就需要被关心和被爱、安心的感觉补足，如果补足了，他们就可以放下这个上一级台阶，去玩更好玩的游戏了，要不永远都是在第一关里过不去。不然，就有可能出现这样的情况，比如到了 70 多岁还来找心理医生咨询 10 多岁的那一场没有完成的爱情。这是我曾经碰到过的一个案例。

这个故事对我触动很大。我的一个朋友，原来是我的病人。有一次，她问我："有没有可能给我妈妈看一看？从 1976 年开始，她每年都要送到精神病院一两次治疗一段时间。"我见过她妈妈，长得有点像贝多芬。贝多芬的长相很特别，他有很强大的生命能量，虽然他已经把这种能量通过创作音乐抒发出来一部分，但那个生命能量还是没有被充分的，或者自然地表达出来，还有很大的、爆发的力量郁积在内。

第一次见这位像贝多芬的老太太的时候，她不愿意说什么。心理治疗的原则是不说就不问。那天我就给她扎扎针，开一点中药。

很有意思，荣格的“共时性”在这件事上有很恰当的诠释。当时，她女儿希望帮助妈妈解决这个问题，我也有接手这个问题的兴趣，而老太太内心也可能开始愿意释放这些问题。她知道我是中医师和心理医生，大家共同的心愿促进了这件事情。

1 个月之后，她妈妈主动来找我了，她说：“哎呀，李大夫，发生了一件很神奇的事情，我本来以为有些事情要带到棺材里去了。”

她告诉我，她 16 岁的时候向一位 14 岁的男孩表白，但是那个男孩拒绝了她，她把这件事情深深地埋在心里。后来，那个男孩到别的地方插队了，她呢，到东北去插队了。她体力很好，生命能量很足，所以就把这个力量放在挖地上。她当年是“三八红旗手”这一类的铁娘子。

她说：“我把好东西送出去，但是没有被接受。”心里一直在想这个事情。后来，她结婚了，但这个部分呢，没有跟任何人讲，也觉得没有办法讲，她跟她先生仅有表面的交流，他们共同生活了几十年，也有孩子，但始终没有深入交流到这个层面。她的生命能量很强，但是输出的渠道又始终没有通畅，这些内在的压力压垮了她的精神。

上个礼拜，老同学聚会，都过去 60 年了，她鼓起勇气跟那个老先生说：“我当年是多么喜欢你，你为什么不理我？”结果，那个老先生就激动得不得了，他说：“我当年其实特别喜欢你，但是我不知道怎么表达。”之后，老先生说要再跟她见面。

她女儿就很紧张，“会不会发生什么事情啊？我爸爸怎么办啊？”

作为心理医生，有时候不会把社会的伦理道德放在治疗的前面，我会首先考虑怎样对这个人的生命最重要。我的建议是：如果你妈妈愿意见面，你应该鼓励他们见面，再说他们这么大年纪了，不会怎么样，就算怎么样又能怎么样呢？也很好啊。

他们在一家最庄重的西餐馆见面，老先生穿得很正式，老太太打扮得很得体。他们把几十年前要说的话都说了出来，大家都感觉很释然。后来，他们又见了很多次面。

老太太非常幸运，老天给了她这个礼物，让她能够在此生把这个圆画完整。否则她 70 多岁，某一部分还在 10 多岁的一个内心格局里，对某件事无法释怀。

她间歇性的精神病跟中国当时的其他环境和压力都有关，比如“文革”、“反右”、还有经济困难，一切都压迫得太厉害了，让人的生命力没有正面的出口，所以她发作精神病、偏头痛、类风湿性关节炎，其实都是心理未曾释放的负面能量在肉体上的表现。这件事之后，她的精神病便慢慢好了。

爱不是多少的问题

听众：我看了很多心理学方面的书，有两派观点：一派认为，对于处在青春期的孩子，应该给他们很多爱，让他们逐渐脱离父母的关爱；另一派认为，孩子应该尽早断开父母的关爱。否则，一直处在受关爱的环境中长大的孩子，无法面对挫折，心理承受能力差。

对孩子，可以说我牺牲了很多，孩子爸爸也是，我们对两个孩子一直爱护有加，她们身心也非常健康。孩子从 12 岁开始到现在 14 岁，我意识到孩子应该到心理断乳期，所以我开始注意跟她们拉开一点距离，因为我觉得她们特别黏我，对亲情的要求特别多。我在想，我们的爱是不是太多了？总有断不开的感觉。通过我自己的观察，觉得孩子没有特别病态，唯一比较病态的是她们对兔子的事情。她们有两只兔子，养了八年，她们对兔子的关爱让我觉得有点病态。她们认为我是这样爱她们的，她们也要这样爱兔子。

今天早上发生了一件事情，我差点就来不了。昨天夜里，兔子可能钻洞钻出去了。今天早上，她们疯了一样找那只失踪的兔子，伤心得像失去了亲人。我不知道到底该怎么办？再买一只新兔子吗？什么也不干了，到处找兔子？她们从早上 7 点钟起来就一直不停地找，做寻兔启事，贴照片。孩子这样是不是有点病态？

李辛：先不要说"病态"这个词。不要轻易下诊断、下判断。因为当你下了一个判断，后面和这个判断相关的东西就跟着来了。这个要非常小心。

为什么林黛玉对落花这么伤神，这么在意？林黛玉的诗为什么是那样的？还是生命力的问题。问题不在兔子上，兔子只是一个投射点。它背后的力量从哪里来的呢？不是某个具体的问题，比如兔子；也不是因为爱太多导致了这个问题。

从这个现象分析，一种可能是她们的生命力可以投放的点过于单一。就像在 20 世纪 60~70 年代，大家的生活太贫困了，所有的东西都受到控制，那大家只好顺着当时的习惯性出去写大字报，或者去战天斗地了，最后互相斗争，因为生命力没有太多其他被允许的出路。

这个部分你可以去了解她们跟这个世界，跟周围的交流是怎样的。

听众：她们平时的活动很多，比如骑马、跳舞。在学校里面，她们和各个方面的关系都非常好。我们观察了，觉得没有什么异常，但为什么对兔子的这种爱会这样？

两年前，兔子第一次生病做手术的时候，医生说它的寿命只有 3 个月了，为了不让兔子痛苦，建议安乐死。她们俩把兔子拿回来，也不去看兽医了，自己找各种各样的办法把兔子治好了，让它又延长了两年寿命。

兔子的事让我很焦虑。早上女儿跟我说："你现在最好帮忙开车，我们去周围林区找一圈"。我拒绝了，她们就说我没有爱心。我丢下她们来听讲座，不知道现在是什么情况，也很害怕回家，说不定遇到什么情况。

她们对兔子的这种爱，我从来没有见过，孩子这样喜欢动物，我也没有见过。周围的邻居也觉得孩子有点夸张，因为他们经常看见孩子在露台上给兔子打针啊、洗伤口。我看到她们从兔子身上培养起了责任心，爱心。这次回国，听说我的同学得了白血病，她们马上就把零花钱都捐了出来。

兔子这事我以前跟医生交流过，他们建议把引起焦虑的原始点切断，就是把兔子送走。我曾经试探过，但我女儿说："如果我们失去兔子，你们也会失去我们的。"这话还有点威胁我们的意思。她们的这种状况，我担心会不会是一种心理疾病。所以我想问一下，这个界限应该在什么地方？

李辛：判断有没有心理问题，不是通过某一个症状或者几个症状，而要看基本面。我们学中医的时候，比如说，这个人有失眠、便秘，或是头痛，这些只是症状，中医不是直接去治疗这些症状，而是先判断这个人的基本面。

从生理上来说，基本面就是吃饭好不好，睡觉好不好，大便、小便、出汗等排泄功能好不好，这个代表身体运行是否正常。如果基本面正常，即使有各种症状，身体自己也能够慢慢恢复，或者让医生加一把力。这个就是中医所说的比较好治的病——顺症，顺的病。如果一个病人的基本面很差，哪怕只是一个感冒，都有可能变成心衰、肺部感染、肾衰。这就是一个逆的病。

这个原理在心理学上也是这样，现在的状况，比如你认为是过度的爱、过度的关心，还有强烈的情绪反应、对抗的语言，但是我们要判断孩子精神上、心灵上的一个基本面。

我想问的问题是：第一，你觉得她们除了外在很好，也很开心，对外交流也很好之外，你觉得她们平时内心稳定吗？第二，你觉得她们内心有安全感吗？

听众：我觉得她们的内心相对稳定，可能因为到了 13 岁的时候，我稍微开始放手一些，好多事情让她们自己去做，我希望心理断乳期能快一点结束。可能有时候她们会觉得，我还是个孩子呢，为什么要做这个事情？安全感方面，她们可能有一点担心，担心妈妈给的爱比以前少了，会想为什么？

李辛：爱不是多少的问题。就像吃饭，不是一定得吃 10 个菜才能饱，不是数量的问题，是质量。可能只是一个简单的盖浇饭，但是在舒适放松的环境当中，主人很安心，吃饭的地点也令人自在，一个盖浇饭就会吃得很满足。你跟孩子可能要去考虑一下这部分，就是怎么让孩子更安心一些，或者她们的安全感再多一点。而安全感呢又回到感应的问题。

因为你比较敏感，我这么说话可能会冒犯你，其他好的方面我不说了，但有一点要提醒一下，你对你生活的不确定感比较多。这种不确定，如果你的两个孩子是比较敏感的，就会被影响到。

我们都知道，年轻的时候如果有很多不确定，最容易体现的就是恋爱，去找一个爱的投射点，把自己牢牢地套住，这时候不一定是真正的爱。还有就是遵守某种刻板的规则，比如，努力学习、从不迟到、坚持某种行为、保有某种状态，这个在心理学叫“刻板性”行为。

我们通常以为的爱，它的成分是非常复杂的。很多时候，它是多种情绪和心理情节的投射。有时候，它可能是担心，或者需要被照顾，或者对现在的生活没有安全感，或者是不确定性，或者是恐惧，或者是受到了很大的压迫，或者被环境压力所压榨，这种都可能会变形为强烈的爱。

我们内心的特质决定了我们的外在行为，一个具有某种内心特质的人，其生活的所有面向都会符合这个特质。你的觉察力很敏锐，所以你可以在这个部分去观察，比如，当你在问我给孩子的爱够不够，或者会不会多，多了会怎样的时候，问题可能是，当你自己处在某种不确定的情况下，你输出的爱，其实是掺杂了其他成分和力量，不是纯粹的，那这种力量也会使得她们有类似的情况。

内容单纯的爱是非常稀有的。

至于需要按照哪个标准，到什么时候要断什么，涉及到个体差异的问题。比如读书的时候我发现，不同的哲学家，他们的心理和身体处于某个特定的状态，就会发展出他们个人不同的哲学思想来。后来我学医的时候发现，心身强健的医生，他的方子是一个路子；心身柔弱的是另外一个路子；性格柔和的医生，他开方会比较柔和、稳妥一点，但有时候不敢突破；性格强硬一点的，他开方也会比较霸气，方向找对，往往能够治疗特别严重的病，但有时不够稳妥。

现在有那么多学说和研究者，大部分还只是某个领域的专家，还在某一个受限的立足点了解这个世界。但有时候，很多专家会把自己的东西认为是唯一正确的东西。我们做生意也好、做事也好，一旦成功，我们会以为成功的路只有这一条，然后要求我们的下属、孩子必须要这样走才能成功，其实不是这样的。

这又回到了那个问题，我们还是要学习依照内心来作决定。我个人的经验是，在我生活当中的任何决定，如果我决定完就不想它了，很安心；或者决定的时候没有动太多脑筋，那么，这将是一个合适的决定，最好的、第一等的答案。如果我一下子得不到这个最好的答案，有时是因为我自己没有达到，有的是机缘没有到，这个问题还没有到你需要解决的时候。不是所有存在的问题都需要马上解决的。有时候没有答案是在说：这个问题你还不需要解决它，等一等，还需要观察。但是如果你紧紧抓住这个问题，它就会被放大，会导致掩盖你真王要解决的问题。

当你第一等的答案还没有出现的时候，你开始思考，如果你能通过思考找到的答案，这是第二等的答案。如果你反复想反复想，然后再去看书，再去讨论，这是很次等的答案了。所以，当你心里面不是很自然的出现答案的时候，不要逼着自己去找这个答案。

听众：明白了。孩子现在比我还高出半个头来，可是每天晚上必须要抱一下、亲她一下，说完晚安才能比较安心地睡觉。这段时间这类要求特别多、特别强烈，小的时候也没有这样。

李辛：14 岁孩子的自我意识更清晰了，她的触角要跟外界接通，孩子跟你提要求，其实是她在突破过去你们的交流模式，过去她只是被动地接收，就像一只兔子，你单向给它就行了，现在孩子是跟你进行其他不同层面的交流，双向的，这是一种可能。

听众：我们小时候父母工作都非常忙，根本不可能跟我们坐下来谈心，或者整天见面拥抱我们，这也不符合我们中国人的习惯。我们中国人子女对父母的爱，和父母对子女的爱都是在心里面的，不会有这么多的身体接触。因为在我的记忆中，父母的拥抱或者安慰都是很少的。

我的孩子在德国长大，她们对这类要求特别多。我就觉得我们小时候没有得到父母这么多爱的表达，长大了以后，照样感恩父母，对父母很好，父母也很爱我们，我们也没有那么多的这个那个的心理问题。是不是我们现在过于强调这个东西了，所以孩子才要求得更多？

主持人：这个问题可能是我们每个中国人的共同问题，我们从中国的文化过渡到另一种文化的时候，不只是孩子，我们自己也会遇到很多问题。我们中国人之间的相处方式，大家一般不会有更多的肢体交流，尤其父母和子女之间不会拥抱。这是一种长期固化的交流方式，双方都认可，也不会去想要改变。但是，在西方的交往模式中，长大的孩子可能会有这个需求。

我这次回家探亲，正好遇到父母吵架，我发现妈妈有很多东西需要倾诉，情感上也需要得到安慰，后来我经常去抱抱妈妈。我抱她的时候，能感觉到她有一种不是语言能够解决的一些东西正在流出来。

我们都以为我们中国人不需要，因为我们的忍耐力很强，情感上的承受力很强，不用像西方人那样去表达和交流，但其实这些东西我们也需要。

听众：我们这一代人的抗压能力或者经受挫折的能力是很强的，不是那么容易被打垮的。但是现在的孩子稍微有一点不顺，情感上就受不了。

李辛：中国人是很抗压的，但却形成了另外一个倾向，从心理学的角度讲，持续的压力会导致麻木，会导致我们的身、心、情感中这些生命本来拥有的活泼泼的东西被压迫住了。

只要生命的任何一个层次被压迫住，都会产生一些多余的力量，所以会使得我们爱就太爱，恨就太恨，学中医的人就太认真，以为只有中医才能解决所有的问题，或者以为中医的某一派才是绝对正确的。

过去的种种匮乏，缺乏和外界的交流，但中国人确实坚持了下来，还“顽强地屹立在世界民族之林”。但是，这种自我评价你不觉得很硬吗？有一种咬牙切齿的力量，这种力量持续在个人身上就容易得肝硬化，容易有心脑血管疾病，有这样内在力量的人，当别人要拥抱、要给予他的时候，他可能还会拒绝，会认为他不需要，但实际他缺少这个。

我们需要再敏感再细腻一点。尤其是孩子，当他们要求你抚摸、拥抱的时候，他们内心需要安全感也好，他们流露出的是一个不能界定、无法表达的东西。

孩子需要爱就要满足。我在看诊的时候，经常会推荐孩子和父母互相揉一揉、捏一捏、拥抱一下。我们中国人的身体太僵硬了，因为情感和心理结构太僵硬了。

听众：我也有同感。这次回国，我们看到大家都好像是放在一个模具里成长。在德国，在机场看到的每一个德国人，你会觉得他们是一个自然成长的生命，因为他们可以按照自己的兴趣去选择专业和想要的生活。

从我的孩子，我自己的感受来说，可能有些人天生就需要很多的身体接触、拥抱。我先生是德国人，成长的环境就是这样。我们刚刚谈恋爱的时候，他过来抚摸一下背，我觉得怪烦的。后来，我慢慢适应，明白这是他的一种表达方式。我们家老二特别像爸爸，一定要有很多身体上的很长时间的接触，要抱、要亲、要搂着。

因为我父母的原因，我是跟我姥姥长大的，我觉得自己内心是比较强大的，可以撑很多，可以走很远。最主要的原因是因为有我姥姥当年无条件的爱，给我特别多的安全感，所以我可以走很远，依然觉得很有安全感。

虽然我姥姥没有抱我、亲我什么的，而我给我的孩子很多拥抱，但我给他们的，绝对没有我姥姥给我的多。每个人包括孩子们，他们需要的可能跟我们不完全一样，尤其是在这种环境下长大的，他们是更自然一些的孩子，所以他们需要这个，应当给他们，而且不会是什么问题。

李辛：对，他们需要就给他们，不要担心，这个东西不会有什么副作用。而且，我建议，也许你可以在生活中再示弱一点。

听众：对，这可能是我的问题，我老是一副强者的样子。

李辛：你是因为环境训练出来的，你可以尝试一下，如果你示弱一点，会有滋养你的东西流向你。可能这么多年有很多很好的东西流向你，但是因为你比较强，觉得你自己能够做好，不需要，那东西就流走了。

我们虽然生活得不错，可能比周围的人还要好，但是无形中还有很多东西可以更好，这个好是你能够从周围吸取到很多滋养你的东西，并且你会发现原来有这么多可以滋养你的东西，一直就在那里，不需要努力，不需要花钱，只需要接受就行了，这个感觉是很好的。

当你柔弱下来的时候，你孩子的那些问题也会同步转化。你原来可能想我不能弱，因为我还要照顾孩子，但当你弱下来的时候，你的孩子可能会强大起来，她们会来支持你，然后你希望她们发展的那部分自然就发展起来了，也不会再把她们的情感、精神全部投射在兔子上。

有的人会喜欢收集邮票或者古董，当他过多收集、过于沉溺的时候，就是说明他生命的能量，有一部分没有找到接口。任何形式的生命力都不要轻易把它发泄掉，其实只是需要一个合适的接口，找到接口之后呢，生命能量流出去，然后会有更新的能量流进来。这是一个良好的循环。

建立自然的饮食规律

听众：父母用心体会最安心和舒服的状态，这个非常重要。但我们每个人的脑子里都有套固定的程序。比如，前几天比较热，我女儿想吃冰淇淋，她快四岁了，我当时第一反应就是不行，这么小的孩子不能吃冰淇淋，会影响脾胃什么的。时间长了，我觉得这种思路有问题，让我觉得很不舒服。有一天，我就跟女儿主动提出，“我们去吃冰淇淋。”让她去选她喜欢的，我也跟着吃了一个。后来，我也不老是考虑什么脾胃的问题了，想吃就吃，这种状态让我觉得非常舒服，当然也不能过度，会伤到身体。这是我前段时间的感悟，需要用心去体会比较适度、比较舒服的一种状态。

我还有一个关于孩子健康的问题。有一次，我送孩子去幼儿园，在门口被挡住了，被告知现在园内肠胃炎病毒非常严重，父母自己决定要不要把孩子放在这里，或者带孩子回家，等过了这个阶段再把孩子送回来。我没有办法，因为我白天要工作，而且我觉得这种躲避病毒的方法有点太过了，我还是把孩子放在那里。现在一个礼拜过去了，她没有感染肠胃炎病毒的迹象，但幼儿园有些孩子感染了，有的老师也感染了。我想听听李辛老师的意见，比如在病毒非常猖獗的一个地方，又到了冬天，父母之间讨论的就是孩子生病的问题，我们怎么去面对这样的问题？

李辛：你说的这些很有意思。先说说我的一些感想，再回答这个问题。

对于中国人来说，大多数人神采飞扬的机会太少了，生机勃勃的机会也太少了。古代诗词里的“人生得意须尽欢，莫使金樽空对月”的机会太少了。这也是滋养生命的能量，让自己快乐一下也是能量，都是生命力的动能。

所以，你看孩子的脸色，只要不是太差，也没有说身体不舒服，吃个冰淇淋不会怎么样。开心了，身体的能量会运转得更好。而且冰淇淋里边有很多营养，它虽然是黏的、寒的，但是当人精神很好、体力很好的时候，是可以把它转化成能量的。

小时候我们生炉子，刚开始要用纸啊、松针来发火，然后放小木条，再放大木条，当火熊熊燃烧的时候，你扔煤也能烧，随便扔什么都能烧掉。所以不要被中医的概念给吓倒了，只是不要每天都吃。

假设孩子常常要吃，你也不用纠结这孩子今天气色算好不好？吃坏怎么办？你就尝试一下，给他吃，即使吃坏了，拉肚子了，又会怎么样呢？你就有经验了，原来在这种情况下他不能吃。下次又吃坏了，没关系，就冰淇淋这类食物，吃坏几次你就能学会，什么时候可以吃，什么时候不该吃。

关于病毒，在 10 年前，我看到美国的研究资料公布病毒不是生物体，而是一个信息片断。病毒跟细菌不一样，细菌是物质，有细胞核、细胞浆，能够吸收东西再转化。病毒是一个信息片断，它必须跟人体或者跟宿主接触之后，利用宿主已有的组织材料进行自我复制，它其实是一个程序，自己没有主机，必须跟主机接触以后利用主机来完成它的复制和传播。这一点很有意思，病毒的传播不一定通过有形有相的物质，它是信息化和能量化的。

20 世纪 70~80 年代，美国国立卫生研究院（NIH）做过一些实验，把肿瘤病毒放在两个独立而且完全封闭的玻璃容器的其中一个里，但是在两个玻璃容器外面再放一个容器，这是一个意象，表示它们虽然分开且封闭，但是在同一个环境里。结果发现，没有放病毒的一边也感染了肿瘤病毒。它通过信息层面就能过去，密闭的物质阻隔不了它。

在科学上这是新发现，在中医里这一直是很明确的。中医认为所有的病，绝对不只是物质的部分在流通，信息部分更重要。

我还不了解，德国是不是冬天病毒会多一点，在北京，冬天病毒会多一点。病毒一般会在人体能量比较低的状态下入侵，所以体质差的人比较容易感染病毒。在中医看来，容易病毒感染的人，一般偏阴性、寒性、虚性。所以食物上要小心，冬天就别吃冰淇淋等又冷又黏的东西。

听众：德国很多小孩很怕吃饭，包括我的孩子和周围朋友的孩子。我的孩子不爱吃肉，也不爱吃蔬菜，就爱吃面和米饭。我的孩子也经常吃冰淇淋，我跟她说一个星期只能吃两次，而且吃完蔬菜才可以吃。德国的妈妈主张不用管孩子，她爱吃什么就让她吃什么，她自己需要什么她知道，但中国的父母都很在意孩子的健康。

有一种说法，德国的孩子都是放养的，不注重吃，所以在冬天病毒来的时候就特别容易感染，因为他们体质比较差。一到冬天，我女儿，甚至幼儿园的孩子全部流鼻涕，病毒一来，全部倒下。有位母亲跟我说，不管孩子怎么拒绝吃饭，夏天一定要塞给她吃，身体储存够了，到冬天可能就会好一些。

李辛：这个观点还是要慎重，一日三餐，定时定量，是因为工业化革命把人当成工具的结果，而忽略了不同的人在不同的季节、温度、环境、工作强度、心态、情绪、作息等等条件下，他的消化吸收速度和运转能力是不同的。

比如，如果你是古代农村一个编竹器的，可能今天起得很早，5点钟就开始编，不需要打卡，不需要看表，饿了就吃，吃完了再接着编，编到十点半觉得累了，就去睡觉，这是一个自然的饮食和作息规律。

养过猫的人知道，猫咪很有自己的节律，你要是一日三餐，到点了，摁住猫咪的脑袋，它也不会吃，吃了也容易吐，它一定是饿了才会自己跑去吃上两口。

道家张三丰祖师有首参禅歌，里面提到“饥则吃饭困则眠”，这是符合人体自然规律的饮食作息。所以，如果孩子不想吃，不要强迫他吃。包括我们自己，尤其是当你不用上班，时间比较自由，你可以选择根据自己的生物钟饿了再吃。

听众：孩子不爱吃肉也不爱吃蔬菜，就只吃米饭，会不会有问题？

李辛：消化或者进食问题跟压力有关系，这一点不仅是中医的观点，西医也是这么看的。西医认为我们的胃肠道是承受情绪和心理压力最重要的靶器官。当环境压力、身心压力大的时候，就容易有反应。我们临床中常常可以看到工作生活压力大的人容易得胃溃疡的案例。比如，我朋友有个儿子，他们原来住在日本，孩子大概 8 岁的时候全家回到中国，孩子刚回到中国的时候只吃白米饭拌芝麻，放一点鱼粉，他只吃那个东西，而且吃了很多年。那个孩子很敏感，他跟环境的适应性不是很好。

我们先不用挖掘身体原因，还是掌握大原则：第一，孩子不想吃就不要硬塞给他吃，更不存在夏天多吃一点好过冬，这是狗熊的习惯，不是人的习惯。第二，我们的能量摄取不要仅仅盯在食物上。其实我们中国人吃得很多，食量很大，但是，从生命的其他部分、从外界、从周围环境当中吸取能量的能力比较差。第三，留意基本面。即使你的孩子现在只是吃这些东西，但要看她有没有经常生病或者非常非常瘦，体质有没有特别糟糕？

听众：没有，孩子只是偏瘦。她也经常说，“妈妈，我肚子疼”。但是，我总觉得她精力过剩。我就不明白，她不爱吃东西的人，怎么一天到晚能蹦那么长时间？她从小到大晚上睡得很少。

李辛：从你的描述来说，你的孩子就是属于生命力比较旺盛的，但你心里那种不安造成的预防性的设定需要少一点。中国的父母设定“不这样就会那样”的习惯太多了。这就等于在说我的孩子很弱小，很容易出问题，很容易生病。这种设定直接会对她的身体健康产生影响。比如，老师从一开始就设定这个孩子不够好，要严加管教，否则就是一个跟不上平均水平的孩子，这种设定会使得孩子受到很大的影响。

我最近碰到很多这样的家长，她的孩子可能很好，但是呢，家长会认为自己的孩子可能连平均水平都到不了，两者的反差太大了。所以我们需要想一想，会不会自己的设定多了？

听众：这不容易突破，当然我们也在学习突破。比如，医生说要多喝水，可是我女儿一滴水都不喝的。

李辛：一头河马每天需要喝很多水，并且还得常常泡在水里，才会更健康，而一只沙漠蜥蜴，不需要那么多水。

每个人身体的运行状态大不相同，对食物、水的需求也会大不相同。而且，人体也不光是以喝水来补充身体水分的，我们吃的米饭、蔬菜、水果，甚至空气中的水分都是能够被人体吸收的。从中医来说，阳气足、运动多的人多喝水没有问题，但阳气虚、身体有痰湿的人是不适合大量喝水的。

其他听众：对不起，作为旁听者，我要打断一下，我发现了一个很有趣的现象，妈妈看自己的孩子和旁观者看她的孩子偏差怎么这么大呢？其实我经常邀她孩子到我们家，在我眼里，她的孩子真没有她说的那个样子。

比如她妈妈说她一滴水不喝，可是她在我们家里喝水喝得很多。还有，她妈妈认为孩子很躁动，可是我看到她有很安静的时候，让人感觉完全不一样。

听众：可能是我不好的信息传递给她了。

李辛：你目前对孩子的解读也只是暂时的，如果你状态很好的时候，心里觉得我的孩子其实很不错，那你将会看到另一个一直存在但是你还没有认出来的面向。

我们看到的都是我们心里的东西，如果你持续在一个担心的、老觉得不够好的状态，问题就会一直很多，最后这个状态会固化，固化了会需要更大的努力才能改变。

对于孩子来说，她的生长环境如果是“好像我不够好，我很容易出问题，很多事情我都做不好，不能让我的父母满意……”，这个环境对孩子来说是一个制约和可能影响她一生的心理负担。

如果孩子在学校里已经受到了很大的制约，那么孩子回到家里，这种制约要尽可能地少一点。家长对于孩子的作用，就像荡秋千，不能在秋千往这边荡的时候，就推着孩子往这边跑，还要测算速度和加速度，用多少力恰恰好，不能摔着孩子，然后再推着秋千往那边跑，你得让孩子自己在那里荡秋千，最多帮他推一下就可以了。

如果你的思想时刻像全球鹰一样，所有的数据都采集着，每一个目标都在跟踪，那你其实就牢牢地把孩子控制在那里了。给孩子自由的空间再大一点，包括食物、爱好，各种习惯。我们中国人太小心，老担心孩子病了怎么样，我不能上班又怎么样，这些都不是天要塌下来的事情，但是我们会过于小心。

听众：比如我们这次回国，有很多好吃的东西可以吃。可是他什么都不想吃，只想吃肯德基，只想回德国吃那种小面包加黄油。

李辛：小孩子很多都偏食，但随着环境和年龄会变化的。我小时候只吃菜叶，连菜秆都不吃，还只吃两种菜的菜叶，不知道从什么时候开始就什么都吃了。

听众：有的孩子天天吃酸奶和零食，是不是因为这里面的营养成分已经够孩子一天所需？

李辛：对于吃零食导致的偏食，需要把零食慢慢断掉，这是食谱的问题。

偏食也是一个习惯。我们选择食物也涉及到内心的一些习惯，你可以多观察孩子的其他面向，比如他选择和什么样的同学和朋友相处，或者他选择礼物是不是也比较单一，或者他是不是宁可自己待在家里也不愿意去跟人交流。

你不光要改变食谱，不光要运动，还要观察他生活的所有面向，然后增加一些必须要增加的东西，减少一些必须要减少的东西，你自己来掌握中间的过程，随机应变。

鼻息肉和能量的流通

听众：我孩子现在 8 岁多，她非常偏食，从小什么蔬菜都不吃，可以一天三餐吃土豆泥，1 个星期吃 7 天。她螨虫过敏，还有鼻息肉，我一直反对手术，她爸爸认为要做。

李辛：螨虫过敏和鼻息肉是身体的能量过高，又没有足够的渠道运转出去，所以在身体里堆积起来了。就像家里的冰箱，如果里边食物太多，没有清理，时间长了里面会有味道，然后慢慢会形成长蘑菇的环境，蘑菇就是息肉。

我的观点是，除非是立刻有生命危险的重大疾病或严重的外伤等，否则尽量不要做手术。因为这是体质的问题，体质不改变，即使手术还是有息肉复发的风险。一旦手术失败，会有空鼻症的风险，空鼻症患者是非常痛苦的。我曾经碰到过一个几岁的孩子做了两次还在复发，因为不改善环境，蘑菇就会一直长，必须改善体质。

改善的方法很简单：饮食调理和运动。对于饮食能量过于高的人来说，需要减少高能量食物，增加蔬菜的摄取，尤其是绿色蔬菜。对于有很多能量郁积的体质，更重要的是要有非常大的运动，哪怕是强迫也是有必要的，比如她喜欢某一种运动，可以找专业的教练或者家长陪她锻炼，把身体里没有充分燃烧的那些堵住身体的阴性能量和废料都燃烧掉，身体通畅了，鼻过敏和鼻息肉就会消失。

听众：有一些中成药，比如苍耳子，是否可以用？

李辛：我建议你不要自己选用，每个孩子的体质是不一样的，不同时期、不同情况下的用药也是不一样的。先运动，不是很复杂的问题都可以通过运动来治疗，即使是很复杂的问题，运动也是一个很有效的辅助方法。

听众：大概多久可以治好？

李辛：看她的运动量，还有是否能够持续。如果她每天都能有持续的运动，比如跑步、玩球，游泳，找适合她的运动，每天至少有 1 到两个小时，坚持 3 个月，肯定会有很大的改变。第一，运动；第二，晚上那顿少吃点，尽量不要吃肉，这两点做到就可以了。

听众：不吃肉，那她就只吃土豆了。

李辛：你自己要选择，是让她吃得够营养，还是让她的健康得到平衡。

听众：她的扁桃体特别大，医生说扁桃体再长大就影响呼吸了。晚上打鼾也很响。

李辛：这些都是同一个问题。这个房间里不光是窗台上长蘑菇，走廊里也长蘑菇，所以不改变土质，到处都会长蘑菇。

听众：我女儿特别喜欢看书，她可以每天坐在那里看两本小说，连走路也可以看书。她在学校每星期有两次运动，还有芭蕾舞什么的。

李辛：她这种体质，1 周两次太少了。每天至少要有 1 个小时以上的、能够让身体温暖和通畅的运动，而且她放学回家以后呢，你要把她赶到楼下去玩，不要让她在家里看书，看电脑、电视，下去玩泥巴或荡秋千，怎么都可以，要接触土地。

听众：她的能量没有散发出去？

李辛：第一，能量没有流通起来；第二，按中医的说法，就是身体里的阴、寒、湿多了一点。一般老是看书、太安静的性格容易阴寒湿多一点。

听众：经常动、不爱看书的孩子呢？

李辛：从大类分，就是偏阳性的。

听众：那像你们做学问的人也是阴性的吗？

李辛：可以这么说，所以我们这一类人需要给自己安排很多增加流通的运动和外出旅行的机会来平衡阴阳。

敏感的孩子更需要运动

听众：我的儿子 6 岁，我觉得他过于敏感。我想知道主要的问题是在生理还是在心理上呢？比如我们去博物馆了解关于火山爆发的知识，当他看到有个展示板上显示某个地方正在发生地震，过了一会儿他就跟我说：“妈妈，你知道吗？我刚才在心里把我的朋友全部想了一遍，我的朋友没有在发生地震的这个地方。”他想得特别多，好像按照他的年龄，我认为他不应该想这么多。

李辛：这只是这个阶段的一个面向，不要把暂时的东西当成永久的。

听众：他平时的表现也是这样。

李辛：他是长得比较壮的还是比较瘦的？

听众：偏瘦的。

李辛：骨骼比较清秀？

听众：对。

李辛：这是一个基本的特点：一般比较清秀的人，神气都比较敏感；比较厚实的人，神气相对就比较稳定。这就大体决定了孩子是稳定性高还是敏感度高。最理想的就是敏感度高，也非常稳定，最需要注意的就是稳定性很低而敏感度很高的状态。这个可以作为判断我们精神特质的一个界定方向。

他的长项是敏感度高，这不是缺点，他只需要增加稳定性就行了。增加稳定性也很简单，把一个小纸杯子先变成一个硬一点的杯子，等他变成一个钢杯的时候，怎么摔都不怕了。要慢慢地、循序渐进地增加他身体的训练，让他变得强壮和有耐力，这样他的稳定性就会提高。身和心是一个统一体，这对所有人都适用。

听众：在生理方面，他是不是先天肾气不是特别足？比如他胆小、怕黑。我是不是需要做一些按摩什么的给他调一调，或者饮食方面加一点什么？

李辛：我的建议是，除非他已经有明显的症状可以界定为中医所说的病症，你再用中医的这些方法对治，否则不要先入为主。这些通过运动也可以改善。能够在生活形态上改变的，尽量从这里入手，而不要先从医学、从药物去入手。你先试你可以做的，如果改善了、解决了，就不用后面的东西了。不要小看运动，小看生活形态的改变，这些方法看似简单又费时间，但效果更扎实、更持久，而且没有副作用。

听众：所谓的解决，是指他在情感方面的吗？

李辛：我们先讲改善，当所有的方面都达到你觉得比较可以接受的状态就离解决不远了。因为你也很敏感，还有一点你要小心，因为你不光敏感，而且你对一个东西会很在意，很在意就会放大。

所以为什么我不建议从你认为的肾虚等问题入手，因为你可能会放大，从医药治疗的角度一头扎进去之后反而更不好收拾，这个要小心。我们要了解自己平时是怎么来考虑问题的，是不是一不小心就容易把它放大了。所以我们先讲生活方式、饮食调理、运动，这些基本而关键的环节。

听众：他走路喜欢用脚尖，类似这种，是不是也和这些有一定的关系？

李辛：先不管这些细节，先安排运动，然后跟他很好地交流。还有一条很重要，把你对他的专注度和敏感度放低一点，你的敏感度偏高了。如果我给你一个任务，可能只需要你做到 5 分就可以，但你可能会把它做到 10 分，这个要注意。

这个是可以改变的，这只是一个早期的应用程序，有时候容易卡住，你可以自我升级。性格是可以改变的，首先要看到自己的短板，不要老在长板上做文章。

听众：这也是我纠结的，我觉得自己的性格很不好，很难改变。

李辛：不要给自己和他人下评论，先留意自己“老是容易关注不够好”的这个习惯，然后自然就能变化。其实当你留意的时候，这个问题已经开始化解了。

当你觉得那个力量起来的时候，是不可能一下子把它完全扑灭的，但是我们以前起来之后没有意识，还会用我们的习惯思维去鼓动它，让它达到 120 分。我们先做到时常留意，然后让它降到 90 分，然后再降到 60 分、30 分，慢慢你会达到相对平衡的状态。最后你知道那只猫还在那里，但是它不会跳起来，你跟这只猫和平共处就行了，大概是这样一个状态。

如果用漫画来表现常说的圆满和解脱，就像是原来那些身心世界里的各种野猫凶狗、心猿意马、奇花异草、妙曼声色，都和谐共处在一个更大的大花园里，不凶不狂、平静相处、自足自在。

听众：慢慢在生活当中逐步训练自己。

李辛：所以我们要给自己留一点时间和空间。

听众：不是老盯住孩子。

李辛：不要老想着去解决孩子的问题，不断界定他。先把自己调得好一点，25 个问题可能真正的问题只有 5 个，其他问题可能是你自己制造出来的。

在交流中了解孩子

听众：我女儿刚 7 岁，但她喜欢打打杀杀，所有男孩子的游戏她都喜欢。她希望变成一个男孩子，我跟她说这是不可能的，做女孩很好。可是她又很胆小，甚至在白天都不敢一个人在房间里待着，哪怕在客厅里玩也不敢，我走到哪里她就跟到哪里，我在厨房做饭她也在厨房玩。她看上去好像是一个很勇敢的孩子，其实不是这样，而且她放学回家，从来不跟我说学校的事情。

李辛：你觉得她很冷峻？

听众：是，她喜欢我们夸她很酷。她从来不穿裙子，但说她是男孩子性格也算不上。我只是奇怪，她为什么会胆子这么小，白天阳光灿烂的时候也不敢一个人待着。

李辛：她会做噩梦吗？

听众：有时候会。

李辛：比如她有没有说过怕鬼啊，或者不敢去某些地方？

听众：有时候会，但不是经常。

李辛：关于她的爱好，她虽然是女孩子，但她可以做男孩子喜欢做的事，假设她喜欢，可以参加女子橄榄球比赛，登山。这个方面很好，是她需要释放出来的。

关于冷峻的问题。冷峻可能是她与生俱来的，可能是她过去带到现在的一个性格。但在生活当中，一个人发展成这样的性格是跟环境有关的。就像我们用电脑，如果你是会计，用 Excel 可能很厉害；我太太原来是设计师，她用 photoshop 就很熟练。所以，如果你在她的生活环境中增加其他的内容，能够使得她发展出其他的模式，慢慢地就不会是单一的冷峻了。

所有的性格、特质都是可以改变的，只要我们不界定、不固化这个东西，因为一旦我们界定某人是冷峻的，那我们有意无意间提供给他的都是冷峻的人所需要的东西，这样他就没有机会发展其他部分了。要了解，其实一切都有可能。

另外，冷峻只是一个表象，她因为容易害怕，所以总是不容易放松，而且她可能还不知道如何融入到大家中来，这种审慎使得她看起来冷峻。所以，这里面的重点是她为什么容易害怕。

她敏感吗？她的直觉好不好？

听众：说实话，我好像挺麻木的，我不善于跟人沟通，也不善于跟孩子沟通和玩，所以我不太了解她的状态。

李辛：那你需要试着慢慢学习跟孩子玩，了解她的状态。害怕其实有很多种可能，有的是因为肾虚，有的是因为缺乏爱，有的是过于敏感，这都只是一种可能性，你要学会自己去判断她是不是属于比较敏感的孩子，她也许能够感受环境中的一些力量，但是其他人不一定能感受到的力量，她有没有跟你表述过类似的情况……

听众：大概，她一岁多，她说她房间里有个人，但我根本没看到有人，但她就说有。我应该怎么去对待这件事？

李辛：这种现象在敏感的小孩子中很多见，有些敏感的成年人也有这种情况，但是一般的成年人会把它封闭掉，认为这是假的，是幻觉，也有害怕被当成精神病的。有的人能看见，有的人能感觉到，这个不玄。即使敏感度一般的人，也能够有类似的体会，比如某一天你去朋友家，朋友看起来也很好，大家都跟你热情招呼，但是也许你会感觉到气氛有点紧张，是不是刚才吵过架？我们都有过类似的感觉。

人的感觉其实是可以非常灵敏的，尤其是天真的小孩子，但是我们的教育和环境、社会，不需要也不鼓励我们发展这个部分，甚至是压制、否认这个部分，它就慢慢消失了，而你的孩子可能这部分的能力天生很强。

我刚才所说的不一定是全部原因，孩子的精神存在不是单一的，先熟悉你的孩子。比如她的冷峻，可能她跟外界的沟通不够，流向她的能量就会不足，也会有内心欠缺的状态。你又是她的妈妈，她就可能会黏着你。我们不要去找单一的因素、某一个结果，其实是很多东西、很多面向的组合。

敏感的孩子，如果家长有宗教信仰，我建议带孩子去教堂或寺庙坐坐，她有没有兴趣都没关系，你观察就行了，看她愿意接受什么。作为爸爸妈妈，重要的是创造条件，给予孩子适当的关注力，给予孩子一个相对稳定的、自由的环境，让孩子渐渐成长为一个完整的自己，这样的孩子就能够解决他遇到的所有问题。

人是一个鲜活的生命，任何人内心产生任何问题，或者有任何需要，有任何不足，生命自己会去寻找到他所需要的东西，而且能找到答案。这不是我们家长能够预先准备好的，所以不用太担心。

你要留意，天生敏感型的孩子，也许以后会对哲学、心理学、神学、玄学会有兴趣。刚才建议你去教堂，不是说你要带她去洗礼或者什么的，是说你可以在她未来的生活中，尝试着带她接近、探索这一类事物，也许有一天她自己就会得到她想要的东西。图书馆里这方面的书也比较多，等她到了10多岁，她可能就会往这方面去寻找。我们不都是这么一路找，找到现在的吗。**我们的一生都是在找东西，找可以圆满我们的东西，所以不用太担心。**

听众：我的孩子晚上总是怕黑，总是说："妈妈，有鬼！"我一关灯，她就叫。睡觉时，一定要开着灯才能睡得着；关了灯，她就哭，总是这样。

李辛：这个不要强迫她，如果她想开灯睡就开个小夜灯，让她慢慢适应。如果她经常提到有鬼，可以根据你的信仰或喜好，比如放个十字架，或者放幅观音的图片，或者给她戴一些有保护作用的吉祥物，会有力量的。因为每一样东西其实都是一个象征物，代表接通你所期望的力量。

听众：我应该跟她解释些什么，还是应该做一些什么改善一下？我是想减轻她的害怕。有时候我就当作一个笑话，问她："你看到的鬼是什么模样？"她会描述得很具体。我担心如果太认真的话，会让她觉得确实存在这个东西。

李辛：你不需要解释，也没办法解释，也不要把它当成一个笑话，但可以试着跟她交流。你可以带着理性观察了解，就像小孩子观察发豆芽一样，你可以跟她讨论，豆子什么时候开始发芽，它能长多高，什么时候长得最快，等等。认真应是你内心的基本态度，所谓的当作笑话，也许是我们故意回避和不愿深入探索。你问她的时候不需要太认真，可以很放松地问她，可以跟她交流，说出来就好了。

听众：我女儿 7 岁了，她一直有习惯性咳嗽的毛病，医生检查了也没有发现什么问题。奇怪的是，我们度假的时候，她就有所好转。这次我们回国 1 周多，又开始咳嗽了。

李辛：弗洛伊德说过，咳嗽是一种掩饰，是内心的不安。强烈的吸气、喘是一种代偿反应，是心里的不满。你的孩子可能心理上有一些需要化解的问题。

听众：我觉得我的孩子很快乐，在家里我对她有要求，但是上学她是很快乐的，我觉得她是非常喜欢上学的。

李辛：在肥皂剧中，大家看起来也很快乐。当你成为同学会、春晚的主持时，你也需要表现得积极快乐。她是真快乐，还是内心中隐约想配合大家，跟上形势，想表现快乐或者被快乐？这也是我们家长需要细心观察的，心理学叫应对模式。我们要留意，孩子是不是只是表面的快乐。

第五篇
调整生活形态的两件事情

寻找孩子喜欢的学习方式

主持人：我们东方人对孩子的要求比西方人相对多一点，或者强硬一点。我们家长会不由自主地约束孩子，孩子达不到，父母就会比较焦急。比如，孩子的中文应该很地道，或者应该会背多少诗词，大家是不是有类似的问题？

听众：有。但对我个人而言，不是希望孩子达到一个多高的目标，只是希望他能够每天坚持最少10~15分钟的读经学习，我不要求他学到什么程度。我孩子6岁，他今天能做到，明天又做不到，我现在的目标是培养孩子读经的习惯。

主持人：从什么时候开始这样要求他的？

听众：我们的读经班是从去年2月份开始的，老师说贵在坚持，不坚持的话就没有作用。我也在想，坚持的过程会不会是在强迫孩子。因为孩子不想坚持，他今天读一下，明天就不想读了，或者他会讲条件，读10分钟给一块糖或者怎么样。怎样能够让他自己自律地培养一种学习习惯，是我现在的目标。

李辛：这是孩子的常态，不一定会成为一个问题，除非你认为这是一个问题。

主持人：学中文，对家长来说很重要，是我们大人给孩子选择的。

听众：但如果我们不要求、不约束他，孩子可能就放弃学中文。

李辛：每次 10~15 分钟，对孩子有压力吗？

听众：有压力，因为他不想学。凡是让他做不愿意做的事情，都会有压力。

李辛：比如他学德语或者是学别的会厌烦吗？

听众：因为有德语环境，德语成为他的一种本能了。所以，我们如果不让他学中文的话，那可能就不识中文，不会说中文了。

李辛：我了解，我们都是中国人。对孩子来说，小时候就有机会接触中文，是一个很好的机会。从心理学的角度，我碰到问题会把它分成两类：第一类，要看孩子会不会有厌学的情况。如果是，那么我们找原因把它消除。第二类，是我们关注刚才那个问题的立足点。孩子现在六岁，从学习的过程来说，有两种可能性：第一种，我们给孩子定一个标准，有一个目的，那么孩子如果一开始适应不了，我们坚持一下，他有可能会慢慢接受；第二种，他会反弹，完全抗拒。

这个取决于每个孩子天生的精神结构和意志力，也取决于我们成长过程中形成的学习模式、行为模式等等，会在遇到的一系列事件中发展成不同的反应模式，每个孩子都不一样。

所以，从这点来说，孩子刚开始学习的时候，正在开始建立之后的学习模式、行为模式，都需要小心，不要因为我们成人的期望产生过大压力，使得孩子习惯运用这个模式去应对日后发生的任何有压力的事件。

假设你的孩子是属于精神力比较强的那一类，或者是比较有主见的，那么，一个强迫性质的管教方法，可能会让他在年龄稍大些的时候产生习惯性的反叛，性情会变坏。

对这种类型的孩子可以试着换一种方式，比如玩的方式，引导孩子主动发现其中的乐趣，家长不能有太明确的目标。在国内有些很严厉的国学班、读经班，有一部分孩子会因为学习环境过于严厉而丧失学习经典的乐趣。

我们成人习惯追求最后的结果，比如背了多少字、几首诗，而对于孩子来说，重点不是这个东西，重点是在这 15 分钟中，跟什么人在一起，以什么方式度过，好玩不好玩，开心不开心，有没有自主完成的感受。

假设孩子不愿意学习，可能需要从这些方面考虑。如果他反感、抗拒得很厉害，从长远来说，可先把目标降低一点，让他先跟着走，做到不使他完全拒绝就行了，然后，慢慢摸索一个能让孩子感兴趣的学习方式。可以这么说，**没有不喜欢学习的孩子，只有孩子不喜欢的学习方式。**

内心匮乏感导致的上瘾

听众：现在面临小孩电脑瘾这个问题，好像没有比电脑更吸引他们的东西了。

听众：我孩子也会拿这个作为条件，比如学 10 分钟要玩一下 iPad。

听众：现在对孩子来说，电脑比什么都重要，他们整个人、整个精神都被吸引过去，就像中了邪一样的，可以不吃不喝，甚至有的孩子死于这种状态。这是现在父母最担心的一件事。

主持人：我们家长提供孩子这个环境，让他去接触，那么他们可能就会沾染上。所以在孩子还小的时候，是不是需要有意地建立某种程度的隔离。

听众：如果早期父母也没有意识到，孩子已经形成这样的状态了。后来等父母意识到想去挽救已经很困难了，这个时候有什么好的方法？

李辛：对于成年人来说，在人生迷茫期容易有这种情况。我接触了很多有网瘾或者其他瘾的成年人，他们的生命力没有找到合适的联结和投射点。对于小孩子来说，他们可能因为得到的关注不够，他们从父母、从环境得到的能量不够，孩子与家人、老师、同学还没有形成深入内心的联结。就像一棵小树，如果它得不到周围充足的水分滋养，它的根须只好伸展出去自己找水，任何水，甚至是有毒的水都会吸引根须伸展过去吮吸。

怎么让孩子戒除网瘾呢？**最重要的一点是父母的精神饱满度，这是父母能给予孩子最好的能量。**

我们经常能看到很多人工作到像手机那样，只剩下1格电，这时可能连听东西、看东西都不太清楚了，而且心里很烦躁，不能再接纳新东西，可能还会强迫自己做一些事情，这是现代人常见的惯性透支行为。如果你是以这样的状态跟孩子在一起，那只是你的身体跟孩子在一起，心没有跟孩子在一起。按照传统的观点，你的神和气在非常低的状态，虽然跟孩子在一起，但你的神气没有照耀到孩子。

现在的孩子可能在物质层面营养很充足，但是在精神这个部分非常匮乏。这个部分是中国传统的一个观点，印度医学也有。现代心理学它只是提到需要充分交流，但这需要建立在父母精神能量充足的情况下，才有可能有效。很多妈妈会跟我说，我跟孩子交流很好，我每天都会抱他，给他读书。很多家长跟孩子在一起的时候，其实心里是想着别的事情，这是普遍现象，只是大部分家长还没有意识到。

我们成年人可以忍受或者是已经习惯了别人和我谈笑，但是心不在我这里，我们也不会认为这是一个重要的问题，因为我们是意识主导的。**但是对于孩子，他其实是心灵主导的，**当他周围的人如果心都不在他这里，家长也好，老师也好，小伙伴也好，虽然天天都在一起，但他的内心没有得到真正的满足，就可能会出现一种内心的匮乏感。这种匮乏感会表现在各种方面，比如小孩子体质不良，容易感冒；还有小孩子怕黑，不愿意一个人睡觉，不愿意离开妈妈，非常依赖，或者会害怕周围环境，等等，这些现代医学的症状、中医学的症状，或者心理学的症状都不是原因，是能量缺失的结果，它的原因非常需要得到重视。

所以，我们的家长首先需要先检查一下自己在跟孩子相处的时候，是不是只剩下一格电？是不是上班的时候已经把能量消耗光了，回到家已经没有能量再关心孩子了？

没有能量就需要补充。从传统中医来说，这个世界的能量可以分成两种：一种是社会能量，一种是自然的能量。社会能量会让人浮躁起来，就是中医所说的“开”；自然的能量除了有开的一面，还有能够让人沉静下来的一面，就是中医所说的“阖”。

我常常会建议家长，在孩子放学之后让孩子到楼下去玩泥巴，不要老是待在房间里。如果是周末或假期，能够带孩子到自然的环境走走，山里面住住。这是一种习惯，习惯背后是一种连接。当我们的身心跟一个低能量状态的环境，或者是剥夺你能量的环境、人、事连在一起久了，那最后的结果是很可怕的，它会使你的能量慢慢漏掉。

当人在低能量状态的时候，就更难从不良状态里跳出来。就像我们的电脑内存不够时，不容易从死机状态里恢复一样，很多成人戒除不了网瘾，或者戒除不了某些习惯的情感模式，也是因为他的能量过低。

最好的“充电”模式，不是去看医生，而是可以选择这几个方向：第一，跟大自然待在一起，但是要做到你的身和心都要在那里，把手机关掉，思想也放慢一点。第二，你要谨慎选择和你在一起的人，因为能量是互相交流影响的。第三，可以跟能够唤醒我们人类神性的东西相连接，比如教堂、寺庙，这是疲惫的人回到原点和获得能量的外在方法。

内在的方法，大家都喜欢学习传统文化，比如静坐、站桩，或者书法、古琴、儒释道。写过书法、弹过古琴，或者打过太极拳的人会有这样的体会，他最终不是去表达哪个姿势、哪个音调有多么准确，其实是他在表达过程当中，他能知道自己的每一个动作当中，有没有专注的能力，还有这个过程被干扰了多少，这些都是在训练我们学习往内走。这样的训练，有点像现在心理学中的自我身心反馈疗法。反馈，就是你当下知道自己在什么状态。

这些都是大概方向，大家顺着思路，自己去选择。**作为家长，精神饱满度的建设非常重要。传统文化不光重视伦理、道德这些东西，也重视精神的建设。**如果家长对这个部分没有概念，或者说还没有习惯运用，那就容易在生活中的各个部分出现问题，孩子的问题只是其中的一个显现而已。

疾病在所有层次同步显现

听众：李老师，您是中医，也看儿科，那您的治疗方式是什么呢？会跟心理咨询结合起来吗？

李辛：一个病最后形成是因为多种因素，绝对不是我们现代医学认为的单一因素。比如，中医说这个人是因为受寒了，而且肝肾不足导致的病症，而西医认为是病毒造成的，看起来好像原因完全不一样，其实是看问题的角度和深度、广度不同，之后治疗的切入点就会有所不同。

“病”是我们生活的总体质量的呈现。在具体治疗的时候，如果是偏于物质层面的，那我会建议可以从西医方面入手；如果这个阶段是以能量层面为主，或者改变他的最好方式是从能量层面切入，那么首选从中医入手；如果这个病除了物质、能量，它的启动点和精神事件有关，那么从心理学的角度去入手就会对机一点。

任何一个疾病都会在物质、能量、精神所有的层面同步显现。比如头痛，看起来是在物质层面，但是它启动的原因可能在心理层面。心理层面解决完了，内在的原因去除了，他的能量层面还有些偏差，比如肝阳上亢，或者肾气不足，或者肝经瘀滞，再从能量层面去调整。

听众：有些病人，比如涉及家庭问题或者社会问题，已经超出医生的范围了，这时候应怎么解决呢？比如说一个离异家庭，可能对孩子就有一定的负面影响。

李辛：对，这种情况很常见。如果病人来看中医门诊，显然他是有身体方面的具体症状，那我们首先用一些外在的方法，像针灸、药物，把这些症状暂时消除或者是减缓。但是要彻底消除，肯定需要进行深入交流，比如离异家庭心理方面的交流。

人生病是不可避免的，我们碰到的大多数的病，其实只是一个暂时的过程。我们从医生的角度，会把病分成两种：第一种，这个病不治自己也会好的，早晚会好，而且不会有危险。第二种，如果我们不及时处理，会有大问题。一般来说，至少有一多半的病人都是属于不治也会好的这种。

中医讲身心一元论

听众：儿童教育的问题大都是一些常见的问题。从中医的儿童教育观来说，您觉得应该注意些什么呢？

李辛：中医其实没有独立出来一个儿童教育观，因为中医是心身一元论。

中医最早起源于道家，从中医涉及的范围来说，偏于能量层面和精神层面。而我们现代医学、现代科学，或者我们熟悉的社会教育是立足于物质层面，所以切入点不一样。我们经常看到中医和西医会打架，其实只是个人在打架，因为人都有认知上的盲点和偏执。

这有点像我们传统文化讲的，我们先要认识自己，然后回到本位。其实，我们一生都在面临选择，如果在合适的时候做出了合适的选择，可能有些问题就不一定发生了。

那么关于儿童也好，成人也好，在中医来看没有太大差别。因为中医认为心身其实是一体的，我们这个年龄的大部分在国内学过点哲学思想的人，受到的都是心身二元的教育。所以大家会把它分开来，认为心和身是独立的。比如我读的那个专业叫“心身医学”，它已经看到心身之间的关系了，但它讲的是“心身相关”，是唯物的二元论。

神质有定、散、清、浊

在中医来看，“心”、“身”是生命的两个表现层面，一内一外两个舞台。我们都知道舞台上表演的东西只是最后的显现，重要的是舞台背后的积累。舞台背后的那个东西呢，在中医来说主要是两个因素：

第一个因素，能量，即中医的“气”。

当人的能量比较低的时候，精神和身体运作的流畅度都会下降，就会出现各种层面的问题，比如健康问题、情绪问题等等。在培养孩子学习的方面就会出现儿童教育问题，但是这些问题往往不属于教育范畴。我处理过的关于儿童的有心理问题、教育问题、沟通问题、学习困难等等。西医对这些具体的问题，有很多的界定指标，有很多测验的量表，但这些也都是结果，不是原因。你在一堆结果里面只能找到关联，不能找到原因，但很多科学研究的“阶段性成果”，让大家误以为结果 A 就是结果 B 的原因。

气是我们的能量，比如，当我们的手机或者电脑电不够、内存不够的时候，很多程序没法运行。小孩子注意力不集中，有时候就是一个非常简单的原因——他的能量不够。增加能量就能改善注意力不集中这个结果。

第二个因素，中医的“神”，它和平常所说的“精神”类似。

从小孩子的精神状态来说，可以分成两种，一种是“定”的状态，一种是“散”的状态。我们中国文化很重视这个问题，这个“定”在心理学中是“稳定性”，一个“定”字可以解决很多问题，神定的人比较容易放松。

小孩子经常生病或者有生理、心理、学习方面的问题，你去看心理医生，他会有一套方法；看营养医生，可能诊断是缺锌和缺钙；去看自然医学，可能需要吃一点核桃花精什么的。不同的专业好比不同站点的管理员，他们可以解决某一专业领域的问题，会给你某一套解决方案，但你最好能在起始站点就发现问题。

如果孩子精神不太稳定，光这一点，就可以导致以后很多的问题，而且可能变化无端，反复难愈。如果这一点没有改变，不管是用中医滋补肝肾，养心安神，还是用其他的方法，效果都不会好到哪里去。

刚才说了治疗有不同的层面，每个层面都可以影响其他层面，但是你要去找此刻最关键的是在哪个层面。有的病在物理层面，但是原因在能量层面；有的病在能量层面，原因可能在心理层面。

这些东西大家先有个概念就行，当你们发现自己或周围有孩子出问题的时候，不要出现点对点的思路，也不要被某位医生或朋友专业领域的点对点思维所限制或误导。

这也是件有意思的事。我发现，“定”的人神气往往比较饱满，往往考虑问题比较周全，身体也比较健康，情绪也比较稳定。他即使没有学习什么中医学、心理学，但是他不太容易有点对点的思路，也不太容被外界所影响。

所以，大家平时要常常留意自己是“定”还是“散”。

如果你是“散”的状态，你的心身、你的生活包括工作都会出现问题。“散”的时候的情感模式也是一个特殊的状态，比如感情方面有缺口的人，就很容易被感动，容易坠入情网，然后就会不顾一切。

学习中国传统文化给我们带来的好处是，它能让我们体会复杂事物的关键点。

我们对自己都有某种程度的觉察，除了神的“定”和“散”，我们也要留意我们的精神是处在相对“清”还是“浊”的状态。

听众：神质的定和散是不是很难改变？

李辛：可以改变。要一下子“定”当然很难，我们可以先“聚”。

这个涉及到教育的问题。比如有宽松的教育法，也有严谨的教育法。

对于散的人，需要在某个阶段学习以专注、严谨的态度来面对周围的人、事、物。而且在不缺乏爱的状态、心智也相对清晰的时候，在这个阶段进行相对整肃的训练是必要的。有的孩子可能还处在需要爱、需要关心的状态，过早地给他整肃，不一定能达到目的，而且会带来另外一些副作用。

对于未成年的孩子，如果还没有条件直接训练精神上的“定”，比如静坐，在生活中练习觉察等方法，最简单地训练“定”的方法还是身体的运动，运动非常重要，很小的孩子不需要强烈的运动，如果是10几岁的孩子可以做稍微强烈一点的运动。从小让孩子专注地玩和做好手头的小事，也是很好的训练“定”的方法，比如搭积木、洗碗、剥豆子……

神质比较散的，身体也比较单薄，又是高敏感度的孩子，我会建议家长在孩子很小的时候，就送他去学习传统武术，从站桩开始，还有太极、打坐等，这些训练就能让他变成一个相对定的人。如果没有这样的环境也没有关系，他喜欢打网球也很好，找个好的教练教他，打得好就会有兴趣，培养成有规律的运动习惯。

一个神质稳定的孩子，他的身心会比较健康，也比较有能力自主。

听众：游泳可以吗？

李辛：可以，游泳适合比较强壮的，不容易感寒受湿的孩子。当肉体被强化以后，能量也会强化，而肉体和能量的层级高一点，人就容易定一点。这个道理在小动物中间很容易观察到，当强壮的大狗碰到小狗，永远都是小狗很激动、很紧张，或者装出凶猛的样子，大狗都很淡定。

听众：对于定和散、清和浊，我觉得无法确定，没有特别具体的感觉。散是不是干什么事情都容易注意力不集中？

李辛：对。

听众：我觉得我的孩子身体是属于比较厚的，6 岁，没有经过什么训练就能打侧手翻，俯卧撑能做二三十个。他是属于身体素质比较好的孩子，但他定不定我无法确定。什么样的表现才是散呢？

听众：散是不是气虚阳虚的状态？

李辛：精神的定散和气血有一定关系，比如同一个人，在他气血虚的时候更容易散。

比如你跟孩子在对答、做事的时候，就可以观察、体会他的神气是定还是散。你们俩是用思想在问这个问题，但是有些东西思想是达不到的。

比如我们去听音乐会，是用思想还是在用我们内心的感受在听？你用思想的话，可以去查阅这个曲子的说明书，第一乐章是什么，第二、第三乐章是什么，然后可以读到这个作曲家是在什么年代，在一个什么样的悲惨的生活下，怀着一个怎样的激情把它写出来的。这个是思想，拷贝的形式。

但假设你手头没有这些资料，怎么办？你可以更自由地听音乐，你都不一定需要知道今天的曲目。但是，每一个曲子，它是开心的还是悲伤的，是激烈的还是压抑的、挣扎的，都是能听出来的。

听众：孩子是定还是散，得用心去体会。

李辛：而且，**你要先体会自己，然后再体会孩子。**

听众：我好像体会不到自己，我觉得自己属于散，无法体会自己是清还是浊。

李辛：当我们心是散的时候，我们的思维也必然是散的。而且，正是因为我们自己没有办法体会自己和周遭，让我们失去了自己的原点和对这个世界比较不偏颇的感知。这时我们才会去求助于专家或者求助于这些量表。量表是可以参考的，但是，还需要有一套自己的东西。

听众：我觉得我的小孩属于比较稳定的，我是比较散的。我应该怎样去应对这样的小孩呢？是不是应该稍微放手一点？

李辛：有时候母亲和孩子只是我们的一个身份。我是母亲，你是孩子，但真正重要的是心的状态。

我们不要强迫自己去扮演某个角色。比如我是医生，你们正好愿意听医生讲话，我就讲我明白的部分。但碰到做饭、修理，我会很老实地听我太太的话，因为这部分我不懂。

所以，当你跟孩子相处的时候，我们要注意，不要以自己的意识为中心。因为你的意识可能只是目前社会共同意识的片段，就是社会里一个相对固化的标准，一个并不绝对准确的、有待发展的价值观，其实就像网络上的共享信息一样，你呢就是一个终端，你从里面下载，变成了你的标准来要求孩子。标准有它存在的必要，因为我们要跟社会接轨，也不能显得太古怪，但是别把它当作一个很严重的、唯一的东西。这需要我们去平衡。

这里的重点是，当一个人处于相对“定”或者“放松”的状态时，他的判断往往不会有问题。所以，当需要做决定、我当时的状态又不太好，或者大家都决定不下来的时候，我会等待，或者听最定的那个人的建议。

听众：我的孩子身体比较厚，他到周末或者平常有时间就急切地想找他的小伙伴玩，好像自己无法定下来，一闲下来就问：“妈妈，你能给我的小伙伴们打电话吗？我能找他们玩吗？”不停地这样问。这样是不是处在一种散的状态？

李辛：第一，即使是，也是正常的，我们每个人都有过这样的状态。

第二，如果要界定是定还是散，我们要了解孩子的常态，平时他在做喜欢的事的时候，能不能稳住？如果能的话就没有问题。

为什么会出现周末的时候急切呢？你的孩子如果是很厚的，他应该气是比较足的，声音也是比较响亮的。这里面有个原则：有能量的人，不管是肉体还是心灵，在自然状态下，他倾向于打开。

开和阖，这两个字很重要。身体只有在有能量的时候，才会开，没有能量的时候，就会收。这是身体的自然状态，但现代人被意识带动得颠倒过来，没有能量的时候，还逼着自己“开”，这就会生病。

《红楼梦》里面的人物，薛宝钗其实是身心比较稳定，能量也比较足，所以她能“开”，能接通不同的环节。林黛玉其实没有能量，所以就会封闭。

你的孩子存在这么一种可能，他本身能量很足，身心都有资源开，到了周末，他的生命力要往外发动，而且他愿意去跟其他的人接通。这个其实不是不定，这是生命力旺盛的一个正常反应。

听众：是。但他跟陌生人在一起的时候又很腼腆，好像缺乏勇气跟人接触，不是特别大方的那种。这个跟他所谓的开有没有矛盾呢？

李辛：腼腆也没关系，他才 6 岁，正在学习以什么方式与人接触、与外界交流的阶段，他会在这个过程中找到他自己安心和舒服的方式。你的孩子体质不错，能量充足，身心都倾向于开，以他有能量开的格局来看，他不太容易变成一个封闭的人，这是他的大方向。

我们在了解孩子的体质、神质和交流模式后，对他的教育也好、生活也好如何选择就会比较清楚。

回到中医儿童教育观的问题。我们首先要知道，和西医不一样的是，从中医的角度来看，每个孩子各有不同，体质、神质、环境等诸多因素组合成了万千不同的状态。

关于神质，就是掌握“定”、“散”、“清”、“浊”这四个字。神质“清”的人通常也有很高的敏感度。一个人的神质如果清且定，这就是国之栋梁。如果他又是温暖的、给予的，那他就具有非常大的正面的影响力。

传统文化讲感应，神清，就很容易和圣人之心相应，自然就能够接通文化的法脉等对整个人类有重要作用的东西。

听众：敏感好像不是一个好词，是吧？

李辛：敏感只是一个特质，如果是高敏感度但又是散乱不稳定的，那生活有可能会变成悲剧。有一些艺术家可能属于这种，但真正伟大的艺术家是能够跟人类最美好的东西接通的，他必然是既清且定的。很多现代艺术其实表现的都是散乱的讯息，表现的是小我和扭曲、紧张、冲突的力量。

中国文化多好，“清定”两个字就把最要紧的东西讲清楚了。

假设一个人的神是散的，那他所要做的就是应用一切可能的方法，让自己从“散”变成“聚”。我们先不说定，定是要达到的目标，聚是趋势。这里面其实不需要什么心理学知识和中医知识，或者很高的国学素养，重要的是我们所选择的生活形态。

调整生活形态的两件事情

生活形态的调整很简单，你只需要做两件事情。

一个是“收摄身心”。

如果一个人已经很久不能睡好觉、处在焦躁的状态，那么，喝酒、熬夜、看电视这些必须要避免，电脑、手机也是能少用尽量少用。还有前面说的运动、去自然环境，这些都是必须要养成的新习惯。什么会给能量减分和加分要清楚。

散的人要聚起来，很重要的一点，他需要进行一些专门的训练，最简单的就是做比较有规律的、专注的运动，尤其是慢速的运动，比如太极、易筋经、八部金刚、瑜伽，训练的同时收摄身心。

长时间的静心散步也是个不费什么力气的好训练，如果把各项运动比作各大菜系的话，散步就是一锅温养细微经脉的慢火老汤。每次散步至少 1 个小时，慢慢走，走到身躯和四肢末梢温暖、手指鼓胀才算到位。注意不要看手机、听音乐，也不要聊天。气容易浮在上面的人，走路的时候可以关注脚底涌泉。

清而不定的人容易散，必须要有运动和肌肉训练。物质层面的肌肉强健一些，精神上的稳定性就会同步增强。因为身和心是一体的，精神散的人容易软弱和迷茫，身体也不会太好，这是一个很容易观察到的现象。所以中国人讲“增强体魄”，体是物质层面的东西，这个魄就是精神层面的东西。

另一个是“自我觉察”。

它能帮助我们解决很多问题。中国人为什么没有发展出心理学，没有发展出各派哲学？因为不需要，不是中国人不会，如果稍微接触一点佛法，读些佛经，打打坐，在生活中去练习“觉察”，你就能了解佛法里面的东西远远超越现代哲学和心理学。

当我们有所觉察的时候，自然就会知道自己是定还是散，是清还是浊，随时都可以调整，随时都可以改变，就不会偏得太远。

浊是什么状态？有的孩子或成人的思维、眼光都昏昏的，迷迷糊糊的，身体里面堆了很多杂质，情感、思想也有很多杂质。怎么办呢？先让食物清一点，所处的环境清一点，所接触的信息清一点，所交往的朋友清一点。

当你消化不好的时候，平时晚上吃 5 种菜，那你这个阶段做个减法，吃一两种菜。过多的杂讯也容易让人变浊变散。中国古代说的慎交友非常重要，老是跟浊友在一起你也会变浊，你周围的朋友如果是喜欢打坐、瑜伽、书法、古琴这类的，你不会太浊。

体质和神质的关系

听众：体质跟神质是什么关系？

李辛：中医所说的体质，不是西医指的身体物质层面的品质、性质，中医说的体质其实是能量的特质。

能量的特质，首先也是有清和浊的区别。这个我们很容易体会。比如蔬菜和肉的区别，茶和咖啡的区别，林黛玉和张飞的区别。林黛玉和薛宝钗相比的话，薛宝钗要浊一点，但她稳定一点。我们不要判断清和浊哪个好哪个不好，知道自己的特质，发挥自己的长处，弥补自己的短处就好。

能量的特质，除了清和浊，还有一个是虚和实。

有的孩子天生能量比较少，也有天生能量比较多的，会出现什么状态呢？有三种组合：他的形，他的气，他的神。比如他身形很大，看起来像张飞一样的大块头，但是他的气可能是比较虚的，神是比较紧的。

按照中医来说，人体分神、气、形。其中，神是第一位，它决定了能量的状态和虚实，能量再决定身体，身体只是最后的舞台。

神有先天的定散和后天的训练，体质有先天的强弱还有后天的调养因素，即使体质不足，只要神定神足，这样的人比较健康，即使生病也容易恢复健康。**“定”是第一重要的。**

听众：“定”从性格上是指表现得比较理性，从来不提问题的那种吗？

李辛：这不是“定”，只是外表很理性，但是内心有可能是紧收或者惶恐的。

听众：“定”，是不是在一个人的思维和行为上表现出一般意义上讲的比较理性的那种？不很冲动，经过思考才会做出一定的反应。

李辛：对，比较定的人会相对稳定、理性，也不太容易被周围的东西干扰，能够持之以恒地去完成他希望完成的事情。

我们经常说肾主志，这个肾，不是西医指的肾脏。一般来说，志坚定的人，肾的能量是比较强健的，能够坚持不懈地去完成他的志向。

刚才还有一点没说完，我们都知道，孩子生下来有一个特定的体质，中医来看，是因为他有独特的神质和能量特质。这有点像新买的电脑，出厂时的程序和配置，早已安排好了。

如果他没有自我认知并发展，也不让别人来帮助他认知和发展的话，他就是一台机器一套程序用一辈子了，没机会升级换代，所以他会有什么样的性格，哪个阶段会得什么病，可以预知。

中医是根据体质和神质来判断一个人未来的健康走向和疾病预后，中医治疗也是建立在这么一个背景上，并不是看到一个症状就见招拆招，治疗是有不同层次的。缠人的症状缓解之后，真正的治疗还需要考虑问题背后神质、体质上的不协调。比如头痛，只是外在表现，其实原因是内部出了问题，它表现在头上，因而出现了头痛。如果只是把头痛的症状去掉，这些力量还在那里，等到这个力量转移了，表现在肝上，就是肝病，但也许要过3年以后才出现。很多医生和病人只关心现在的头疼能否停止，看不到如果发展下去，后面还有肝病或者脑血管病等等更麻烦的问题。

比如张飞活到五六十岁，如果三国都平定了，他不用打仗也不再骑马，又吃得太好，就容易有脑血管病、糖尿病。他又爱喝酒、吃肉，脾气又很强，年轻时阳气很足，但年纪大了，阳气一下降，吃得好又不运动，还容易有痛风。

我们要注意身体是厚还是薄的，相对来说，厚的人会定一点、实一点，存货多一点。薄的容易散一点、虚一点。只要是身体形质厚的，这一点，就决定了以后容易往这个方向走。

所以我们周围有类似张飞体质的朋友，需要注意什么呢？保存阳气和身体的流通。第一，养成有规律运动的习惯；第二，中年以后尤其要注意节制饮食，平时的饮食清淡一些，晚餐少吃一些；第三，减少看电视、电脑和熬夜。有机会可以找一个好的针灸师、按摩师、中医师不定期调理一下，不要等到病了再去看中医。

我坐诊的时候，有一部分并不是病人，他们很明智，每隔两到三个月来看一次，和我聊聊，目的是咨询和听取建议。预防和调理比治病容易，也省钱、省精力。

张飞是厚的、实的例子，我们再举一个虚的、散的例子。林黛玉如果没有早早得肺病去世，也没有通过饮食、情志、运动等方法调理，她也会出现别的病症，比如偏头痛、神经衰弱、失眠、严重的痛经，到了四五十岁还可能会有心悸、脑供血不足，有可能一生都是蔫奄奄的。能不能改变呢？可以。

她的形质比较瘦，比较薄，如果要把这个形质建设得厚一点，我们会建议林黛玉先每天散步两次，每次1小时，把阳气输布到全身，这样不会手脚冰凉，对睡眠和胃口也有好处。等两个月后，体能增加了，再加上每周做两次瑜伽，选择经典、舒缓的瑜伽，或者每天练习太极半小时，在动的过程中体会神气的均匀和静定。待体质、心质再上一层之后，可以再增加一些肌肉运动，如做做哑铃、俯卧撑、仰卧起坐等等。

在强身健体的过程，不光是肉体层面在重建，她的能量层面也在重建，这就是阳气渐旺、神意渐舒、形质渐丰的过程。形质建设的过程，同时也是在强化她的精神、心理结构和强度、广度，不会一件小事就堵在心里。

如果她到了这个阶段，就不用苦巴巴地等贾宝玉，会以正面的方式回应贾宝玉，即使最后没有等到期望的结果也不会觉得有什么大不了。因为身心扩容的她，童年的痛苦记忆就不会那么重压，寄人篱下的感觉只是人生的一个阶段，未来的路看起来宽得多，不会以负面的方式对待贾宝玉，也不会用负面的方式去对待所有的人，大家都会喜欢她，她的人生会有不同的结果。

听众：贾宝玉是因为林黛玉病恹恹的样子才喜欢她吧。

李辛：对。我们可能会因为内在没有化解掉的某种力量，而想去扮演一个保护的、给予的角色。有没有可能，双方互相给予平静的、偏力少一些的爱？

给孩子饱足的情感

听众：这是我的孩子，他比较单薄，人倒是挺定的，但是很内向。他小的时候，为了他的个性问题，我都快得忧郁症了。我担心他有自闭，可能是我想得太多。

李辛：他会怕黑吗？或者一个人睡觉会害怕。

听众：现在还好，他小的时候会害怕。后来，我觉得作为成年人，需要把自己的焦虑放开，可能因为我焦虑太多，对他会有一种投射。

李辛：不光是投射，和某些孩子见陌生人会腼腆一样，这其实是感应。比如我们跟某些人在一起，能够一下子放松下来，而跟另外一些人在一起，就会容易紧张。我们成年人会用意识来说服自己忽略这些，但孩子是以自己的内心在生活。

李辛：他平常会很黏你吗？

听众：特别黏。

李辛：这时你会怎样做呢？

听众：有时候让他黏一下，有时候让他走开。

李辛：你让他黏的时候，心里面是想让他黏着呢，还是在想：太黏了，我不能惯着他。

听众：确实有这个心态，因为他那种黏度很强，常常会有陌生人说："男孩子这么大了不要再黏你妈妈了。"我对别人的建议已经算是抵抗力比较强的了，因为我觉得我的孩子跟别的孩子不一样，他可能这个阶段就需要这种情感多一点。因为他是早产，发育一直比一般的孩子要慢一点，虽然他现在长得这么高。

其他听众：但是他智力特别超常。

听众：也没有。但学习确实比较好。

李辛：神质清的人智力通常会比较高。你的孩子在这个阶段还要给足他，这个部分是他的短板，不要考虑周围的杂音，如果你在他的童年期给他补足，他这个部分就平衡了。你是直觉很好的妈妈，平时和孩子相处的时候可以留意一下其中的变化。

如同饮食在身体中的吸收和代谢，情感和爱这个部分，你给足了以后，也会转化成纯粹的能量，滋养和通畅他身心各个部分的需要。但如果这个部分不够的话，物质营养再丰富，他也可能表现得病恹恹的，精神上的不饱足可能会导致身体上的问题，也会导致以后很多选择上的偏差。

从发展来说，不饱足的孩子到了10几岁的时候，可能会出现两种不同的现象——要不就是比较封闭自己，裹足不前；要不就是太容易投入感情的寻觅当中。而从小饱足的孩子，在情感方面，比较容易在一个平衡自然的状态。

听众：以前我在比较焦虑的时候，跟我先生交流过这个问题，他认为孩子没有什么问题，他说如果你给孩子正确的引导，随着他年龄的增长，他会去看一些书，会得到一些精神上的力量。我先生也对儒家的这些学说比较感兴趣，他说孩子有自己的精神追求，有自己信仰的话，就不会有什么问题，他觉得我是过度焦虑。他们俩是同一类型的人，以前我不太了解他们这一类型的人，所以我会焦虑，后来我觉得我先生就是这样的人，所以他知道这样的孩子应该是一个什么样的发展状态吧。

李辛：你先生说得很对，他的态度是非常正面和自然的。你只需要给予他，不要因为他现在的状态好像不够完美而过度焦虑。只要给他一个饱足的情感环境，然后让他慢慢长大，他会有很强的后发优势。教育的目的，不只是让孩子学会这些知识和学说，这些东西其实只是一些原材料和碎片，而最终这些东西需要我们精神的消化吸收，才能成为生命的养分。

当孩子消化不了的时候，可以先不要给很多指导和要求，要跟着他的状态调整。最重要的是帮助孩子在10岁之前建立一个相对健康、饱满、稳定的一个精神结构，有了这个之后，他在长大的过程中能够平衡地发展他自己。

心理学经常讲精神的发展，就是在内部发展出一套自己的程序来，而且这套程序还能继续升级、发展。

当孩子像小猫一样黏你的时候，你就把自己当成一只大猫，安安然然地陪他，这样就能滋养他。不要去评价：这么大了还黏我，然后让他走开。这样并不能让他早点长大，你先训练这一点。

听众：最近我在学习气功之类的方法。

李辛：那你可以用观想来给自己的内心做更富足的准备。比如你可以每天在孩子睡觉的时候，观想一朵莲花给他。或者，虽然有时孩子不在你身边，但你可以观想你抱着他，这个很重要，是无形能量的传递和给予，现代的量子物理已经有大量的实验数据来证实它的存在。

哪怕你现在在听课，你心里一想到他，他能接收到，特别敏感的孩子能感觉到，但不一定能意识到，但是对他会有效果。所以我们在任何时候，再忙都不要忙到忘掉自己，也忘掉了对你重要的人。

再忙再累，都要把你自己和重要的人放在心里，这就是古代说的“神光照耀”。

家长需要清晰和稳定

听众：我的孩子比较单薄，我想通过运动来改变孩子的体质，但孩子也不擅长运动，我后来想想自己小时候体育也不是很好。对于一个体育不好的人，让他多运动其实挺受罪的。他现在在学游泳，还有溜旱冰什么的，但是他在学校里的体育成绩不行，那是另外一套要求，体育老师很严格。一年级结束，他最差的就是体育评价。

李辛：体育老师有固定的量表，爆发力、耐力、技巧、柔韧性、平衡感……这些体能和技术层面的东西我们先放一边。对于孩子的健康来说，如果体格稍微有一点单薄，能量还不够，我们需要找到让他的能量提升一点的办法。

慢跑不需要什么技巧，重要的是培养“动”的习惯。可以每天安排慢跑，每天做20个下蹲，或者做俯卧撑，定一个孩子稍微努力一下就可以达到的目标，大家可以一起做，有个能让孩子看见自己进步的记录表，做完了还有蛋糕吃，像玩儿一样先培养兴趣和习惯，等他体能好一点，你看他喜欢做什么项目再选择。

从中医的角度来看，如果是过于单薄的孩子，游泳不要作为运动的第一选择。环境太寒，身体就要消耗能量去抵抗这个寒，就像你的车油和蓄电池本来就不够多，还要在寒冷的环境开。慢跑对各种情况的体质都很合适，冬天慢跑注意不要出太多汗。

听众：对于身体厚的孩子，应该怎么调整？

李辛：不用特别地想怎么调整，你先了解他的需要。

听众：让他自然发展？

李辛：这里面有两个问题。

关于身体的问题。体质厚的人永远需要有更多的运动习惯，这是第一点；第二点就是不要吃得太多，不要养成暴饮暴食的习惯，尤其是晚上那顿不要吃太多，因为体质厚的人容易堆积，造成堵塞。

关于教育的问题。所有有关孩子教育的选择都是由父母来决定的。但人的选择常常很不确定，比如上哪个学校，在哪定居，甚至跟谁结婚，什么时候要孩子，等等，都是不确定的居多。

在这些不确定性和由此而来的诸多可能性面前，我们的选择跟我们当时的状态有很大关系。我们能发现，在我们的状态相对清晰、稳定度相对高的时候，我们的选择余地就会大一点，前面的路也看得清楚一些。

我们不可能学会所有的学科，也不可能把所有学科的专家找来问一遍，他们也不一定比你更了解你的孩子。随便听一个专家的建议是不理智的，无论是你读到的、听到的，包括我现在说的，只是提供一个参考，完善你对某一件事情的理解，因为每个人的理解架构和角度不一样。你最后还是需要更多地观察、用心体会孩子，才知道怎么帮到他。

现在，大家对神质和体质的判断有了一个框架，接下来要留点时间给自己、训练自己，经常观察自己的清晰度、稳定性，是散的还是定的，是清的还是浊的。我们无法要求自己永远在清、定的状态，但至少需要知道自己最近有点不清晰，也不太稳定，有点散……这就已经是一个很清醒的状态了。

只要有这个状态，说明这辆汽车行驶没问题，油有没有我知道，电池有没有我也知道，刹车也没问题，司机也算清醒，乘客也比较健康，大家都在路上，你不用想我要不要再调整些什么东西，往前开就行了，你会发现你的需要是什么。

听众： 我家孩子唯一的问题是戒不掉吃糖！他自己知道吃太多糖对牙齿不好。他早晨说：妈妈，我今天就吃两块，我先吃一块，你拿一块等会儿再给我，到了晚上他又把一盒糖都吃完了。他知道这样做是不对的，但控制不住自己。

李辛： 厚重的人喜欢糖、肉、口味厚重之类的东西，而越是清秀的人就越容易成素食主义者。这个在传统文化中叫“同气相求”，是一种感应，这个部分你去硬性阻止他吃糖不一定能够奏效。从心理学的角度来说，强硬的管制会造成事件在心理上的放大和固化。

可以有两种途径来解决你担心的问题：一个是通过增加他的运动，足够的运动能完全消化他喜欢吃太多糖而摄入的多余养分；另一个是引导他发展自己的兴趣，这是一个自然分散和化解孩子对糖的过度关注的有效办法。我们一生中总有一段时间会特别喜欢某一样东西，当时好像很难放掉，这很正常。孩子一路长大，一路往前走，小时候的习惯自己就会改掉。

人的注意力是很有意思的。比如我在这个小房间，我眼前只有这个，我就吃这个，或者我只能搬搬桌子写写字，把地板擦一擦，因为我可能还没有机会了解什么更好吃，什么更有意思。我们眼前关注的东西决定了我们精神投在哪里。但如果当我被引导离开这个房间，我就有可能去做点别的事情了，这一点大人、小孩儿都一样。

低能量的妈妈和女儿的害怕

听众：我有三个问题，两个是关于我自己的。一个是我想打坐，但老静不下来。第二个是我的耳鸣很严重，医生建议我戴助听器。

李辛：你的年龄？

听众：40 多了。

李辛：助听器可能还不是必要的，助听器是放大外界的声音，耳鸣是内在的问题。

听众：我的耳朵以前查过，听中文没有问题，但是听字母类的语言就有问题。

李辛：这可能不是单纯听力的问题。你是纯粹听不清楚，还是你可能听得清楚但是大脑处理不了听到的内容？

听众：我听不清楚，而且现在耳鸣比较严重。

李辛：从什么时候开始？

听众：耳鸣从小就有，以前不是特别严重，近一年来比较严重。

李辛：你睡眠好吗？

听众：有时候睡得很好，有时候不好。

李辛：你一般几点钟睡？

听众：没有一定，早的话晚上 9 点就睡了，有时候又会比较晚，比较没有规律。

李辛：比如你昨天就睡得很晚？

听众：是的。这个怎么看得出来呢？

李辛：这个很简单，你们观察她的眼神，看看是聚的还是散的。你们两个坐在一起，大家看她们两个的眼神，这就是聚和散的区别。除了眼神，另外从气色和皮肤、肌肉也能看出来。你其实散得太厉害了。

听众：是的，我知道自己很散，但我不知道该怎么聚起来。我很清楚自己的状态，但是没有方法解决，而且一到生活中，马上就忘了。

李辛：当一个人能量很低的时候，就比较难把自己聚起来。所以要小心，能量低的时候容易进入一种恶性循环。越聚不起来就越容易忘失，然后就更聚不起来，整个生命能量就一级一级掉下去，衰老和疾病也是这样来的，不过是问题就有办法改变。我们说点具体的方法：第一，你需要每天晚上 10 点钟前熄灯睡觉，有没有可能做到？

听众：这是我的目标，但有时候 10 点睡可能反而睡不着。

李辛：那我们就再宽一点，10 点半能不能熄灯？你有工作吗？

听众：我在家里做翻译工作，还上点课。

李辛：那其实不算太忙，可以自由安排的时间比较多。第二，有没有可能晚上 8 点半以后不要碰手机、电脑。

听众：这个对我真是太难了。

听众：手机、电脑会不会把人弄散了？

李辛：如果我来写童话，我会描述每一台电脑连接的背后有一个魔鬼，它靠吸食人类的精魂和能量来使自己长大，其实现实中差不多就是这样的效果。所谓魔鬼是我们内心没有平衡、过度发裹的力量，不管看起来是正面的力量，还是负面的力量，只要失偏过极了，就需要留意，所以中国传统讲“中”。

听众：这个我特别能体会，有段时间好像没有事可做，天天上网看视频，其实到最后心里很有罪恶感，又非常失落，但是又无法抽身离开。

听众：对于我们来说，晚睡是一个普遍的问题。比如白天做了一天的事情，然后当小孩子上床睡觉了，差不多 9 点钟之后的这几个小时才是真正属于我自己的时间。

李辛：我原来有个好朋友，在 IBM 工作，是个拼命女三郎，晚睡晚起，不合理安排生活和作息。她跟我一样大，我认识她的时候，33 岁的她头发已经全白了，精神很震荡，身体也耗得严重。那时，除了她的生活和工作的内容、比例和节奏出问题之外，精神也处于半崩溃状态。她想改变，下定决心暂时停下一切跟我们一起去藏区做志愿者，回来后她开始转变，两年之后把工作辞了，现在在北京开素餐馆。后来，她告诉我，觉得自己活过来了。

合理安排自己的工作节奏，养成好的生活习惯真的很重要。比如 9

点以后才是你自己的时间，那你 9 点以后有没有可能不坐在电脑前耗费你的精力，而是到户外去散散步？这就是一个很简单的给自己充电的方法。道家认为月亮和夜间天地的能量对人非常重要，在有月光的夜晚，我们有时间就出去走一走，接一接天地之气。

晚上天地间的自然能量是阖的，而白天和社会间的能量都是开的。如果你让自己一直开，而且到了晚上应该阖你却还在开，就会散掉，然后就会虚，能量变得薄弱，生命就是这样消耗掉的。

我们有自然的充电场所，为什么不去呢？哪怕没有自己的院子，就在小区里走一走，在马路上走一走，看看树，看看天，这就是在阖。这才是真正的补，比吃人参、虫草、鹿茸什么的好太多了。我们要跟天地联系，跟自然、花草、土地联系，这是人人都可以做到的简单方法。

恕我直言，你现在的记忆力和思维的清晰度，离你最好的状态可能一半都不到，这会使得你现在的工作效率变得很低。如果你把自己阖回来，会发生什么？你可以在更短的时间里把你原来需要很长时间翻译的工作完成，而且你生活的所有面向都是更清晰和更高效的。而你现在的状态可能只有 40% 的能量，是一个低效高耗的模式，这需要转变。

你的这个状态我也曾经有过，我们每个人都可能会经历，而且现代大部分人都处于这个状态。我经常问我的病人：你能不能痛下决心，去做一个简单的改变？

在这种状态下，我们看西医、中医，扎针、吃药，任何治疗的效果都会打很大的折扣。不改变自己状态的病人是医药行业的投资人最喜欢的病人，因为可以让你 1 周 1 次来复诊，每个月再做两次心理咨询，做几个疗程针灸，中药先吃 3 个月。然后继续过着原来的生活，心里安心了一点，因为得到了“治疗”，可以仍然照着原来的路走下去。但是，最后还是会走不下去的。

改变状态很简单，得到自然的能量也很简单，找个简单的开头，把你围棋受困的子往外冲一下。比如你做翻译的工作，有没有可能带着你的电脑，背一瓶水，找个公园、湖边或树下去翻译，工作的时候，还能得到周围自然能量的支持。

我的一个朋友是一家瑞士跨国公司的总负责人，有一天，他的脚肿了，很痛不能走路，他已经支撑不住了，但因为有个重要的项目正在进行，不得不去办公室开会。我跟他提了个建议——能不能这几天把开会地点移到你家边上的公园里，就在草地上开会好不好？结果那一个礼拜都在草地上开会讨论，然后他好得很快，而且他的同事们也很高兴。

我们容易被自己的思想和习惯限制住。像你不坐班，是自由的，你可以再自由一点。你只要做到：第一，10 点半睡觉；第二，8 点半以后不用手机、电脑；第三，接触自然。然后，你的能量就会阖回来，工作效率会提高。到那时，你再去检查你耳鸣的状况是否一起好转了。

听众：我女儿现在老是害怕。1 年前，她快 7 岁半的时候，我跟他爸讲有一家进小偷的事情，她坐在车后排听到了。之后，她就老是害怕，老觉得会有人来家里偷东西。现在，尤其是晚上，她不敢从一个房间到另外一个房间，或者到比较远一点的厕所，上厕所老是要叫我一块过去。

李辛：你判断她的体形是厚还是薄？

听众：我还不会判断，她体质很好，不太生病，但是她体育不好。

李辛：判断厚薄很简单，她是肉形的还是骨形的？

听众：是肉形的。

听众：对这个厚薄的判断我也挺困惑的，比如我的儿子应该算是骨形，偏瘦的这种，但是他运动还蛮好的，体质也不错，也很少生病，是属于厚还是属于薄?

李辛: 只要是结实的，那就是偏厚。但从神气来说，你的女儿属于敏感型的。要分清——形有厚薄，神有敏感和稳定与否。

听众: 是的，她绝对敏感。

李辛: 稳定性呢?

听众: 不定，有点像我。

李辛: 再有一个，你觉得她的神气足不足？精神足不足?

听众: 她睡觉比我要多一点，但是好像不能说她神气很足，有时候也很散。

李辛: 只要是容易害怕的孩子，一般都是神气不足。按照东方的传统观点，神气就是我们的光，如果你房间的光太弱，只能照这么一小块，周围都是黑暗。她的神气照不到周围，周围都是黑暗，所以她会害怕。

真正的大英雄、大领袖，像甘地、特蕾莎，他们的神气都是很大的，但不是逞一己之私心、谋略，而是给这个世界带来和谐和关怀。

听众: 这没法培养?

李辛: 没有办法一下子培养出来的，但可以发愿，先照亮自己和家人。

听众: 我有个同学的变化就很大，小时候可爱哭了，是一个比较害羞的人。高考落榜复读了1年后，人就变了。他后来考上了公安大学，做了一名在公安局工作的人。我觉得人怎么可以有这么大的变化？我一直弄不懂。

李辛: 有些人因为过于不喜欢自己的状态，会在生命的某个阶段做一个决定，和他的过去告别，一刀两断，然后他就会变成另外一个人，呈现一个和以前完全相反的状态。他并没有回到平衡的中点，其实是走到了天平的另一头。

这种不一定是好现象，因为人的过去，不管是光荣还是丑陋，其实都是生命的一部分，接受并允许它自然地改善，回到中点的障碍就会小一些。我碰到一些病人，他在某一阶段做了一个决定，和过去切断之后，好像他的根就没有了。如果这样，他还是可能受日后遇到的某些事件的影响，出现严重的生理和心理方面的问题。

人的变化其实是潜移默化的，不要来这种决绝的改变。因为决绝的改变是意识层面形成的东西，但是跟灵魂、跟内在没有接通，这个是很危险的。

你女儿的问题很简单，就是神气不足。我们说一下 U 形管原理，一家人其实是一个 U 形管，当你的能量很低的时候，全家的能量都不会太高的。

听众：这个状况怎么改变？

李辛：就是我刚才说的那三点。

听众：必须我先改，她才能会好？

李辛：是的。

立足内心，建立生活

听众：开和阖、定和散、清和浊这几个概念，是不是开是不好的，阖是好的？定是好的，散是不好的？还是并没有好坏之分，而是要达到一种统一才算是好的？

李辛：中医跟西医或者现代科学相比较，有一个非常不同的特点：所有的东西都只是相对而言。比如饼干，你给一个已经撑得要吐的人吃，对他来说就不是好东西；可是对于一个特别饿的人来说，它就是一个好东西。所以没有好或不好，如果这个人已经开过头了，他就要阖，如果他开不出来，那他就需要开。

听众：最后要达到一种中庸的状态？

听众：一个平衡状态，所有的东西都是这样。

李辛：是的，没有好坏之分。春生夏长秋收冬藏，昼开夜阖，聚散两依……我们现代人之所以得病、失常，是因为失偏造成的，把握平衡就好。

你刚才问打坐的事，你为什么打坐时坐不进去呢？按照南老师的观点，你现在的重点还不是打坐，是休息和睡觉。人太疲劳，神气过散的时候打坐反而不太容易，你的能量不够，能量够才坐得住。

听众：李老师，说到睡觉，我有个问题，我们家很多人都有神经衰弱和睡觉的问题，到了30多岁，基本都会出现这种状况，很难入睡，又很容易醒过来，白天就显得浑浑噩噩。我不知道根源在哪里，每个人的解释也不一样。

李辛：你们家人可能都比较敏感吧？你是非常敏感而多思的人。

听众：是的。平时白天我先生上班，我做很多事情，自己带小孩。现在我自己睡眠的问题已经改善了很多，但家里其他人没有得到改善，还有两个人在长期服用安定，还跟家里其他人推荐。他们认为没有别的办法，只有这样才能够解决失眠的问题。

李辛：其他的人我还不了解，对你我多说一点，你有焦虑的问题吗？或者有很多挣扎的、矛盾的心理？

听众：我觉得以前是，现在状况改善了很多，还算是比较中庸的人，也喜欢读一些关于哲学之类的东西，它帮助我把这个世界打开了很多，我是比较容易纠结在一个问题上，但我也会去找一些开导自己的办法，让自己可以去慢慢消化。

李辛：这很好，你还可以做些减法。

听众：减少一些事情，还是……？

李辛：减少一些事情，包括减少学习各种流派或者各种哲学、各种宗教。因为你也是可以直观把握的、直觉型的人。问题是你可能不是很相信，或者还没有习惯于立足在你的直觉和你的内心感受来建立你的生活。因为这个原因，你会觉得有点找不到方向，或者是不知道自己的原点。

作为一个补偿性的行为，你去追求社会所定义的真善美的东西，但这些都是第二层次的，都是通过语言或文字等媒介之后的东西。而你，其实是可以直接就到那里的。要直接通往哪里呢？对于你这个阶段有两点建议：**第一，做减法。**因为你现在依靠的这些东西，对你来说不是一个必需的拐杖或者是救命稻草，你如果用它们把自己的生活和时间填满，就没有时间面对自己。**另一个，你可能需要更接纳你自己。**

听众：能说得具体点吗，怎样算是接纳自己？

李辛：昨天我们还开玩笑讲到，我们从小受的教育，是鼓励我们向有限的几位榜样学习，告诉我们这就是成功，而没有鼓励我们独立思考，自主地按照我们自己的天性和特长来探索和发展。

在童话故事里，如果我们不是一条龙，或者一只凤，而是一只鼹鼠，那我就在草原上找个合适的地方打个洞，安安心心地过鼹鼠的生活。太阳大的时候我就出来晒太阳，肚子饿了我就去找吃的东西。也许我还可以做小鼹鼠的老师，教他们如何躲避老鹰和其他的危险。我很开心，也不用费太多力气，我可以大多数时间都在睡觉，也不会有太多的担心，我按着鼹鼠的节奏在生活，面对鼹鼠的问题，实现鼹鼠的理想。因为我是只鼹鼠。

也许有小鼹鼠问：妈妈，你看那边的马跑得多快多帅啊，我们要不要跟它们学奔跑？或者说：妈妈，你看那边的孔雀多漂亮啊，我们要不要也去找一点羽毛插在身上？

对于我们来说，不用去适应那么多的标准。你有很多东西都已经具足并且知道，但是你不一定能够按照自己的直觉和内心的感受去相信你的判断和建立你的生活。

听众：我觉得在现代社会，甘心做鼹鼠是很难的。我做我的鼹鼠，你做你的凤凰，真要做到这一点，必须要有定力。

李辛：可能先得体会到错位的痛苦，才能清醒一些。我在北京的时候，观察身边的很多人，转换成动画片，其实他天生是一只猫，或者一只羊，或者是一只鸟，或者是一匹马，但是很多人都喜欢顶一个老虎或者大象的外壳，这种错位会导致痛苦和不安。我们回到了那个问题，觉察的问题。

听众：觉察以后就更痛苦了。

李辛：但从此就可以调整了。有时候我们处在痛苦和不安当中，但不一定认得。

曾有妈妈们问："教育孩子的标准在哪里？上多少课的标准在哪里？"这标准在于你内心的舒适度。我们每个人，尤其是女人，都知道什么叫舒服和安心。做任何事情和任何决定，你觉得比较放松和安心，就比较不会有错。可以以这个作为你的标准。比如，你在有些地方待着会不舒服，或者和有些人待在一起也会不舒服，坚持做某些事情也会不安心或疲劳，那就不用强迫自己，可以对自己好一点，允许自己离开、退出、放下。其实就是这样。

对于习惯把话压在心里的人来说，有些话不一定愿意说出来，但是，说出来并不一定会伤害到别人，说出来气就通了，你自己会舒服、安心，并且也能让对方了解你的真实想法。顺畅的表达不只是为了你自己，是为了双方沟通无碍。精神和能量层面没有阻碍，对睡眠和健康都会有帮助。

睡眠的问题代表内心的不安，或者自我意识、社会要求过于强大，内在的需求被忽略了，也有可能代表有一些重要的事情还没有面对、没有完成。

在中医来看，叫阳不入阴，或阴不足以涵阳。“涵”就是接纳和融合。

听众：关于睡眠，我也有问题。11 年前我在国内念书的时候，从来不知道什么叫作失眠，也不觉得自己会做梦，或者是不知道自己做梦。但是自从来了德国之后呢，有半年时间，基本上就是看着时钟一圈一圈地转，就是睡不着。现在终于能睡着了，但是每天都做无数个梦，而且这些梦没有什么关联，就是一些根本不可能的事情。

有一天梦到我在德国坐公共汽车，车上的人都是我大学同学，这是根本不可能的一件事情。另外，梦里零零散散的一些碎片我能在醒来之后回想起来。我去看了一个医生，他告诉我肝经有问题，所以影响了休息。

李辛：肝经有问题是经络方面的解释，如果你去看西医，可能会说你是因为交感神经亢进，或者荷尔蒙的问题。只要去查，都能查出一些标签问题，它们各自代表从某一个角度看到的问题，但这些问题已经是结果，不是原因。

你的生命力是我们今天在座的人里面最强的，神气是最聚的。你的自我意识，还有清晰度、定力都很强。这些特点，如果对于像辛弃疾或者李白那样的人就没有问题了。第一，他们是男性，约束相对少一些；第二，他们可以喝酒，可以打仗，可以装疯卖傻，横刀立马，这个生命力就有了出口。

你的自我约束很强，而且具有清晰思维的模式，当你进入一个新的空间，但你的生命力还困在旧有的模式当中，没有找到合适的出口，这可能是你睡不着觉的一个原因。

就中医来说，肝是负责人体能量的流通，肝主木。什么叫木呢？木代表不受限制的生长和流通，如果生命力的生长和流通受到了限制，就会产生内在的压力，所以中医说，你的肝经有问题。肝经淤滞其实是这个意思。

听众：是不是在白天的生活中它无法疏通，然后在睡着的时候就表现出来？

李辛：对。有各种解决方法，最简单的方法是你需要有更多的运动。

听众：我确实运动比较少。

李辛：而且最好是有发力的运动，比如打网球比打乒乓球更适合你，长跑比散步更适合你，身体上的突破能带来精神上的突破，但是这对你来说，也还只是一个暂时的疏解。你需要更大的草原，要从鼹鼠的状态变成一匹马的状态，因为你不是鼹鼠。

听众：我一直都在打洞。

李辛：我们都会做一段时间的鼹鼠，但是以你目前的精神和格局，需要更大的空间，鼹鼠的小窝，对你来说已经不够了。所以认识自己是一方面，去做是更重要的一面。

孔子在现代人眼中多半是温文尔雅、非常绅士的，其实他除了崇文，还有尚武的一面，骑射都是他的长项。仁智勇，没有勇，真正的仁与智，是很难达到的。

本末源流，把心定下来

听众：我有一些问题。我上大学的时候，每天做各种各样的有意思的梦，比如破案什么的，我曾经记过1个星期，后来放弃了，事情太多了。另外，我有肩周炎，肩膀很痛，我妈妈也有。我戴隐形眼镜，这几个月眼睛干涩，不舒服，怎么能够把我的近视治好？

李辛：你同时抛出了至少三个不同层面的问题啊。第一个关于意识流的问题，比如你是画家，可能会属于印象派，或者有诗人的倾向，你的精神特质是这样的，是属于发散型的，它能飘到比较远的地方。这个是你的长处，但同时它会造成散的格局。

为什么你容易眼睛干呢？这和神气散也有关，神气散会导致能量流失。所以你也需要多休息、早睡觉，给生活做点减法，电脑、电视少用一些。你也是很通的人，你的流通度可能是我们这些人里最高的。

听众：什么是通？

李辛：通就是在精神层面和能量层面，与周围交流沟通时，流通量比较大，速度很快，障碍和边界比较少，但同时保护也比较少。就像湖水和大海之间的堤坝比较浅，海水一涨潮就直接进入了湖里。通的人直觉比较强，你一定有很好的直觉，也许还能提前预知一些事情。一般的收音机只能接收10个台，你可能可以接收100个台，虽然信息量很大，但是也很消耗能量。

神气比较通又比较散的人存在一个问题，就是怎么把这些信息有序化。对你这样的人来说，产生这么多跳跃信息的原因，就是接收得太多。你脑袋里的想法，有些是你自己的，有些不是你的，是其他地方来的，或者是周围的人，或者是某个时空，或者是过去。但是，你作为接受者未必都能分清楚，这个需要训练，不然会带来信息过度和混乱的问题。

听众：这是不是灵异体质？

李辛：不是。是高敏感度，而且不够稳定，所以就得增加稳定性。给你的建议和刚才那位女士的建议其实是一样的。等你稍微再有点精神，就需要打坐了，打坐能够帮助你们聚起来，增加稳定性和鉴别力。

聚起来之后，对于这位来说，工作效率会更高，对于那位来说，能在世间完成很多事情，因为她的精神力有突破性和建设性。但是，你目前的精神力还不够，某些潜质还没有条件实现，但对于你来说，你的神气聚起来之后就能把灵感啊这些东西，转化成一个很有意思的创作，也许这是你能够带给大家的东西。

听众：我以前在读研究生的时候，宿舍的同学跟我说，你应该把你的梦都记下来，我做的梦跟她不一样，她是破案，我梦到我在高山的绝顶上练武功，还梦见我开一辆跑车，后面有海浪在追我，我还挺高兴，因为它追不上我。现在这种比较有意思的梦，不怎么做了。

李辛：我们传统文化里面有提到"本末"。这些梦的显现其实都是"末"，虽然也是一种相应，我们可以花时间去研究，比如发展出一套睡梦心理学，或者睡梦文学。但是中国人为什么不发展这些东西呢？因为传统认为这些都是末。

《大学》里面说的"知止而后有定"，先把心定下来，定下来之后，才可能有明晰和实现的可能性。凡是从我们内心出发的想法，都将会有合适时间、合适的方式、合适的条件把它完成。

而现在常常有很多人那么辛苦或盲目地去做某件事情，而且往往在尚未清晰之前就预先设定某个目标，认为必须完成某一步，才可能实现下一步。这是线性的思维，是现代媒体和大众认为正确和被鼓励的模式，但真正的生活是立体的，有无限的可能性，需要我们在静定一些之后，才能有所选择。

最好不要发生这样的情况，我们开着一辆比谁都快的跑车，但是开错了方向。

《大学》里面还讲“安而后能虑，虑而后能得”。等到你定下来，你就比较容易找到你内心的原点，由此出发，来发展你生活的各个面向会自然些，冲突少些，更安心一些。

听众：我的肩周炎怎么来自己调养呢？

李辛：你的肩周炎只不过是能量不够了，这里没电，它带不动了。所以当你的能量收回来了，它就会好。如果你去花精力治局部的话，局部会好，但如果整体能量不够的话，其他地方也会出现问题，因为身体的电不够用。

听众：是的，我最近脚趾也有问题。

李辛：你只要抓住最重要的——调整内心、调整生活，让自己身心能量提高。先把这个东西抓住了，然后让你的身体自己来解决所有的这些问题，如果还解决不了，再寻找下一步的方法。

听众：那么，一只鼹鼠就只能有鼹鼠的格局，是这样吗？

李辛：你的问题似乎是建立在“鼹鼠是小的，而小的是不够好的”前提下。不要小看鼹鼠，它在童话里常常是个智者，肉体很小，心灵广阔。童话并非只是幻想，童话是现实存在的原型。

我们容易被局限于有形有相的思想，我们看到的是鼹鼠住在这么一个小洞里，个子那么小，鼠目寸光。但是，世界上的每一个东西包括我们和这个杯子，所有东西都在不停息地交流互换，不光是有形有相看得见摸得着的物质，也有看不见摸不着的无形无相的信息和能量在交流和互换，这些看不见的能量的流动，也使得我们可以移动我们相对固定的象限和格局，允许我们有可能变化和成长。

精神的发展是可以很开阔的，生活也有多种可能。现在的阶段我是只鼹鼠，那我就先做好鼹鼠，然后，如果我想发展，未来可以是别的。就像刚工作时我可能从小职员做起，但如果我想发展，就不会一直是小职员。

听众：您现在跟我们每个人接触是凭感觉呢？还是凭您过去跟别人打交道或者看病和做心理咨询的经验呢？

李辛：立足于经验的用处不大，有时候反而会成为一个受限的阻碍。我来之前，并不知道我要讲什么，因为我还不知道你们是谁，所以开始的 5 分钟我也不知道该讲什么东西，需要彼此先抛出几个问题互相沟通一下，有共同感兴趣的话题，才能找到对话的方向。

这就是因缘聚合，大家神气和心意都聚起来了，就可以一起去尝试解开平时困惑我们的问题。所以这些讲课内容不是我讲出来的，是我们一起把它给展现出来了。因为你们是希望深入的人，平时已经在思考和澄清这些问题。

听众：我前一阵子刚从国内回来，这次我去了家乡贵州，从小长大的地方，还去了省会贵阳，我在北京也生活了很多年。这次回国，我集中地跟所有不同时期的同学聚会。我发现，现在最羡慕在家乡的那些同学，他们过得比较无忧无虑。

虽然他们也都要在社会上为自己的前途奋斗，但就一方水土养一方人这个道理来说，可能我离开自己的家乡越远，消耗的能量就越多。我在想这个问题。

李辛：你自己要知道你是谁，然后找你合适的地方，做合适的事情。

听众：可是我们可能回不去了。

李辛：那倒是不一定。

听众：鼹鼠，可以是一只非常快乐的鼹鼠；但是一只老虎，可能是一只非常悲摧的老虎，找到你自己的好状态就行了嘛。

是不是必须素食

听众：您认为饮食必须清淡一点吗，是不是素食会比肉食要好一些呢？

李辛：要因人而定。单纯从身体和精神上来说，食物偏素一点会使我们的身心流通和稳定一些。

按照中国的传统，包括印度的传统，都认为食物如果比较清淡，比较简单，它产生的杂质就会少一点，对身体和精神的阻碍就会少一点。烧木头和烧柏油出现的烟和气味是不一样的，同样的道理，说明食物的选择还是很重要的。

整体的健康还涉及到个人的情绪、生活方式、运动量等等，如果只是单纯从饮食所影响到的精神或者能量的角度来说，素一点为好。这是一个循环，素食能够使人心性平和，而心性平和的人比较不需要肉食。而从众生平等的角度来讲，不吃其他生命会使得我们更容易安心。

但在现实情况中，选取食物还是要根据我们现阶段的状态自然渐变，如果我们内心并不平和，还有许多东西要去抓取，还想控制自己和别人的欲望，那么，这么一个高耗能的身心模式，如果选择素食，那只是一个意识上的选择，这样的选择可能会给身心带来一些损害。

是否吃素是一个自然的过程，最好和你的内心状态相合。我不赞成强迫把自己和孩子变成一个素食者，这么做的话，即使你素食了，也没有太大意义。因为，**你在生活的某个点施加一个强迫的压力，那么，这个压力会不可避免地蔓延到生命的其他层面。**而且，你可能身在其中却毫无觉察。

听众：我有强迫过一段时间，但是不可避免的，因为别人请你吃饭，你说我不吃这个，不吃那个，最后还是得接受自己不喜欢的东西。

李辛：人的紧张和抗拒，会把素食带来的益处给抵消掉。

我们受的现代教育都只是寻找单因素，好像把肝调好你的失眠就好了，或者把这个搞定，那个事情就解决了，其实不是这样。我们存在于一个立体的、互相关联的世界，所有的原因和结果同时存在并互相影响。

在解决所有的问题时，需要先处在一个相对合适的、安心的状态，压力才会比较小。最好让自己先安心，然后让周围的人也比较安心，这样的好处是，我们会减少在各处施加压力所反弹回来的混乱，然后，我们生命中那个真正有压力、需要好好面对的部分才会显现出来，而我们也有精力和空间去尝试化解。

对于那些过度喜欢荤食的人来说，我们需要推荐给他们一本书——美国的坎贝尔教授写的《救命饮食》，它里面有很多现代科学的实验，证明素食对于人体健康的好处。

任何建议都可以帮助已经失偏的我们，调回到一个不执不偏的中点。没有什么东西是一定好，或者一定不好，全看我们当下的状态，看我们偏到什么地方。所有能把我们引回原点的那个方向的人、事、物，都是好的。

听众：要看自己身心的需求。

听众：不能去追求某一个方法。所有人都去朝着一个方法，好像不太对劲。

听众：其实我是吃素的，我觉得大家都还蛮尊重我的。他们会很好奇地问，“你为什么吃素？”我说是因为健康的原因。现在有很多人，尤其跟我们年纪差不多的人，都认为这是可以接受的，这也算是一个趋势吧，因为他们自己也觉得吃肉太多了。我也不主张所有人都强迫性地去吃素。

李辛：我们需要先理清我们所有问题的主次，然后再去找最切题的方法，包括信仰和学习经典，这些都是营养，如果我们没有消化的机制，就会成为一个负担。

我们的约束和负担已经太多了。如果你在消化不良的状态中学中医，那就会变成：这个也不能吃，那个也不能吃。学佛以后，得吃素。学了国学，每天还得念诵。我们需要换一个角度，所有好东西是能够为我们所用，而不是来困住我们的，那不是更好吗？人是自由的。

带着觉知前行

听众：您刚才给了她们一些建议，您对我有什么建议？

李辛：我能知道你现在的年纪吗？

听众：39 岁。

李辛：做什么职业的呢？

听众：我在德国读博士，这个博士读得比较长。我从小到大，学业一直很顺利，但读这个博士呢，中间经历了很多事，比如教授去世，我只好换博士生导师；生孩子，孩子小时候不太好带，有段时间我把自己弄得很疲劳。很幸运接触了中医，把我从不良的状态里面解脱出来。当时我碰到一个很好的中医，因为这个因缘，我一头扎到中医、国学，还有道家的世界里。

李辛：你的博士专业是什么？

听众：媒体学，刚读完。

李辛：你觉得你是研究型的人吗？

听众：我不是研究型的人。所以读完以后，我就不想做研究了，我觉得我做不到。我刚来德国的时候，因为我先生要读博士，所以我有上了贼船陪绑的感觉。

李辛：你给人的印象像一只老虎，内在具有直接、快速、强硬、猛烈的特征，你擅长做的是老虎的事。所以你不太可能留在贵州，那不像是你的领地。

听众：对。

李辛：从荣格、弗洛伊德的观点来看，你读博士期间，老是有这些意外地打断，代表这个方向不一定是你当时最需要的，或者你内心有所怀疑。

听众：但我最后还是磕磕绊绊地念完了。一个不是很想做这件事情的人，却把这个本来不应该做的事磕磕绊绊地做完了，我觉得挺讽刺的。

李辛：你已经做完了，可以把它忘掉了。这里有一个重点，我想到一个故事，讲过很多遍的。比如，如果一只狗掉进一个坑里，它会怎么样？

听众：使劲往上爬。

李辛：然后呢？

听众：抖一抖吧。

李辛：抖一抖，然后它头也不回就走了，对吧？它会回头留恋这个坑吗？

我们人会怎么样？有些人会待在里面——我掉进去了，好惨啊；有的人甚至拉他都不要起来；还有的人好不容易爬出来了，然后永远都守在洞口，见人就说：你们看，好危险哦，还好我爬出来了，那个真危险，你们小心啊。

听众：念念不忘。

李辛：对，但是他因此不能再往前走了。

我们一生会经历那么多的事情，哪有绝对的对错？接着走你的路就行了，你的博士学位，你学过的所有东西，不知道什么时候就会用到，可能未来还会成为你的重装备。

听众：是，假如要去从事研究，还必须要有这样一个学位，但是我不想搞研究。

李辛：那不也挺好吗，老虎多了一对翅膀。

听众：我先生跟我的状态不一样。比如，我写完博士论文后，就想把所有的事都抹掉，再也不想看这类书了。而我先生呢，他写完论文以后，会兴致勃勃地开始想下一步要写什么。

李辛：对，有的人容易和精神、跟思维架构发生联结，他可能是这样。你是需要和现实生活发生联结的。你学的媒体学，也正好是跟现代生活、现实生活有很强烈的关系。

所以，老虎需要向前走，现在翅膀也有了，可以探索和建立新的王国了。以你的清晰度、专注力和坚韧的特质，可以把自己感兴趣的领域和这个世界的需求联结得很好。

人的一生，总是在疑惑中摸索着往前走。前方道路的呈现和选择，与我们的觉知力和意愿相关，我们所喜欢的、追求的、害怕的、逃避的，都会出现，也会消失。

如果我们不停地往前走，有探索和澄清的意愿，那么，我们内心出现的问题就很快会有答案，并把我们带到下一个路口，在下一个路口我们会更清晰、更平静、更宽大、更放松一点。

所以，只管带着觉知往前走就好，生活会给我们答案，只要我们愿意澄清和探索。

第六篇
放下焦虑，祝福孩子

中医视角看《儿童健康指南》

黄明雨：去年我们“人智医学工作坊”请刘杰老师参加了两次中医对话。刘杰大夫和李辛大夫是好朋友，我想请两位大夫和我们的老师、家长做个交流，不是正式的讲座，就是互动，聊聊大家关心的问题。

我跟李辛大夫认识有几年了。最近《儿童健康指南》出版了，我们请来米凯拉博士，办了一个读者见面会。米凯拉博士说，你们的中医博大精深，如果再版的时候，能不能请你们的中医帮这本书做一些补充，从中医的角度来解读孩子的身心问题，还可以从“人智医学工作坊”的角度来看比如孩子发烧和很多其他的症状，等等，给出一个合理的解释，包括提供一些实用的治疗方法。这样有两个角度对照着来看，可能会比较有趣。

当时我第一念想到，找李辛大夫比较合适，马上给他打电话。他以前在北京工作，现在主要在南方。我们在“华德福”和“人智医学工作坊”没怎么交流过，但我电话里一聊，他对鲁道夫·史代纳很熟悉，他对“人智医学工作坊”也有些了解，觉得这是个好想法，但是实施需要点时间。

所以，现在我们先从这本《儿童健康指南》谈起，有些家长读过这本书，这本书很厚，读起来比较费劲。所以想请李辛老师讲讲他对这本书的认识，有哪些值得我们关注的地方。

李辛：2012 年我收到了《儿童健康指南》，两本。读完以后，一本我留下了，还有一本我寄给了一个好朋友，1 岁小女孩的妈妈，她也在学中医，她当妈妈之后，对养育孩子有很多疑惑，因为现在流行的各种中医、西医、心理学、儿童教育的观点，互相之间有冲突，这本《儿童健康指南》非常系统、完善，家长可以参考此书的思路和方法。

这本书第一部分的西医内容非常清晰，有相对应的处理思路和方法，重点是提供一个思路，告诉你什么时候需要去找医生，什么时候你可以观察。这一点对目前国内的家长尤其重要。

疾病其实是整个生命旋律的其中某个节奏，旋律不可能永远都像第三或第四乐章那样那么蓬勃、那么优美，也不可能永远像第一乐章、第二乐章没有冲突，只是在那里酝酿。所以，当我们生病的时候，需要了解，这只是你生命的旋律到了这个节点出现的一个变化。作为家长，需要学习判断它的风险性到底有多大，发展的方向是从光明走向黑暗，还是从黑暗走向光明，再决定是否需要马上就医。

现在很多家长，有的学过中医，有的有不少西医的知识。但面对现实问题，重要的不是知识，而是他有没有能力、心力和精神来统合地运用这些知识。孩子一生病，很多家长还是只想到马上找专家，因为他的知识还是些没有统合的碎片，没有建立一个自己的思路。这本书的第一部分重点讲了一个思路，还提供了家长自己可以处理的安全、实用方法。

中医和西医并不冲突，我们所认为的冲突，其实是因为使用它的人尚未理解它们各自发挥作用的层面。一个问题的发生，从来不会只是单一层面的原因，它既有物质层面的原因，也有心理学层面的原因，也有中医所说的能量层面的原因，是一个同步存在的立体结构。

但是，要想找到一个入手点的话，如果问题出在物质层面，很明确，而且原因在物质层面居多，西医是非常合适的选择，而且比较容易掌握。只有在能量层面出现明显问题的时候，才是中医出手的时候。这本书的西医部分可以给家长们一个便捷的指导。

这本书最有价值的部分是关于儿童的发展、性格的形成、学习的过程，对美的感受以及每个儿童独有的模式。

孩子就像一个预装的电脑，出生前已有装好的程序，好比我们的电脑，有的是图片处理功能比较好的，有的是声卡、显卡功能比较好的，有的是办公功能比较好的。

作为目前我们的教育，往往会给孩子的成长定一个标准的模式，标准之外的特点和可能性往往不被鼓励。而这本书在这个部分讲了很多，怎么去尊重和发现孩子未来成长发展可能的方向。这个尊重和发现不只是在意识上去完成，而是让父母能够通过感受完成的。就像我们听音乐或者喝一杯咖啡，立刻就有全面的身心感受。我们用身心去感受孩子的身心，是厚的还是薄的，是稳定的还是灵敏的，去感受孩子生命力的特征，去感受他的身、心、情感、思维等各个面向。比如，有的孩子天性就是情感部分很浓烈的，有的孩子可能情感有匮乏的部分，那么他和家长建立的关系，包括他未来将要和这个社会建立的关系中，情感会成为他生命中某一阶段的主要模式。

我的一位朋友在教育孩子的过程中碰到了一些问题。例如，这位妈妈有一位新加坡好友，好友是两个孩子的妈妈，看起来非常通晓教育理论，常常带着一种我是这方面的权威、非常有经验的姿态和其他家长交流。她的两个小孩子也确实表现得知书达理，比其他同龄的小朋友懂得更多的知识，而且能够在需要的时候立刻说出：对不起！谢谢！你好！……成人社会的那些礼仪都已经熟练掌握。

这使得我的朋友开始担心：我的孩子好像不如她的孩子，我的孩子为什么不合群呢？为什么需要笑的时候她不笑呢？她给我打电话。我问：你觉得那两个小女孩快乐吗？她说：对哦，那两个小女孩好像不快乐。我又问：那个妈妈快乐吗？她说：那个妈妈好严肃哦，跟她在一起我有点儿紧张。

这里有个问题需要被平衡：知识、理论、行为规范……和人的精神状态。

世界上有各种各样的知识和学派，重要的不是学得越多越好，重要的是让这些知识和学派来帮助我们更好地生活，更安心地面对一切。

当我们想用饮食来调理身体的时候，得先了解我们是什么体质的，最近处于什么状态。如果我最近有点上火，晚上也睡不好觉，有点烦躁，那就吃白菜、萝卜、清粥淡饭比较合适。我们可以把知识、学说、各种专家的观点，也当作我们的日常食物，根据我们当下的状态合理运用。因为我们最终的目的是完善自己，最好让自己的生活更简化一些，负担少一些，有时间、精力去做对人对己有益的事情，而不是让自己变成一个超级电脑，飞速运转，一切掌握，应有尽有。

我们如何跟孩子相处，也是这本书里很重要的一点。其实不光是跟孩子相处的问题，还包括我们家长如何跟周围的人相处，如何跟周围有生命和没有生命的世界相处的问题，也包括我们在相处的过程当中，我们是一个什么状态？感受到了什么？以什么心态和行为来回应？家长的这些内在的东西对孩子的健康和发展，是非常重要的。

举个例子。我那天去办《台湾通行证》，和接我的司机聊天。他问：“李大夫，小孩子的哮喘和咳嗽怎么办？”我问：“多大的孩子？”他说：“3 岁，双胞胎。”我问：“什么情况。”他说：“定期发作，晚上加重，咳嗽，出汗。看过中医，也看过西医。先是请医生按摩，后来妈妈又去学按摩，学营养学，总之很用心。”这些看起来都是对的，营养补给也是对的。我接着问：“你们夫妻俩会不会经常抱抱他们？”他回答：“好像不多，没时间。”

我跟他只是第二次见面，我问他：“您像是在部队里待过的，属于那种非常坚强、刚毅的人。”他说：“是”。我接着问：“最近跟孩子相处得怎么样？”他说：“我最近骂孩子比较多，我觉得孩子很多事情都做不到位。”我说：“3 岁的孩子哪有对和错。”

这里面要讲的是什么呢？我们一般都会注意营养均衡，但一个生命能够健康成长，最基本的要素不只是营养、干净的空气、有能量的土地、健康的大树和花草等等，还有一个最重要的是什么？与父母精神的联结。对于小孩子，尤其是 1 岁以内的孩子，他们的个人意识还没有成型，他们跟父母的关系其实是合一的状态。

精神的联结和父母对孩子的关注力有很大的关系，这个关注力既不能太松又不能太紧。很多忙碌的父母也能抽出时间跟孩子待一会儿，但是他们的心不在孩子上，要看手机、看电脑，还有很多很多的事在脑子里转。有的父母学过传统文化，知道把心放孩子上的重要性，但已经没有心力，因为平时忙碌的工作已经把他们给耗干了，回家的路上还堵车 1 个小时，白天又窝了一肚子的火，不光是对孩子没心力，对他的父母、妻子，还有自己，都没有心力了。

这时，你跟孩子在一起的时候，你的光——西方说灵魂的光、传统文化说的神光，已经黯淡了。这个内在的光也就是一切，它既代表你的内心，也代表你的思维和情感，也代表中医所说的经络气脉、奇经八脉和气血，其实它就是一样东西。没有这个东西照在孩子身上，孩子的身心就很难正常地发展。

所以，这个部分非常重要。第一是爸爸、妈妈要有这样的精神力；第二是爸爸、妈妈需要有非常敏锐的感受。其实这两个也是一个东西，只有有相对充足的精神力的人他才会有感受，只有有感受的人，以感受的模式在跟这个世界交流，他才可能有生命力。

我常说，一件事情出现了，你的第一反应和决定，往往是最佳方案。当精神力不够，就是电脑内存不够，程序混乱，很多垃圾文件，电压也不稳定，事情过来了你处理不了，需要慢慢分析，这是第二等的答案，这就是思考。翻百科全书，上网搜索各家观点，这是第三等的答案。大家坐在一起脑力风暴，是第四等的答案。

我们从小得到的教育就是在装程序，华德福也好，中医也好，不过就是一套程序，但比较好的教育，它能让我们能够慢慢学会自己编写自己最合适的程序。

人生就是在找答案，任何时候你都面临选择，做决定。中午是吃豆腐还是吃肉，饭是多吃一碗还是少吃一碗，这类琐事上的思考方式，和你决定到底是嫁给甲还是嫁给乙，是出国还是不出国，虽然事有大小之分，但这背后的力量其实是一样的。

这些决定了我们的生命力是以何种水平在运转，也决定了我们的生命是以何种方式跟外界交流。所以重点是我们发展到了什么层次，这个层次还不是指要修佛修道，打坐参禅，而是中医或者传统文化里面说的，先做个正常人、平常人。这是我从华德福教育里引申出来的一点东西。

这本《儿童健康指南》好在哪里呢？西方人有非常敏锐的感受，又有非常系统的逻辑，对细节追根究底，使得他们以非常清晰、符合现代人类思维理解的语言和逻辑，把这些感受——全人类共通的东西呈现出来。

生命力是可以变化成长的

听众：孩子是有生命力的，那这种生命力是不是佛家、道家讲的“业力”？

李辛：生命力不是业力。生命力是生命发展的原动力，比较像灯光，灯光有大也有小；而业力，可以理解为习惯的生命力出口，业力往往是偏力，有善恶、好坏……各个不同，比较像有各种图案的灯罩，光透过灯罩投射在墙壁上，形成各种不同的图案，成为不同的人生。

比如，一台非常好用的电脑，芯片处理功能很强劲，内存大，速度很快，它的生命力就很强。业力呢，有点像是里边的各种程序，如果你做文字工作，那 word 会用得很习惯，如果你是做设计的，那可能 photoshop 很顺手。但电脑程序用久了会产生垃圾，速度会变慢，还会阻碍正常的使用功能，也不能升级，最后会死机。

人有时会把自己当成工具，但人不是某个固定的工具，他不会永远是螺丝钉或垫脚石，也不是可以拿来燃烧的东西，也不是消费品，但是，如果我们把自己永远当成某样工具的时候，本来一个具备无限可能性的东西（比如光），会被塑造成一个固定的东西（比如灯罩）。

一棵树，它本来可以自然生长，把它砍下来之后变成一个锄把之后，其他的可能性就很少了。所谓的业力，有点像把一棵树变成锄把的那个推动力，而它成为锄把之后，就不会有人再把它当成一棵树了，也不会以对待树的方式去对待它，甚至不太会联想到这个锄把曾经是树，开过花，有可能把根扎得更深，旁边还会长出新的树，它可以不是锄把，可以是木桶或桌椅板凳。

可以变化成长的叫生命力。但是，如果这棵树变成锄把，而且慢慢地它认为自己“我就是锄把”，而其他人见到它，也只看到了锄把，那它的命运就被确定了——锄把的命运，这个才叫业力。

我们所要做的，不是从此不再做锄把，而是需要了解，我们可以什么都不是，或者什么都是。我们如果已经把自己固定为锄把了，那慢慢地，我们可以尝试一下，每天少做一分钟锄把，这就是开始改变。

如何判断孩子的体质

听众：我儿子中医诊断是“人造荨麻疹”，就是皮肤被划一下，就会起红肿块。膝盖有干性湿疹，白白的一圈，皮肤很粗糙，跟树皮一样。我想问问这是怎么回事？还有，他最近一两年睡觉打呼噜特别严重。

李辛：他几岁？

听众：刚满 10 岁。

李辛：他是比较结实的，还是瘦瘦高高的？

听众：有点结实，也比较瘦高。

李辛：我换一种问法，是属于比较结实的那一类，还是像一棵小树那样细细长长的？

听众：算结实吧。小时候肉多一点，四五年前上学以后开始瘦了。

李辛：在中医来说，所有的病，只是一个变化中的片段。比如我们在这里，一个正常的地方，有法律，有秩序，资源也齐全，所以我们的表现都差不多正常，好比人在相对健康的状态。

假设“轰隆”一下，地震了，房子晃来晃去的，这个时候每个人都会有反应，每个人的反应会不一样，这个变化带来的各种结果和反应，好比生病时候的症状。

现在大部分的治疗思路，会根据不同的反应来专门针对性治疗。比如地震混乱的时候，有的人被晃得头晕，就给你吃治疗头晕的药；有的人特别紧张害怕，就给他吃放松的药。但是，根本原因是因为地震，应该先逃到安全的地方。

按照中医的思路来说，人体有“常与变”，而变化是无穷无尽，怎么也追不完的，让人体回复到正常状态，就不用再追那个“变”了。

我先说说判断孩子属于偏结实型的思路。

第一，我们要看他的形质。比如，张飞是比较厚实的，林黛玉是比较薄的。一个厚，一个薄，这是形质，是很重要的一个分类标准。

张飞很厚，他能吃，也比较能扛事，3 天不吃也行，1 次吃 3 天的量也行，受了风寒暑湿也没问题。厚的人，就像一个桶一样，什么都能盛在里面，这是一类人。

林黛玉呢，形薄气弱，过于敏感，掉一朵花，也觉得很痛苦，受一点寒，会咳嗽，像浅浅的玻璃杯一样，装一点就满了，敲一下就碎了。

厚的人年纪大了，没有运动的习惯，又吃得太好，就比较容易得高血压、高血脂、痛风，脑压也比较容易高，要是生气发怒，还容易脑中风，因为厚的人管道压力比较大。所以，一个结结实实的小胖墩儿，20 多岁的时候他会长很多青春痘，脾气比较大，脚很臭，晚上容易出汗；到了 30 多岁，晚上睡觉会打呼，吃多了嘴容易有口臭，舌苔也会比较厚；到 40 多岁，如果常常喝酒比较多，吃肉多，血脂就会比较高，还可能有酒精肝。

张飞这种类型的人，如果能很早就遇到像刘备这样的领导，能意气风发、事业发达，那还不错，如果一直是一个志向得不到发展的角色，可能就会有肝囊肿、肝息肉，或者胆结石。如果是女性呢，可能会有严重的乳腺增生。

人到了40岁，阴气自半，原装电池板已经用掉一半了，没有足够的能量撑在那里，下焦的火——元气也起不来，整个循环都弱了下来，那就会出现下一个阶段的病状——身体深处开始堆积很多转不动的垃圾。但是呢，身体的能量不够用了，清洁工人越来越少，只能清扫重要的大马路，小马路和弄堂里的脏东西已经没人管了，只好先放一放。

如果比作空调，年轻的时候就是功率很大的空调，房间每个角落都能加温，等到四五十岁、五六十岁，只能让最重要的几个房间保温，边边角角的房间都到不了了。手脚容易冰冷，也是这个原因。其实是气不够，气脉堵塞了，也就是西医所说的微循环障碍。血管堵塞也好，血黏度高也好，其实都是不同的概念，就是一个相，本源是一个，从“本”上去体会比较容易掌握。到了这个阶段就容易有痛风、糖尿病这些问题，根据个人不同的体质，症状和病发位置各有不同，也可能有骨质增生、腰椎间盘突出、膝关节问题。

如果脾气不好，又淤在里面，本来骑马打仗的人，去做了个小小职员，还被不会用人的领导压在那里，会堵得更厉害。骑马打仗或者施展抱负能把多余的能量用掉，能把心气、肝气、肺气都舒展出来。要是堵得更厉害，这些力量淤在那里，可能会变成风湿，也可能变成强直性脊柱炎。如果已经状态不好了，自己还不好好睡觉，晚上习惯性熬夜，时间久了下焦精气就不足，神气容易散，如果加上情绪不稳定，还可能引发西医说的“自身免疫系统疾病”，比如红斑狼疮……

老了也有两种可能。第一种可能，里边的能量还有，还有力量顶在那里，维持原来的运作格局，但身体内粗粗细细的管道已经用了60年了，很多地方也都堵住了，随时会因压力过大而炸掉，就看在哪里是薄弱环节，有的是眼底血管比较薄弱，有的是视网膜，有的是脑血管比较薄弱……这是第一种情况——压力型的。

第二种，火不够了，还要拖那么大一个身体，就像是一座老旧的大楼，一共 12 层，但是水压呢只能打到 3 楼，上面几楼就得自己慢慢拿个小桶提，所以他哪儿都去不了，就能窝在那里，动一动就气喘，心脏也会慢慢变大。暖气系统呢，也只供到 6 楼，所以就容易手脚冰凉，因为远处没有能量到达。如果有糖尿病的话，远端的脚趾就容易发黑、溃烂。

这些都是厚的人需要避免的老化方向，大家从细节去观察，观察自己，观察周围，不要等严重了再想办法。

薄的人就说一点，比如林黛玉，她的生命太纤弱了，身体的问题更多的是受到情感、思想的影响。

回到你孩子的问题上来，他既然有很多地方都在发，而且是慢性地发，说明身体里有堆积的东西。他膝盖上的干性湿疹，其实是身体从内部往外通垃圾的一个长期的出口。

身上的“人造荨麻疹”说明什么呢？说明身体的垃圾散发出来的气味或者粉尘挺多的，而且还有个压力顶在那里，稍有震动，里面的气味或粉尘“砰”就出来了。这就是为什么轻轻一挠，红肿块就出来了，这是高反应性，说明他身体压力很大。我们不喜欢身体的这些症状，它让我们不舒服，但站在身体的角度，其实它是在努力地把这些脏东西排出去，它找到了固定的渠道——膝盖，非固定渠道——哪里挠哪里肿。

有两种治疗方法：

第一种，有些中医习惯用大量的清热解毒药把症状压住，症状可能会暂时没有，但是脾胃可能会受累，就像阳气被一大桶冰水浇熄了。小孩子的体质从此下降了一大截。西医用抗过敏的药也有类似的问题，症状也是暂时没有了，但是垃圾在身体里越堆越多，体质影响也很大，药一停就会有，而且随着年龄增长可能越来越严重。

第二种，想办法把垃圾扫出去，但是不能毁掉房间，不伤害内部。可以吃一些流通性的中药把身体里的垃圾送出去，好比把门窗多开几扇，让空气流通起来。还要找到这些脏东西的源头是哪里来的，把这个源头清除掉。我们可以改变的因素有：第一是食物。身体内部已经积压很多的人，食物要简单一些、清淡一些。像伤害脾胃的又冷又黏的冰淇淋、又辣又黏的油炸食品，这些东西要尽量少吃。晚上也要少吃一些，尤其是荤菜。晚上是人体关机充电的时间，再给身体填一肚子荤菜，身体还得半夜加班把它消化掉，而且还没办法充分消化，这也会增加多余的脏东西。

除了饮食调节、吃药，身体还需要好好地“开”——大量地运动。

我得过比较严重的过敏性鼻炎。当时快两个月了，我妈很担心：“书上说这是螨虫引起的，一辈子也好不了。”那段时间我喜欢玩游戏，玩到半夜，也不运动，喜欢吃肉，还喝酒，我知道这些才是真正的原因。我跟我妈说：1 个月之内能治好。我没有吃药，只把这些恶习全部改掉，晚上就喝粥吃青菜，每天早上起来跑步、打拳两个小时，不到 1 个月就好了，到现在已经 10 多年了都没有复发。

我只是把窗户打开了，并且不再快速制造垃圾，年轻的身体又有能量，原来堆积的，让身体通道堵塞的垃圾很快就被消化、排掉了。

身体的垃圾，也可以称为“毒素”或“污染”，是让我们的身和心消化不良的东西。比如我每天老老实实做一些力所能及的事，偶尔讲讲课，但是如果每天都要讲，时间长了，我就可能消化不了，这也会变成身心的毒素。

所以你想一想，在精神上，这个孩子有哪些部分消化不了。还有一个问题，你觉得孩子的精神、心理状态稳定吗?

听众: 现在稳定多了。他有点调皮，换过三个幼儿园，以前的老师管不住他，老是把他赶到团体之外，这个可能给他造成了很大的压力。如果同学围攻他、排斥他，是他的死穴，这时候再把他往外推的话就一定会爆炸。

之前在传统学校待了两年半，那些功课对他来说挺难的，所以有好多压力。现在好很多了，他现在是不是内部的毒素在往外发，这两年才有的。最近两三个月，左脚两个脚趾头烂，不知道是湿疹还是脚气。

李辛: 是什么名称没有意义，找背后的原因才有用。比如医学上，每年都会有新的发现，分类越来越细，现在的产后抑郁症、老年性抑郁症，20 世纪 80 年代都归在神经衰弱一类里。分类细了看起来很科学、精确，但循着细枝末叶也会导致抽离主干，和根本越来越远。

“标签化”是认知科学里的一个重要概念，我们人类喜欢标签化，喜欢命名，这是一种应付模式，容易造成简单化的认知和盲从。

刚才你说了孩子心理压力的某些来源，这是个重要的原因，过敏不光是生理上的问题，也是内心的问题。对孩子来说，他对环境中产生的压力没有办法消化吸收，就会累积并反应在身体上。

如果能和同学或老师保持正常的交往，互相是正面的态度，孩子就不光能获得知识获得关心，同时也能获得滋养的能量。生命力需要在自然流动中成长，所以，当我们的生命力不能自然流动的时候，学文化、学传统、学经典、学什么都是白学，还会丢掉健康。

还有一点，我觉得你的精神状态也不够强大到能够支撑他，因为你偏向于林黛玉这一类的。

听众：这两年我身体不太好，也正在调整。

李辛：孩子的性格是属于？

听众：阳刚型的。

李辛：他内心会比较敏感吗？

听众：会。

李辛：从精神方面有很多分类，最简单的可以分成两种：稳定和敏感。比如林黛玉是高敏感度，低稳定性，她能感觉到花的痛苦，但是因为不稳定，所以被这种痛苦击垮了。

最好是高敏感度，高稳定性。哪怕是低敏感度，高稳定性，还是能成为有用的人才。稳定性是第一位的。

现在流行文艺青年、小资，但是我发现这个群体里面低稳定性的人很多。低稳定性再高敏感度是比较危险的，任何东西都能打动你，然后你的生命方向随时都在飘摇。

增加敏感度的方法有很多，学佛、学道、吃素，少吃一点都会起作用。怎么增加稳定性呢？加强身体训练，比如长跑，俯卧撑，下蹲等能让肌肉强壮起来的训练。你也需要身体训练，这是增强稳定性最简单的方法。我们大部分中国人非常缺乏身体训练，这一点需要所有的家长和老师一起努力，要让孩子们有规律性运动的喜好。

我原来治疗的抑郁症，很多都是高敏感度，低稳定性，他们的能量随时都在耗散，最后身心内部就没有能量了，就像手机电池板没电了，然后就什么都不行了，觉得生命没有意义了。

当我们的生命力或者身体能量很低的时候，你只能启动那些最低版本的程序，用低版本程序和世界交流，一切就会变得一点都不好玩，一切好像都失去了意义。当我们的生命力很强的时候，就是一个比较高配置的电脑。第一，你可以用最高级版本的系统，第二，你还有足够的空间和内存可以下载新的软件，这才叫“不要输在起跑线上”。

孩子处在高版本和高能量状态，就不会输在起跑线上，因为他一直都是在比较高能量的状态去接触那些好的东西，他的神气会非常灵敏而且相对稳定，他面对周围一切新鲜事物的学习力、领悟力都会非常深入、准确，而且平衡。一个高版本、高能量的有很强生命力的孩子，必定是神气周全、身体相对健康、容易体谅周围人、比较愉快的、综合能力比较强的孩子。

通常，生命力的强健和身体的强健有直接的关联。

“四肢发达、头脑简单”这种说法已经被科学家推翻，他们在实验中发现，通过身体的运动，大脑的神经细胞会重新生长。而每一次的生长都意味着获得一种新的学习模式，并形成更深入的思考能力。

身体运动有很多容易入手和安全的方法，如下蹲、俯卧撑、慢跑……如果能学习传统武术则对身体和精神能量的平衡都有很好的益处，尤其是林黛玉型的，还有就是总需要妈妈抱的、需要更多关注的，这种孩子一定要锻炼身体。

我们总结一下：父母和孩子在一起的时候，父母就是一个 wifi，是一个传输节点。如果父母比较稳定，就会提供给孩子比较稳定的、正面的环境氛围，对孩子来说，就是一个很好的保护和滋养。孩子也是以父母为参照物的，所以，作为和孩子相处时间最多的人，父母需要更多的稳定性，需要更多的运动，需要早一点睡觉，减少使用电脑、电视、手机等消耗能量的东西。

孩子和父母的能量是一个整体，好比 U 形管，如果爸爸、妈妈精神状态和身体状态都比较低的话，孩子就给带下来了。所以，我们不要以为总是大人在照顾孩子，很多时候大人在不知不觉中耗费了孩子的能量，尤其是那种常常深夜 12 点才回家的人，家长总是这样的话，他的孩子身心状况是很难好转的。

所以，如果你仅仅是看到了湿疹或者人造荨麻疹，而没有考虑背后的深层原因的话，这个病好了，下一个阶段还会出现新的问题。青春期的问题、男女朋友的问题，永远都会出现问题。如果我们能够慢慢清楚我们的体质、心质是什么状态，需要怎么调整，那么我们从一开始就可以合理运用东方和西方所有这些好的资源和方法去发展我们，去丰富我们。

所有的东西都只是我们人生旅途的装备。我爬山有一套装备，打网球还有一套装备，需要就拿出来用一下而已。我们需要认清楚这个阶段需要什么，我的孩子需要什么，需要的时候你把它装上，再根据需要升级到新版本，换新的装备，面对新的关卡。

这里面最重要的一条是，你如果一直盯着这个病，就会把它放大，并且固化。之后，你的生活永远都是围绕“要治这个病”的相关问题，很多让我们回到正常生活的事情就被屏蔽掉了，不做了。然后，你的思想当中，有关孩子的世界蓝图，都只是这一幅灰黑色的图画，这样会阻碍孩子回到正常的生活，回复健康。这些图画要从你的思想中删掉，这都是有害的病毒网页，不利于孩子的成长。这些都做到了，孩子肯定会好。不是你把它治好了，而是孩子的生命力在一个自然的、健康的、平衡的环境中恢复了，生命力能够治愈一切。

华德福的教育方式也能够帮助孩子恢复生命力，有这样一个环境，彼此就可以正常交流。我们自己，如果在对的环境，和对的人，做对的事情，那每年都会有好的转变，身体会慢慢好起来，智慧也会慢慢增长，勇气也会更大。

孩子也是这样一步步地成长，最后他的生命自然就能把沿途的阻碍都解决掉。找对医生的作用，只不过是在动用这个人本来有的生命力，稍稍快一点把阻碍克服掉而已。但是有些病还没有条件很快去克服它，你用一个东西去强行克服它，一个是病未必能好，另一个是病表面虽然好了，可能会把其他更重要的部分给破坏掉。

让孩子做他自己

刘杰：咱们都会说“不要让孩子输在起跑线上”。很多时候，我们可能让孩子跑错了方向。

《儿童健康指南》是在指导一个方向，不光是一个健康的方向，还有成长的轨迹。

我作为一个 8 岁男孩的家长。孩子很小的时候，你就会发现，不同的孩子有不同的性格、不同的反应模式和不同的方向。如果你能够尊重孩子的方向，你得看他是哪个类型的，那你就要允许他在他的轨迹上走。

同样一件事，比如这个孩子很快就把事情做完了，但是很毛糙；那个孩子呢，他就慢慢腾腾老也做不完。做得很快的孩子家长就会说，“你看看你怎么做得这么急，人家多细心”；慢孩子家长会说，“你看人家多利索。”家长永远是在一种纠结之中。

举个具体的例子，我的小孩是属于比较敏感又比较有活力的。他的敏感是在画画儿、编故事方面。这种不讲规则、有创造力的方面他会很出色，但是你让他做需要体力的事儿，他就不行了。

怎么办？就要跟着这个孩子的特点，比如我给他报了绘画班，他很快就在绘画班当中脱颖而出，老师很欣赏他。他画鹰的标本，老师说他的画最好，为什么？那三只鹰的标本是张开翅膀的，他画的是张开嘴在大声地叫，实际上那鹰的标本是闭着嘴的，所有孩子都画的是闭嘴的，只有他画的是张开嘴的。老师说为什么你画的是张开嘴的呢？他说，因为这个鹰在大叫，它在振翅欲飞。他感受到了鹰是一个有生命力的东西，别的孩子就在那儿照着画，低头、抬头、低头、抬头……

画画是他出色的方面，但是，你让他踢球，体力方面的，他就是最慢的、最差的，老师做了好几遍示范动作，他还没反应。但我还是让他报了足球班，为什么呢？因为木桶的容量取决于最短那块板，你不可能把这最短的板加长太多，但是你至少要达到一个平均水平。

我儿子踢球大概 1 年了，头半年他是这个班里面最差的，后来又招生了，等于是两个班了，大概不到 1 个月的时间，他又成了这个班里最差的了。因为我喜欢踢足球，每次上课我会在边上看着，拿笔记下老师的动作要点，但是我不跟他讲要点，下次他又做错了，再下次又做错了，但是我都记着。

他虽然是最差的，但是好处在哪儿呢，他跑得最慢，带球速度最慢。老师说最慢的绕场 400 米跑一圈儿，他就去跑一圈；最慢的做 20 个蹲起，他就做 20 个蹲起。经过两个多小时的这种训练之后，老师说，谁还愿意主动再绕场 400 米，再跑两圈儿？他举手了。一共 10 多个孩子，有 6 个孩子举手，其中 3 个孩子溜溜达达地走，他跑第三名。

我在边上给他鼓掌，等他跑到终点我抱起他，对他说：你真棒，你能跑第三名。他说：爸爸，其实我是最后一名。我说：为什么？他说：因为后边三人放弃了。他们都比我跑得快，他们要不放弃我还是最后一名。

我说：最重要的是，第一，你主动举手了；第二，你在坚持跑。不要考虑你是第几名，你在坚持跑就是最好的。而且，那三个小孩一看快到终点了，就抄近路跑过来了，我儿子就没抄近路，还按着原道跑过来，这个非常好。

你不可能让这种体质的孩子再去怎么练，要不就过分了。

头一天周五的训练，两个半小时再加上跑，将近 3 个小时，他精疲力竭。第二天，几个家长带孩子一起爬阳台山，两个香山鬼见愁的高度，海拔 1000 多米。从早晨 8 点到下午 4 点，就他一个坚持爬到最高峰再下来。

完了人家就很惊讶，他不是体力不行吗，怎么能够做到呢？

作为家长要肯定孩子，孩子其实有一种内在的东西，我们跟孩子相处，就要看你能不能尊重他这个内在的东西。我们需要冷静地判断孩子到底是哪个类型，既看到他的长处又要看到短处，留心什么时候该鼓励一下，什么时候该提醒一下。

每天晚上我都给他讲故事，其实我就是讲一个开头，让他成为这故事里边其中的一个人物，然后我问，后面呢？他就开始讲了。

当你发现他白天有什么问题，你在讲故事的时候可以把这个编进去。比如说他害怕、胆小，我就给他编故事，编班里他最喜欢的那个女孩跟他一起去探险，出来一个狗熊，我说：哎呀，那后边呢？你就看他怎么办。

他说：我大喊一声，快跑啊，就跑了。我说：如果你跑得没那么快呢？他说：那我就躺到地上装死。我说：那个女孩儿怎么办呢？他说：我就挡在她面前。我说：你不怕狗熊吃掉你吗？他想了想说：没关系，我挡在她面前装死。

你不可能让他去跟狗熊搏斗，但是他能挡在那个女孩面前，这个故事我觉得在相当大的程度上就成功了，是吧？这得益于咱们华德福的那本书——《故事知道怎么办》，它大概的意思就是怎么针对他当下的情况去让他发现，让那故事的情节去带动他内在的那个改变。

我自己从小到大，一直有一个观点，只有强者才能快乐，所以我就不断地要去做强者。中学的时候，春夏秋冬每天都起来跑步，哪怕下雪、下雨都起来跑步。我发现我很不快乐，非常不快乐，做强者可以各方面很不错，但还是不快乐。

而我儿子这儿也不行，那儿也不行，我觉得不可思议，我说他为什么考试就能倒数两三名，最后一名是老不来的。我跟我爱人很纠结，她一考就是班里第一名，我总是班长、团支书什么的。

我觉得不可想象，这怎么可能呢，但是慢慢地我接受了。接受什么呢？孩子真的有不同类型，你不要让他考试怎么样，怎么样，你要让他做自己，然后他真的就不同了。

所以我现在觉得让他做一个他自己能开心、还能让别人开心的孩子就好了。你不能光自己乐，别人跟你在一块儿痛苦。

再有，能不能让孩子做一个负责任的人？首先要对自己负责任，然后对家人负责任，对朋友负责任。

每次踢完球，他虽然表现是最差的，但是他第一件事情干吗？飞跑着帮老师把塑料的球标捡起来，顶在脑袋上给老师，他会做这样的事情。

一个能够负责任的、能够快乐的孩子，他的成绩自然就上来了，现在已经到中等了。我跟我爱人说，我现在已经彻底放弃了，彻底放弃让他成为出色的那个目标，但是我每天都盯着他的作业。你看那又算错了，这个也算错了，他改了，我也不批评他，不指责他，只是给他指出错误就可以了。就是陪着他去成长。

我相信他以后在社会上可能不是什么精英，也可能会，但没有关系，他会成为负责任的和快乐的人。

作为父母，这就应该可以了。

帮孩子疏通积攒的能量

听众：我的女儿 7 岁，有三四年了，声音老哑，有时会说不出话，检查是声带小结节。她的脚容易凉。

李辛：她开心吗？

听众：挺开心的。

李辛：每个人的行为模式是不一样的，她可能属于那种很动感情地说一些东西的人。

听众：是的。而且她容易急，她所有的情绪会“哗”一下爆发似的全发泄出来，她想哭就哭得很厉害，哭完就过去。她很多东西会跟我说得很清楚，比如说她内心的感受，她是一个很敏感的孩子。

李辛：一种可能是她的这个程序，这台电脑出厂的时候，里边有很多和情绪有关的程序和文件包一起带来了。而且这些情绪成为她现在这一阶段主要的表达情绪，因为这些过去的东西大量存在，使得她在跟这个世界交流的时候受到这些东西的影响。

声带小结只是她跟这个世界的交流和其他方面不调和的部分在身体上的显现，只是在声带这个点上用我们现有的仪器检测出来的肉体疾病。

问题是我们会把所有的注意力放在声带小结上，我们的思维模式会把这个检测结果当作原因，但是这个其实不是原因。

需要考虑的是这个孩子的行为模式。她真的开心吗？她强烈地把情感爆发出来，和平常就可以自然地把内心的情感流露出来并跟你交流是不一样的。

第一种情况可能是平时自然流露的通道不够，累积再累积，然后就是春雷一声响，“嘭”地把积攒的能量一下子发泄出来。有没有这部分，需要你去体会。

积攒的能量不仅仅表现在现在的声带问题，也会在生活、身体、思想、行为的各个层面显现，我们需要学习体会更深入细致一些，帮助她平常有更多的交流疏导通道。

能量不足的妈妈和弱视的孩子

听众：我女儿出生的时候有一只眼睛是弱视。4 岁时左边视力是 0.1，几乎是失明的状态，只有光感，她颜色感觉很差，现在到了 0.6，但另外一只眼睛的视力是 1.5。我想了解有没有什么好的方法。

李辛：她现在几岁？

听众：9 岁。

李辛：我们现在只是说思路，不是说方法。思路有各种各样的可能性，今天我提供其中的一种可能性，但不是唯一的标准答案。从中医来说，视力的问题和肾、膀胱的能量比较低有关。

听众：她刚上小学的时候尿频特别厉害。

李辛：我们说过孩子的能量和家长有关系，你觉得你的精神足够应付你日常的生活吗？

听众：不够，觉得很累。

李辛：你的眼神有点模糊，你自己的肾气也不足，这方面会影响到孩子。

不光是遗传，人和人的相处和交流其实是一种共振，能量会在相互之间流动。但如果你的能量比较低，你的孩子能量也不会高，那你们的弦乐二重奏就很难有动听的高潮，很难有欢快的节奏。

要治疗身体的疾病，最大的调节阀门还是在生活中。你要在你们俩的世界当中去寻找一些有力量的元素，把它带入到你们的生活当中，这个是大方向。

具体的中医治疗，你们俩可以灸一灸肾俞和命门，你可以把手搓热了以后再搓孩子的后腰，也可以用附子理中丸贴肚脐。

听众：我以前情绪有问题，有时候对她很生气，会暴怒，现在好一些，但偶尔也会……

李辛：情绪是我们的一套软件。当我们的电脑内存很少，或者是能量很低的时候，电脑就容易死机，我们暴怒的时候就是其中的一种死机状态。死机状态就不要再努力做什么了，先放放，等自己状态正常了，再说话做事。

放下焦虑，祝福孩子

听众：我有件很急的事儿。是有关我哥的小孩儿，孩子生下来非常小，才 4 斤 3 两。西医诊断说是胎盘小，脐带细，所以提前剖腹产。孩子在暖箱里待了两周才回家，今天刚刚满 1 个月。吃母乳就拉稀，西医的办法就是把母乳全部停掉，然后往孩子脑袋上的血管打营养液。提到这个事儿我很痛苦，但也没有办法，就这样忍到两周后才回家。回家恢复吃母乳，最近又开始拉稀，拉的是水状的，检查里边有白细胞和红细胞。1 个月的孩子才 5 斤左右。

我感到很奇怪。六七年前，我生儿子的时候也遇到同样的问题，检查是“母乳不耐受”。这回是我哥哥的孩子，我挺困惑的，不知道为什么、怎么办？

李辛：所有的“不耐受”其实和刚才的“过敏”是同一个问题，除了物质，包括我们对文化也有过敏，当有些东西我们吸收不了的时候，就会变成有毒的东西。

所以“不耐受、过敏”是我们转化能力的问题，包括牛奶过敏、鸡蛋过敏、面粉过敏，甚至大米过敏……当我们的身心能量比较高的时候，我们可以消化、吸收它们，它们能转化成身体需要的养分。现在流行查一百种食物过敏源，但它是一个表面的检测结果，不能告诉我们背后的原因。

我不赞成刚刚生下的孩子，让他脱离母亲去一个孤立的环境，比如暖箱。婴儿时期和母亲的身体和精神的连接非常重要。如果不得已发生这种情况呢，争取让妈妈陪在附近或者是常常探望。

孩子能从这个阶段过来，说明他生命力还是很顽强的。现在孩子已经出院回家了，医院认为他还有危险吗？

听众：是这样的。他在两周内体重一点都没有长，出生是 4 斤 3 两，按说这两周是长得最快的。出院的时候已经饿了一个礼拜，没有吃东西，慢慢到喂营养奶，营养奶吃过几次没拉肚子，医院认为他可以回家了。当时也是我强烈要求的，因为在医院，不要说让妈妈陪着孩子，实际上连见都见不着，医院规定，只有在每个星期二的下午能见 3 分钟，特别可怜。所以到家……

李辛：打断你一下，我的问题是，他现在有生命危险吗？

听众：基本上没有问题，醒的时间开始变长，晚上拉大便的时候稍微哭一点。

李辛：就是看起来他没有生命危险，不需要再进 ICU？

听众：是的。而且医院也没有再建议回去。

李辛：所以，现在最重要的一点，你要把这一页翻过去。孩子已经上岸了，但是你还留在水里挣扎。

听众：他再拉肚子怎么办呢？不管吗？

李辛：要管。但是你还处在水里拼命挣扎的状态，或者孩子的家人都像你这样，那会比较麻烦。

听众：我是比较紧张，因为我接触了华德福，知道妈妈和孩子是连在一起的，所以我从一开始对他们母子分开就比较焦虑。而且我不明白为什么他跟我儿子是一样的症状！因为母乳不耐受很少见，但我们家为什么就有两例呢？

李辛：母乳不耐受和孩子的脾胃消化功能有关，而脾胃功能和精神是同步的，婴儿的精神又和周围照护他的家长有关，所以，最重要的是你得先把这一页翻过去。ICU 啊、脑袋扎针啊、母子分离啊、母乳不耐受啊，还有你着急的心态，你需要把这些先放下来。

当孩子的家人或者是孩子周围的人非常焦虑、震荡的时候，那个无形的能量场不光是小孩会继续不耐受，敏感的大人也会不舒服，连周围的花花草草也会长不好，猫猫狗狗也会逃走。

听众：那我离他远一点好？

李辛：对于关心孩子的家人来说，在不在身边都有很大的精神联结。即使你在这里，孩子远在美国，你的心连着他，你的紧张一样会影响到他。所以你要学着放下已经过去的这一页，这一点是至关重要的。

这对每个家长都一样重要，不管发生大问题还是小问题，需要先把家长的低稳定性调整过来，这是一个破坏性的震荡。这个状态从佛学的角度来说，会不断生出新的事端，带来新的“违缘、障碍”。

孩子吃母乳拉稀比较常见，不是一个特别严重的病，随着身体自然的发育成长，自动会建立一个平衡的状态。

我的建议是：在他可以接受的范围里给他吃一些母乳，如果不能吃母乳给他吃米粉，也可以两个放在一起，根据他大便的情况来调节比例。

很多孩子从小没有母乳也可以成长得很好。你如果持续担心，不如转化成给他祝福，其实就一个念头：愿这个孩子能够放松下来，跟这个世界接通、成长，能够消化吸收他需要的东西。

心里有这个祝福就行了。今天晚上睡觉前我们再想一下，一秒钟就行，一念就可以。这个是非常重要的一部分，能够给予孩子，也能够让家长放松。我们家长可以帮这个孩子接通一些东西，每人给出一份祝福给他，合起来的能量就会很大。

生病的孩子其实是处在一个孤立的状态，而照顾他的家长如果能在一个放松、稳定、柔和的状态下祝福孩子，就可以帮助他接通，这是治疗的重要部分。

听众：父母的能量最重要？

李辛：父母的能量对孩子很重要。但现在最重要的是：你们需要放低对这个问题的反应度，学习先观察一段时间，如果他就只是拉肚子，不是太严重，也没有其他的大问题。那你们做到给他祝福，给他安心和放松的氛围，给他合理的饮食，带他出去接受阳光和新鲜空气，每天帮他轻轻揉摸揉摸，先做这些。

你每次去见他之前呢，先让自己放松一下，把手机关掉，带着正面的关心去靠近他，心里不要有其他杂念。如果我们带着很多焦虑和杂念靠近孩子，孩子就容易对外界产生过敏。

听众：您说得对。其实，我精神特别容易紧张，我儿子也经历了这些。

李辛：你要把这一页翻掉，因为这一页继续在影响你现在的生活和其他的部分。

找到孩子和世界的连接点

听众：我有两个孩子，老大 10 岁，高高大大，很结实的男孩儿。从他上小学的那一年开始，皮肤变得粗糙，玩耍时容易摔跤，平衡不是很好，脾气比较大，上课的时候很懒散，不能很安静地坐着听讲。

李辛：你的描述，像是我们看到的动画片：一个大男孩，在他自己的世界里玩。他偶尔会透过他的灵魂出来看看周围，跟大家一起合奏一下，大多数时间他在自己的世界里。你觉得他能不能把自己心里的想法、感受、情感啊，自然地表现出来？

听众：不完全能自然地表现出来，我觉得他有心事。

李辛：外面这一层既是他肉体厚厚的外壳，也是精神层面厚厚的外壳。比如，我们画一张同心圆的图，外面这一圈就会比较厚，还有一些阴影附在上面。

这样的孩子稳定性会比较高，有比较好的耐受性，心里藏得住东西，这是他的优势部分。每个孩子都有他的优势和他的短板，组成了他的特质。

我们的教育就是试着找到他本来的样子，让孩子以自己的方式和世界交流，即使是一个杯子，不同的小孩拿它的方法和用处都是不一样的。

你的孩子，如果他不能把自己心里的想法、感受、情感自然地、直接地表现出来，可以试着鼓励他用其他一些方式把他内心的这些东西转化成图画、音乐、诗词，或者别的作品，什么都可以，就是给他创造一个他和周围还有其他人能够接通的东西。

当他通过这些把自己表现出来，然后别人通过这些跟他接通，他身心外面厚厚的这一层就流通了。外面这一层也相当于中医所说的表面肌肉和腠理，还有他的比较厚和粗糙的皮肤，把这一部分打开之后，里面的物质和精神的能量就会流通出来。

所谓能量、经络、情感啊，或者身体，其实只是同一个东西在不同层面地显现而已。所以，你先在这个部分去了解你的孩子，然后就可以给予调整。

如果不跟外界连接，你的孩子可能成为这样的孩子——比较善于控制自己的情感，不会轻易地流出眼泪，不会表现出软弱。这个模式只是他过去带来的模式，你可以去尝试找到鼓励他的方法，让他把内在的想法表现出来。

听众：他现在 10 岁，人长得很高大，体重 90 多斤，身高 1.54 米，其实内在挺小的，而且很黏人。他生下来就很胖，肉嘟嘟的，像小熊一样，人比较瓷实，也比较爱跑，跟其他孩子一样。

刘杰：很多孩子，尤其是很小的孩子，他都是生活在他的那个世界里。他的世界跟我们这个世界连通越晚，连通度越差，这孩子就越不成熟，再严重就是自闭。

我的孩子是一个典型。他生活在自己的世界里，嘴老是不停地在编故事。比如，上课的时候他就用手撑着下巴看着老师，老师说把手放好，全班只有他一个人是这样的，最后老师没辙了，其他学校的老师来观摩，他也这样。

他手摆成这样，眼睛看着老师。但是完全在他那个世界里面，老师说什么，跟他完全没有关系。我很发愁，老师也很发愁，甚至让我爱人带他去安定医院精神科检查，我爱人就哭了。

妈妈觉得孩子精神异常吗？不异常啊，怎么成这样了？因为他在他那个世界里。但是你从另一个角度来说，我们每个人从孩子过来，我们一步一步地离开了我们那个世界，完全跟这个世界相合了，乃至于为这个世界奔跑的时候，每个人都成了孤儿了，失去了跟天地自然的连接，都成了孤儿了。

孩子这样，怎么办？他那个世界和这个世界的连接点是什么？我仔细研究，最后发现只有一个连接点：开学的第一天，他班上有个女孩长得最漂亮，他每天都念叨这个女孩。这个女孩是他跟这个世界唯一的连接。所以，我每天给他讲故事都要把这个女孩编进去。

比如，在故事中，他们一起写作业，遇到一个数学难题，或者又怎么样了，生活当中又碰到什么……等于通过这个女孩穿针引线，一根针带着线一样，或者说两个地方一起挖地道，挖了一小孔，你要拿铲子给它慢慢扩大。

到二年级快结束时，他跟我爱人说："妈妈，你知道吗？我从开学第一天就喜欢谁谁谁，至今从未改变！"我就对他说："那你可以跟她去说：某某某，我喜欢你，咱们做好朋友吧。"他说："我不说。"我说："这有什么不可以说的，你跟她说嘛！"他说："这是一个秘密，别的同学都没有发现她最漂亮，如果我一说，万一让别人知道了，我就没机会了。"

我在 8 岁我爸爸打我的时候发了一个愿：将来我有孩子，第一绝不打他，第二绝不骂他。现在我儿子 8 岁了，这两个愿始终没有破，我没有打过他，骂过他。可能有时候我们搂不住火，是吧？但是你想，当你搂不住火的时候，如果是国家领导人在你面前，再大的火你也不敢发吧。

你要把孩子放在跟你一样，甚至于更高的位置，不可以用一种粗暴的态度和脾气，不能因为你有脾气就可以发。你要尊重他，作为家长来说，这个很重要。

有时候你之所以发火，是因为你给他一个要求，其实是他达不到的，或者是他还不能接受的，那你要等候。我说我的孩子要考得不好，别的家长一看，后面还有孩子考得不好，人家就能够放松一点。我们能为别的家长放松一点做出贡献来，也算不错了，是吧？这个功德有多么大呀，比考好了要好得多。

反正，不管怎么说，我提一个建议，您仔细观察您的孩子，他可能跟这个世界有连接点，看他喜欢些什么，比如画画，或者喜欢小虫子……他跟这个世界有了连接点，然后你参与到这个里面来。慢慢地，相当于置换一样，慢慢地置换。但是在这个置换过程中，要保持他的那个自然的连接。

我们很多人，成熟了，也变得世俗了，变得完全物化了，这是一个悲剧。我觉得家长的教育就是，你能让他在我们这个现实世界当中生活，又能有纯真的那个心，这就最好。

要找到孩子和世界的连接点。

陪孩子慢慢长大

李辛：小时候我在贵州，父母在山里面的军工厂工作，离最近的县城来回得坐两个多小时的汽车，没有固定的老师，老师是从厂里面的职工选出来的。

我们的音乐课、劳作课、美术课找不到老师，我们就在山上的坟堆堆间拿石头打来打去，打游击。我的父母从没有给过我要达到什么目标的要求，周围的孩子也大多都是这样。各位家长回忆一下，可能我们都差不多，我们的家长对我们没有那么多的要求，放养状态。

我初三的时候，化学怎么也考不及格，这门功课我一直到高三还是没考及格。那会儿我妈就跟我讨论，她说："我看你挺喜欢做饭的，以后去做厨子怎么样？"那会儿正在招收厨师学习班。我说："我得想一想。"

我父母有一点非常好，他们的很多决定会让我参与。我记得七八岁的时候，我们家要买窗帘，坐车到了县城。我妈问我："你看这个颜色好还是那个颜色好？"那是我第一次发现我有表述的权利。我说这个颜色好，我们就买了。

做父母的要去体会和尊重孩子内在的节奏。我想了几天，最后我说："我不想做厨子。"我妈妈说："你不想做厨子，就只有读大学一条路。"那好吧，我就开始好好努力了。

我跟刘杰不一样的是，我从来没有当过"三好学生"，我做过最大的官是英语课代表。上了大学我又发现，周围的很多同学都那么出类拔萃，能吟诵古诗的，能看懂相对论的，能弹琴的，还有踢足球那么漂亮的，我有一年很苦闷。

有一天，我想明白了。我突然发现，我就是我，既不是老虎，也不是凤凰、大象，我何必要顶着一个大象的壳子，假装成大象的样子呢？我给自己定位了，我就是一头猪！但我是一头野猪！野猪跟家猪是不一样的，它能做自己。这一点很重要。

人的精神成长，第一步，先要找到自己，认清自己，但也要明白不局限于此，然后在生活中渐渐扩大自己的精神疆域。否则，有可能会固化在对自我的认同和执着上。

从那时起，我觉得我比较放松和快乐了——我安安心心做我能做的事情，别的事情我也不妄想。我知道有些事情是我努力可以实现的，有些东西呢虽然很好，我也会努力去追，追不到也没关系。

当你对人生没有预设的时候，或者说你对孩子没有预设“你一定要怎样怎样的时候”，你会发现，有太多的可能性，这些可能性反而会帮我们找到更适合的路。

我大学毕业后的第一份工作是在一所卫校当中医老师，两年后辞职了。我做过电台播音员、编过报纸、杂志，做过策划，帮人家写过书，还写过健康栏目的电视剧本……干过很多种工作。

1997 年，我进了一家很好的公司。那会儿，公司增设餐饮部，人手不够，我们几个大学生、研究生，就得去端盘子和涮碗，还要现做杏仁豆腐给贵宾吃。我负责剥杏仁，剥一下午手都肿了，结果端上去，贵宾们“吱溜”一下就喝完了。

厨师炒菜的时候，我拿一本英语书在那儿背，因为我知道有一天我会用到它的。我周围的大多数知识分子同事端盘子会心态不好，会骂。他觉得，我抱着伟大的理想到了这个地方，没想到只能做一个帮工。他会把这个东西固化，会认为自己就是个没有被赏识的厨房小工，被轻视了。

但是实际上只不过是此时此刻此地，你完成你要做的事，然后你还可以继续你自己的路。那时候，我很开心地干活和背英语，我跟厨师的关系也很好，厨师每次吊了高汤就让我尝，还给我讲传统烹饪的一些诀窍。后来因为跟他沟通得好，我成了厨师的药膳顾问。

人生在任何阶段都是能够发挥你的作用的，不是非得成为谁谁，或者非得去上某个特别的学校，拜某个特别的老师，你成为你自己就可以了。

孩子现在的阶段，其实是自组织的阶段，他自己在慢慢准备。有本书叫《请让我慢慢长大》，书我还没有看过，但书名已经说到关键了。

家长必须得让孩子慢慢长大。有的孩子 18 岁的时候还在父母的引导下作为旗手往前冲呢，但如果这不是他自己的选择，可能到 38 岁就资源耗尽，失去动力了。

但是如果一个人，能够以他自己内在的节奏慢慢地往前走，即使到了老年，他还是有他活泼泼的生命力，还是有一颗童心，这个特别重要。这样的人经络是通的，心气是开的，肝气是舒的……他的身心灵都是自然的、正常的。

让一个人以他自己的方式长大，我们作为父母或老师、医生，不是粗暴地去给他定一个调、一个标准。我们只是给他创造一个环境，维护好他的格局，做一个“交通警察”而已，让合适的东西在合适的时候流入，在不合适的时候流出而已。

刘杰：我跟大家分享一下刚才听李辛老师讲话的一点感受。简单概括就是愤怒，再进一步就是极度愤怒。为什么？ 10 年前，我跟他就是很好的朋友，我在人生最苦闷的时候向他请教，他给我指点说，你要做一头猪，可是没说是野猪！

10 年来，我一直想着我们老家昌平，猪在那儿就只是躺着，我就一个劲儿地做猪，没想到是要做自己。10 年啊！我是不是很愤怒？他对咱们华德福太偏心了，我跟他那么好的朋友他让我做猪，没跟我说要做自己。我跟很多人都说李辛老师跟我说的，对我有很大启发，现在才知道要做野猪。差一个字，差太多了。

听众：做野猪还得自己找食儿吃，做家猪等着吃多舒服。

刘杰：我小时候在农村长大，大人都下地干活了，我一个人就到山上随便跑，有时躺在一块石头上一待就是一天。

大概是去年，我带我儿子去天津一个儿童福利院，那里面都是残疾的孩子，智障的居多。我去陪一个自闭症的孩子，我还不知道什么是自闭症，但我发现那孩子紧，走路、说话什么的都可以，但一出来他就蹲在地上看蚂蚁，蚂蚁往前爬他就在地上爬。我们跟他说话他也不理，然后我就看着他，大概两个多小时，始终都是这样，他始终就跟着蚂蚁。

我看着他突然一激灵，我想起我小时候就是这样。我小时候没有跟别的小朋友玩，我就是在那儿看蚂蚁，一天一天就那么看蚂蚁。我在想，是不是我小时候那会儿诊断不先进呀？

我陪了他整整半天的时间，他走到哪我就跟到哪，只是留在他视野内。他有一个捉迷藏的小房子，然后我从窗户一探头，他就冲我笑了一笑，那时候我眼泪就下来了。即使是自闭症的孩子，他看我一露头，就冲我笑了那么一下。我觉得，孩子需要陪伴，也许我们不能改变这个自闭症的孩子，但至少你能够陪着他。

我自己的孩子，他不是这样的自闭症，但他有他的世界，你能够陪着他，他与你之间会有交流。但你不要急于用你的节奏去引导他，你只陪着他，他肯定比那个孩子能够沟通。

我儿子说了一句话，他说：“妈妈，你知道吗，我爸爸可不是一般的爸爸。”我爱人一听，“他有什么不一般的哪？他有什么了不起的啊？”我爱人听不得我高。然后，我儿子说：“他是能理解我们小孩的爸爸。”

我们做家长的，还是慢慢来吧。

家庭成员息息相关

听众：我还有一个问题。我刚才说的那个暖箱里的孩子，他爸是我哥哥，最近查出肝硬化，我母亲非常焦虑。在中医来看，生活上有什么需要禁忌的？

李辛：中医所说的肝不只是西医的肝脏，它也包括了身和心的一种通达、流通的力量。

中医所说的肝是木气，疏通的木气就是北京一环到六环，任何一条路都是通的。比如，目前北京的交通就有一点像肝硬化早期。在中医眼里，如果一个人得了肝硬化，不只是说肝脏这块东西硬化了，而是说整个身体的一环到六环都堵了。肝硬化也不光是身体的方面，也指情绪、心理、精神、关系方面的僵硬。

肝代表的是生命力，代表春天，生发之气，也代表人的情志，肝系统出现问题的人，节奏过快过紧，留给自己和他人的余地过少，人际关系也会很紧张、孤立。

这也是为什么你哥哥刚出生的孩子，也呈现出一个孤立的相，家庭成员之间是息息相关的。所以，你们整个家庭成员都需要去体会，或者回家找一个合适的时间要讨论一下。

讨论之前，不要大家都风风火火地从各地赶过去，而是宽松一点，拿出一整天的时间，脱离现有的生活环境，比如去郊区住一晚，散散步、喝喝茶、聊聊天，手机什么都关掉，在大家比较放松的状态下来讨论这一问题。

在放松的状态下，人的精神力才会够用，才有可能把这些问题想清楚，讨论清楚。然后生活工作才会开始有合适的节奏，肝气才会慢慢疏通。

听众：谈什么呢？

李辛：谈我们刚才讨论的这些疑惑，比如，你的哥哥会不会是一个情感很强很硬、跟人沟通会有问题的人？或者他跟周围的人或事的关系当中，会有很多无法通过的部分？对于肝硬化来说，如果在情绪和精神方面，还有他的生活方面，没有一个整体疏通的状态，只是在肉体上去保肝，很难见效。

听众：对孩子也会有影响？

李辛：作为家庭成员，都在这样一个能量场当中，尤其是朝夕相处的亲人。在寻求医药帮助的同时，你可以试试从这方面去考虑。

肝硬化就像本来柔软的树枝，变成了一根僵硬的棍子。所以，他自己需要慢慢从内心开始变柔和，留意跟周围人、事、物的关系，尤其是跟他相处的人。

关于身体上的训练呢，我原来练过一段时间瑜伽，体会到瑜伽那种慢慢让自己去伸展、弯曲、静止的动作……对肝不好的人非常合适。注意不要练那种强力的或者是热瑜伽，可以选择那种非常经典舒缓的，要找一个柔和的老师。

听众：现在家里我母亲是一个非常重要的能量场制造者，她很紧张、在控制和压制别人，比如我哥哥。有时候我母亲其实是在一种想象中，就会一触即发……我不知道我哥哥是怎么面对的。

李辛：一个家族的能量场，是紧扣在一起的，那么像你是属于里面的第一个觉知者，提出了这个问题，知道情况在哪个阶段，也正在面对它，你成了这个问题的钥匙。

你现在要考虑的不是怎么去处理你、你哥哥、你妈妈之间的关系。你跟家族里的其他人需要有一个合适的方式，也让他们看到你已经看到的这幅图画。现在呢，每个人只看到了一小片，其他部分都忽视了。

就像有的人他身处堵车长龙，他只知道交通堵塞了，但是不知道堵在哪里，也不知道这个范围有多大。当我们忽视了 20 年之后，会发现其他的部分也会连带出问题，而且问题将越来越大。所以先让你的家人去看到这个问题，然后再尝试慢慢地去把这些重新接通。

听众：不容易。

李辛：既然你了解华德福，并且现在把这个问题提出来，说明它已经开始解除，答案已经有了头绪。

从整体来看待每一个片段

听众：我父亲有类风湿性关节炎，治了 10 年，后来还得了癌症，据说跟长期服药有关。前几天，我妈也查出有类风湿因子，但没有确诊。另外，她的白细胞还偏低，只有 2.7，以前也一直很低。我的白细胞也一直都很低，不到 5，这是什么样的情况？

李辛：你妈妈有没有早上起来浮肿，或者关节变形，手指疼的症状呢？

听众：稍微有一些关节疼。

李辛：但是，医生说会往那个方向走，最后会残废，还有很多并发症。

听众：是的。

李辛：其实医生只是给我们描述了一万条道路中的一条，我们只听到了这一条路，而且走下去就是水深火热，但是我们不知道有其他的路，所以你的意识会沿着这条路走下去。

我的奶奶活了90多岁，她们那代人六七十岁的时候会每年做一次体检吗？

听众：不会。

李辛：她们即使病重的时候会想先进医院去做一个全面检查吗？

听众：不会。

李辛：她们的生命品质会因此很糟糕，她们会因此活在焦虑和担忧中吗？

未来还会有更加先进的科学仪器，也许能够实时监测身体的每一个细胞，每一个层次的生命体征，还会有更多的药厂和中医、瑜伽、心灵大师针对身心的各种异常推荐各种治疗方法。

所有的检测仪器它只是测一个暂时的不和谐音，但这个片段只是属于整个交响乐的一小段，如果只是重复放大这个片段，整个交响乐就没法继续欣赏了。

中医的好处，是从生命交响乐的整体来看待每一个片段，暂时的不和谐音不一定会影响未来的演奏，只要不停止演奏，不和谐音反而容易过去。

所有的检查数据只是作为一个参考。白细胞低的人太多了，但是它未必是你最需要留意的薄弱环节。当你的整个能量处于低点的时候，身体会自动调整能量分布，首先供应最需要的器官细胞，比如重要的内脏、大脑等细胞，次要一些的细胞会被降低供应量。这是身体在启动丢卒保车的选择。

我们要做的是找出背后的原因，并且调整它，而不是仅仅把重要内脏的能量调动到增加白细胞的方向上。你妈妈的白细胞低和类风湿因子都是身体失调、能量低下状态时的现象，同步发生的应该还有很多其他现象，而且不局限于身体层面，在精神、能量和生活层面都会有。

中医看重的健康，是只要能正常呼吸，能正常饮食消化，有正常的排泄大小便，正常的出汗、月经，然后有正常的情感和沟通能力……这就是一个正在“健康运作”的人，不管指标高高低低地在变化，正常运作的人体都会很快把它带回平衡健康的状态。

不要去看悬崖那边有多危险，去想象会摔成什么样，而是要主动地往安全的地方走。

保持心态的放松，适当的运动，合适的生活节奏，这些能够维护我们身体的“健康运作”，而担忧、焦虑、过度地治疗和干涉，会使我们这台“健康运作”的机器停摆。

我有个朋友他是基督徒，他吃饭前都做餐前祷告，有一段话我觉得特别好。大概的意思是，你看天上的鸟，它什么也不做，但是上帝还是会给它食物，况且对我们这些人，我们即使再忧虑也不能让自己的寿命增加一刻。

我们既然活在这个世界上，老天会安排好我们生存所需和生命所需要面对的东西，大家不需要为这些花太多的精神力。我们精神力的投射方向决定了我们的人生。

昨天早上我们聊天，刘杰大夫说现在很多人为之奋斗和担忧的其实是他未来未必用得上的那些东西。比如他希望再增加500万的资产，其实可能这500万到死也用不着，而且这些一直在涨啊跌啊涨啊跌……然后你就在那里为这些费神。对于健康的关注也是这个道理。

只有当这些东西考虑得少了，你才不会被外面的变化扰动得太厉害，你宝贵的生命力和精神的专注力就能放在你真正需要发展的部分。

致 谢

感谢我的中医老师们：宋祚民先生、任林先生、李慧吉教授、武成教授、葛琦教授。

本书内容源自2010~2013年间在上海、北京、汉堡、柏林的多次关于儿童健康的公益讲座。感谢这些讲座的主办方：

- 光辉堂的李美丽女士。光辉堂链接：http://blog.sina.com.cn/guanghuitang
- 丹心学堂的无名氏先生和主持小燕子。丹心学堂链接：http://blog.sina.com.cn/danxinxuetang
- 南山华德福的黄明雨先生。南山华德福链接：http://blog.sina.com.cn/beijingwaldorf
- 德国汉堡中华经典文化协会的杨嵋女士，以及杨巧、刘璐、奥古斯特先生、吴永忠和张晓青全家、王雁行全家。德国汉堡中华经典文化协会链接：http://blog.sina.com.cn/zhiqianxuetang

感谢我的好友刘杰大夫，他让我们的华德福讲座生动有趣。刘杰大夫博客：http://blog.sina.com.cn/eeliujie

感谢“国学中医听打群”的志愿者们一字一句听打了所有的录音。国学中医听打群群博：http://blog.sina.com.cn/xipinguoxue

感谢我的太太孙皓，为此书投入了大量的时间和精力，在保持原意的前提下，让内容更为清晰和完整。

感谢我的父母，仔细阅读稿件，指出错别字和敏感段落。

感谢立品图书王月怡、草原两位编辑的支持和细致耐心的后期工作。

感谢所有有缘的朋友们。

书中所附照片及游记片段，是 2013 年 1 月和 8 月我和孙皓在欧洲游学期间的点滴，部分私人照片的使用已征得雅克爷爷、斯理维医生和克劳迪那医生的同意。在此，表示感谢和致敬。

《黄帝内经》把健康人叫作“常人”，把正常的脉叫“平脉”。

愿我们成为一个平常人。

李　辛

2014 年 12 月 23 日

附：本书录音听打志愿者

lym210	Lynn	Moon	qutojision	RUSS	vanilla & 树塔
young	陈洁云	陈怡	赤梅舞雪	窗外别名	锉锐
当归	方丽君	放低	风轻云淡	葛建红	韩萍
红楼绿梦	厚朴	蝴蝶	琥珀	慧从卢溪	或跃在渊
见小渔	九妹	邝亚凌	李纪巍	梁森	临风独酌
刘辉	刘一平	马娟	苗嘉恒	木子是也	慕越人
趴趴猪	佩之	平平淡淡	青莲	全一	三惑
水缸	素丸子	孙薇	唐亚彬	桃之 11	陶乐怡
婉婷	王洪枢	王银霞	嘻嘻田	小麦	小米周
小木头	鑫情	徐灿	由子	张建红	张晓杰
朱颖	自在行